JAPAN

일본경제의 구조변동

일본형 시스템의 미래

小峰隆夫 지음 / 강철구 옮김

敎友社

일본경제의 구조변동

– 일본형 시스템의 미래 –

教友社

강철구(姜喆九)

일본 메이지대학(明治大學) 상학과 졸업
일본 메이지대학 대학원 상학 박사
일본 메이지대학 대학원 조수
서울대학교 행정대학원 선임연구원
고려대학교 경제학과 연구교수
현:한동대학교 국제어문학부 국제지역 교수

〈주요 논문 및 저서〉
-일본기업의 자금제약에 관한 분석『經濟硏究』제22권 제4호, 한국경상학회, 2004. 12
-『도쿄의 도시정책』서울시정개발연구원, 2005
-현대 일본경제, 2008

일본경제의 구조변동 - 일본형 시스템의 미래 -

2008년 9월 16일 초판 인쇄
2008년 9월 20일 초판 발행

저　자 | 小峰隆夫
역　자 | 강철구
펴낸이 | 오판근
펴낸곳 | 교우사

주　　소 | 서울시 동대문구 제기2동 148-19
대표전화 | 925-2861(代), 편집부 | 925-2825
팩　　스 | 925-2860
전자우편 | kw2861@empal.com
홈페이지 | www.kyowoo.co.kr
출판등록 | 1994년 3월 24일(제 6-0256호)

ISBN 978-89-8172-764-2(93320)
값 15,000원

P R E F A C E

전후(戰後) 일본경제를 뒤돌아 볼 때 1990년대 만큼 장기간에 걸쳐 불황이 나타난 시기는 없을 것이다. 식상할 정도로 들려왔던 '잃어버린 10년' 이란 문장은 바로 이 시대를 대표하는 수사(修辭)가 되어 왔으며 실업률 역시 당시(當時)에는 경험하지 못했던 수준까지 상승하였던 암울한 시기였다.

그러던 일본경제가 2003~04년 중국 특수(中國 特需)와 관련하여 철강 · 건설기계 등의 수출에서 호조를 보이더니 2004~2005년부터는 실업률 및 고용자소득 등에서 개선을 보이기 시작하여 2006년 4월에 이르러서는 일본의 대학 신규졸업자들이 단괴세대(團塊世代)의 대량퇴직과 맞물려 직장을 선택해서 취직할 정도로 대량채용 시대를 맞이하였다. 대졸 실업자를 양산하는 오늘날 우리나라의 현실에 비추어 볼 때 한국 대학생들에게는 부러울 따름이다.

일본경제가 이렇게 변화한 요인은 여러 가지 있을 수 있지만 경기변동에 따른 단기적 · 순환적인 변화와 경제주체의 행동양식이나 의식의 변화, 그리고 기술혁신 등에 따른 장기적 · 구조적인 변화 등으로 설명할 수 있다. 여기에서 말하는 구조개혁이란 장기적인 변화를 적극적으로 추진하거나 장기적인 변화와 정합하지 않게 된 제도 및 관행 등의 구조를 정책적으로 바꾸어 나가는 것을 의미하며, 이러한 구조변화와 구조개혁을 본서(本書)에서는 구조변동으로 표현하고 있다.

그러나 이러한 일본경제의 구조개혁이 화두로 떠오른 것이 최근의 일은 아닐 것이다. 버블경제 후 갑작스런 변화라기보다는 점진적인 개혁을 통한 구조변동이 성공적이었다는 평가와 더불어, 일본경제가 복합불황의 긴 터널에서 벗어난 후 진행되고 있는 일련(一連)의 경제개혁과 구조변동에 대해 시장이 긍정적인 평가를 내리고 있기 때문이다. 이는 장기불황과 뒤늦은 개혁조치 등의 시행착오를 통해 사회적인 분위기가 과감한 개혁이 불가피하다는 의견이 수렴되었기 때문이기도 하다. 지금까지 일본경제를 이끌어 왔던 일본형 경영시스템의 전환과 다면적인 기업경영 개혁, 그리고 산업구조의 변화 등 버블 이전에는 상상하기 어려웠던 조치들을 단행한 결과가 서서히 자신감으로 표출(表出)되기 시작하면서 구조변동에 대한 방향 역시 정립해 나가고 있다고 할 수 있겠다.

이 번역서는 현재 일본 호세이대학(法政大學) 사회학부 교수로 계신 고미네 다카오(小峰隆夫) 교수가, 일본 경제기획청(經濟企劃廳) 관료로서 30여 년간의 공직생활을 경험한 기간과 이를 통해 바라본 일본의 구조변동에 대한 흐름을 정리한 일본경제 전문도서이다.

역자(譯者)인 본인(本人)은 일본에서의 10여년이 넘는 유학생활과 귀국 후 대학 강단에서 일본지역과 관련된 학문을 가르치고 있고 일본어 문헌과 자료 등을 일상적으로 접해왔기 때문에 번역한다는 것에 큰 두려움 없이 시작하였다. 그러나 전문 번역가가 아닌 상태에서 일본어 특유의 표현방법과 전문용어를 자연스럽게 우리말로 옮긴다는 것이 또 다른 재능을 요구한다는 것을 깨닫기까지는 긴 시간이 걸리지 않았다. 번역을 통해 지식을 습득한 것만큼이나 번역이 힘들다는 것을 깨닫게 된 것 또한 개인적으로는 큰 수확이다.

아울러 상투적일수도 있지만 역시 책을 번역하는데 있어 인사를 드려야 할 분들이 계시다. 하늘이 예쁜 남송리에서 같이 연구하시는 한동대학교 국제어문학부 교수님들과 번역하는 과정에서 본인의 습관적인 일본식 표현을 지적해 준 정우호 학생, 그리고 전문서적 번역이라서 팔리지 않을 염려가 있음에도 불구하고 출판을 흔쾌히 허락해 주신 교우사 오판근 사장님께도 감사를 드린다. 번역에는 만전을 기했으나 오역(誤譯)과 부자연스러운 곳이 있다면 그건 모두 역자의 책임임은 말할 필요도 없다. 독자들의 질정(叱正)을 통해 고치도록 하겠다(kcg@handong.edu).

2008년 8월
Why not change the world? HGU
강 철 구

CONTENTS

서장

도미노게임처럼 진행되는 구조변동

- 일본형 시스템의 미래 -

경제의 변화는 경기변동에 따른 단기적 · 순환적인 변화와 경제 주체의 행동양식이나 의식의 변화, 그리고 기술혁신 등에 따른 장기적 · 구조적인 변화 등으로 나눌 수 있다. 이러한 장기적인 변화를 적극적으로 추진하거나 장기적인 변화와 정합하지 않게 된 제도나 관행 등의 구조를 정책적으로 바꾸어 나가는 것을 구조개혁이라고 한다. 본서에서는 이러한 구조변화와 구조개혁을 '구조변동'이라는 표현으로 통일하여 사용할 것이다.

대부분의 일본 사람들은 일본경제가 구조적으로 변하고 있다고 말한다. 한편으로는 누군가 강한 리더십을 발휘하여 구조개혁을 진행해야 한다고도 주장한다. 그러나 그 내용을 들여다 보면 이러한 주장이 의외로 애매모호한 경우가 많다. 일본경제의 구조변동에 대한 서술을 시작하기에 앞서 서장에서는 여러 각도에서 언급하고 있는 일본경제의 구조변화론, 구조개혁론을 점검하고자 한다.

01 기본적 시점

먼저 구조변동에 대한 문제를 논하기에 앞서 염두해 두어야 할 세 가지 기본적인 시점을 언급하고자 한다.

1. 인간을 위한 경제

경제는 인간을 위해 존재한다. 당연한 명제이지만 이러한 기본적인 개념을 갖고 서장을 출발하고자 한다. 2001년 필자는 다이와증권(大和証券)의 미야자키 이사무(宮崎 勇) 씨 및 하라다 유타카(原田 泰) 씨와 함께 『일본경제 재생의 시점』(岩波書店)을 출간한 적이 있다. 이때 필자 자신의 논문인 '시대의 변천과 구조개혁의 사상(時代の変遷と構造改革の思想)'을 쓰기 위해 미야자키 이사무(宮崎 勇) 씨의 저작 몇 권을 읽을 기회를 가졌는데, 그때 중요하다고 생각한 몇 가지 키워드가 '복지 및 생활', '성장', '구조 및 제도관행' 등이었다.

이러한 키워드들 간의 상호 관련성을 생각해 보면 세 키워드가 단순히 병렬적인 관계가 아니라 중층적인 관계를 맺고 있다는 것을 알 수 있다. 즉 기본적으로 가장 중요한 것은 '복지 및 국민생활의 충실'이다. 경제는 경제를 위해 존재하는 것이 아니며 경제가 아무리 번영하더라도 경제를 구성하는 국민 한 사람 한 사람의 생활이 윤택해지지 않으면 의미가 없기 때문이다. 두 번째 층에 해당하는 것은 '경제성장' 이다. 성장이라고 하는 기초가 확실할 때 고용이 확보되고 소득수준이 높아진다. 그 다음 세 번째 층이 '구조 및 제도관행' 이라고 할 수 있다. 구조가 변하고 제도관행을 바꾸어 가는 것은 그 자체에 가치가 있는 것은 아니다.

우리들은 경제의 발전단계, 세계경제환경, 국민의 욕구를 만족시킬 수 있는 최적화된 경제구조를 가질 필요가 있다. 즉 국민의 복지 및 생활수준의 향상 등 궁극적인 목표를 위해서는 지속적인 경제성장이 필요하며, 지속적인 성장을 위해서는 끊임없는 구조개혁이 필요하다.

이러한 기본개념을 본서에서는 "구조변동론"이라고 칭하고자 한다. 우선, 경제의 궁극적인 목표는 국민복지(생활수준)의 향상이라고 할 수 있다. 안정적인 고용도, 활력있는 기업도, 그 자체가 목표는 아니며 이러한 결과로서 국민 개개인이 풍요로운 삶을 누릴수 있도록 하는 것이 경제의 최종 목표라고 할 수 있다. 정부가 재정재건을 하려는 것이나, 건전한 연금제도를 계획하려는 것도 결국은 국민생활을 풍요롭게 하기 위한 것이 아니겠는가?

국민복지를 충실히 하기 위해서는 경제성장이 필요하다. 물론 이 점에 대해 반론을 갖고 있는 사람도 있다.

'이제 우상향 성장시대는 끝났다. 따라서 경제성장을 추구하는 것보다는 제로성장에서도 안정된 생활이 가능한 경제구조로 바꾸는 것이 좋다'

그러나 실제로 1990년대 제로성장이 실현되었을 때 많은 사람들은 불황에서 탈피하기 위해 경제를 활성화할 필요가 있다고 주장하였다. 이는 다시 말해 고도성장기만큼은 아니더라도 역시 우상향 성장을 해야 한다는 의미이다. 또 하나, 대부분의 일본인들은 현상에 만족하는 것이 아니라 의료 · 개호를 충실히 하여 보다 안심하고 생활하길 원하고 있다. 의료나 개호를 충실히 하기 위해서는 보다 많은 자원을 이 분야에 배분하지 않으면 불가능한 일이다. 필자 역시 많은 사람들이 현상에 만족하고 자신들의 현재 소득 이상을 원하지 않아도 될 만큼 경제가 성장한 상태라면 제로성장으로도 충분히 만족할 수 있지만, 일본의 생활수준은 아직 개선의 여지가 많이 남아 있고 이를 수정하기 위해서라도 성장은 필요하다.

그러나 어느 정도의 성장을 지속하기 위해서는 단순히 수요가 증가하는 것만이 아니라 공급 면의 효율화가 필요하다. 이를 위해서는 산업 · 기업 · 고용 등의 내용이 보다 발전성 높은 분야로 다이나믹하게 이동해야 하며(이를 구조변화라고 할 수 있다), 시대의 흐름에 적합하지 않는 제도 · 관행은 적극적으로 수정 및 보완해 나아가야만 한다(이것이 구조개혁이다). 즉 일본경제사회의 구조변동을 촉진시킨다는 것은 결국 국민생활 향상을 위한 것이며 이는 경제가 인간을 위해 존재한다는 것과 일맥상통하는 것이다.

2. 시장 메커니즘의 중요성

시장 메커니즘의 흐름을 살리는 것은 중요하다. 이는 기본적으로 인센티브 작용을 중요시 여기는 경제학적인 발상과도 일맥상통하는 의미이기도 하다.

이론적으로는 완전시장, 정보의 대칭성, 공공재가 아닌 경우 등 일정한 전제가 갖추어진다면 자유경쟁이야말로 최적(파레이토 최적)의 자원배분을 실현한다는 것에는 이론의 여지가 없다. 물론 이론적인 세계와 현실경제 사이에 큰 차이가 있다는 것은 당연한 것이지만, 무엇을 발상의 원점으로 할 것인가가 중요하기 때문에 여기에서는 자유시장을 우선 염두하고 그것이 왜 실현되지 않는가에 대하여 논하고자 한다.

"우정사업(郵政事業)을 어떤 식으로 해결해야 하는가"

이에 대한 문제를 많은 논자들은 "공적으로 운영해야 할 것인가", "민간주체에서 운영하도록 자유시장에 맡겨야 할 것인가" 등 여러 의견이 표출되고 있다. 그러나 우선 민간이 운영하는 것을 기본적인 전제로 하고, 그 한계를 보완하기 위해 필요하다면 공적개입을 고려하는 것이 순서라고 본다.

이러한 시장 메커니즘을 활용하는 것이 오늘날 세계적인 조류이기도 하다. 1950~60년대의 복지국가의 전성기에는 시장에 한계가 있다고 보았기 때문에 공적부문에 의한 계획적인 자원배분이 요구되었던 시기였지만 시장이 실패했다고 해서 정부가 경영하면 모두가 잘 되는 것도 아니라는 것이 명확히 밝혀졌다. 정치가나 관료가 반드시 공공의 이익을 위해 행동한다고는 볼 수 없으며, 또한 민주적인 의사결정이 때로는 미래세대에 부담을 주기도 한다는 것이 밝혀졌기 때문이다. 그러다 보니 공적부문에도 시장 메커니즘, 민간의 행동원리를 도입해야 한다는 것을 알게 된 것이다. 이러한 것들이 바로 규제개혁, 민영화, NPM(new public management) 등의 움직임으로 나타났다.

일본에서는 '재정이 적자이니까', 또는 '지방재정이 견뎌내지 못하니까' 민영화가 필요하고 관업(官業)의 민간개방 등의 움직임이 나타났다고 생각하는 사람이 의외로 많은 듯하다. 그러나 사실은 그렇지 않다. 재정이 적자이건 흑자이건 그것이 중요한 것이 아니라 효율성의 여부가 중요한 것이다.

이러한 생각은 몇 가지 중요한 주장과 관련이 있다. 하나는 "작은 정부"가 바람직하다는 생각이다. 자유시장 경제에는 한계가 존재하기 때문에 때로는 공적개입이 필요하지만, 그러한 경우에도 자유시장이 기본적인 전제가 되어야 하며 개입은 최소한으로 해야 한다. 이는 기본적으로 '공적개입은 될 수 있는 한 최소한으로 해야 한다'(즉, 작은 정부가 좋다)는 개념이 밑바탕에 깔려 있는 것이다.

또 하나, 제도적인 틀은 될 수 있는 한 사람들의 자원배분상의 의사결정에 중립적이어야 한다는 생각이다. 필자가 시장메커니즘에 매력을 느끼는 것은 물론 그것이 효율적이라서 그렇기도 하지만 그것이 사람들의 자유로운 의사결정에 근거하여 움직이기 때문이다. 그러나 우리들에게는 암묵적으로 어떤 의사결정에 편견(bias)을 일으키는 구조가 존재하고 있다. 예를 들어 퇴직금은 후불임금제도이기 때문에 현재의 직장에 남아있어야 한다는 강박관념을 갖도록 사람들에게 강요한다. 즉 사람들이 편견이 없는 의사결정을 행한다면 고용시장은 더욱 유동적으로 바뀔 것이고, 불균형한 고용은 더욱 작아질 가능성이 높다. 또한 세제에 배우자공제가 있거나, 기업이 부양자수당을 지불하는 것은 암묵적으로 전업주부를 장려하고 있는 것과 마찬가지이다. 이러한 제도가 없어지면 여성이 스스로의 의사로 노동시장에 참여하게 되고 저출산(小子化)에 의한 노동력 부족은 완화될 것이다. 본서는 기본적으로 이러한 시장메커니즘을 중시하는 자세로 관철하고자 한다.

3. 세대의 자립

세 번째는 세대의 자립에 대한 논의이다.

세대의 자립에 대해서는 일본경제신문(日本經濟新聞)에 보도된 연속 심포지움인 '소자(小子)에 도전한다'의 고우사이 유타카(香西 泰) 씨의 발언을 통해 중요한 세 가지 의미를 찾을 수 있다[1].

첫째, 현세대의 문제는 현세대에서 해결한다. 예를 들면 현재의 연금제도는 부과방식(賦課方式)이기 때문에 현재세대가 은퇴세대를 지지하는 구조인데, 이 방식이라면 저출산 · 고령화의 진전은 근로세대에 무거운 부담을 부과하게 된다. 이것을 적립방식으로 바꾸면 현재세대가 자신들의 미래를 책임지게 되며, 인구구조가 바뀌더라도 세대간 불공평은 생기지 않는다. 세대의 자립이란 인구감소시대를 맞이한 오늘날의 사회보장을 생각할 때에 기본적으로 중요한 것이다.

둘째, 현재세대가 미래세대에 부담을 남기지 않는다. 예를 들면 재정적자는 미래의 재정기능과 관련하여, 귀중한 저축을 낭비한다는 점에서 미래세대에 상당한 부담을 안겨준다. 정부는 2010년 초반까지

1) 일본경제신문 2005년 1월 20일. 이때의 심포지움은 일본경제신문사에서 "小子に挑む" (2005)란 책으로 출판하였다.

기초재정수지(primary balance)를 균형화시키려는 계획을 갖고 있지만, 이것은 현세대의 세출은 현세대의 세입으로 보충하겠다는 것을 의미한다. 세대의 자립이란 재정재건의 기본이기도 하다.

셋째, 현세대가 미래세대의 선택을 구속하지 않으며, 미래의 일은 미래세대가 정한다는 것이다. 예를 들어 미래의 산업구조에 대해 어떤 사람은 제조업을, 또 어떤 사람은 관광산업을 진흥해야 한다고 주장하지만, 미래세대가 어떤 산업에서 비교우위를 발휘하고 경제활동을 해야 할지에 대해 현세대가 정할 수는 없다. 우리가 해야 할 일은 단지 새로운 기술과 산업, 그리고 기업이 발생하기 쉽도록 발전성 높은 분야에 인재와 자금을 탄력적인 방향으로 환경을 정비해 놓는 것이다.

본서에서는 일본의 종래형 구조가 어떻게 변하고 또 앞으로 어떻게 변할지에 대한 방향성에 대해서도 전망하겠지만, 기본적으로는 미래의 경제구조는 미래세대의 선택에 의해 결정해야 한다고 주장하는 바이다. 혹자(或者)는 미래의 경제사회구조에 대해 명확한 지침을 설정해야 할 것이라고 말할지 모르겠다. 그러나 미래는 불확실성을 내포하고 있기 때문에 우리들이 미래에 대한 지침을 지나치게 명확히 해야 할 필요는 없다고 본다.

현세대가 해야 할 일은 세대간의 자원배분, 미래세대의 의사결정에 중립적인 제도를 구축하는 것이며, 이것이 본서를 관통하는 세대의 자립에 대한 기본적인 개념이다.

02 도미노게임처럼 진행되는 구조변동

제 2절에서는 일본의 경제사회에서 진행되고 있는 구조변동이 전체적으로 어떻게 이해되고 있는가에 대한 관점을 논해 보도록 하겠다.

1. 도미노현상의 진전

구조개혁 · 구조변화에 대해 대부분의 일본인들은 전혀 진전되지 않고 있다는 의견이 상당수를 차지하지만, 필자는 일본의 경제사회는 급속한 속도로 구조변동이 진행되고 있다고 감히 말하고 싶다. 일본형 경제시스템은 고용, 기업 간 관계, 금융, 교육 · 인재양성, 공적부문, 지역정책 등 많은 서브시스템에 의해 성립된 것이다. 〈그림 1 참조〉

이러한 서브시스템을 논할 때에 중요한 것이 바로 상호 보완성(complementarity)에 대한 개념이다[2]. 이것은 상호 의존하면서 존재한다는 관계를 의미하며 일본의 경제사회를 형성하는 서브시스템에는 강한 상호 보완성이 존재해왔다. 예를 들어 종신고용적인 관행이 있었기 때문에 기업은 OJT(on the job training)로 인재를 양성하고 대학은 단지

2) 鶴光太郎(1994) 『日本的市場經濟システム』講談社現代新書

학력을 부여하는 정도의 역할을 담당했으며 대부분의 일본인들은 이에 만족해 왔다. 종신고용 하에서는 종업원과 기업이 운명공동체를 형성하기 때문에 기업도 장기적인 존속을 중요시하고, 상호주식보유가 가능했으며 기업 간 관계나 기업과 은행 간 관계도 장기적이고 지속적인 관계를 유지하기 쉬운 환경이었다.

이러한 관계가 일단 형성되면 서브시스템의 일부만 수정할 수는 없기 때문에 구조변화는 진행하기 어려워진다. 그러나 역으로 강한 시스템 변혁 압력이 생겨 일부가 변하게 되면 관련 시스템도 변하지 않을 수 없게 되므로 도미노현상처럼 연속적으로 변화의 물결이 일어난다. 일본형 시스템의 현상을 보면 정말로 이러한 도미노현상이 진행중에 있는 것처럼 보인다. 앞에서 언급한 도미노현상이란 다음과 같은 순서이다.

① 고령화, 성장률의 저하 등으로 기업은 더이상 종신고용, 연공임금 등의 관행을 유지할 수 없게 된다.

② 따라서 고용의 유동성이 높아져 노동력의 아웃소싱, 인재파견 등이 활용된다.

③ 기업에 대한 귀속의식이 희미해지고 중도퇴직, 중도채용이 늘어난다.

④ 기업경영의 글로벌화, 직접금융의 중시 등 주주(株主)중심의 경영으로 바뀐다. 이를 통해 일본 특유의 상호주식보유 관계가 해소된다.

그림 1 일본형 경제사회시스템과 서브시스템

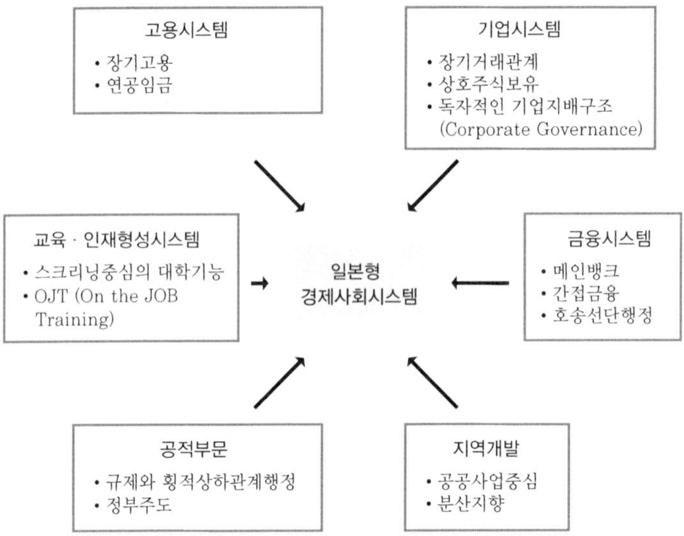

2. 순서를 동반하여 변하는 경제사회구조

이러한 구조변동은 단계적으로 진행되고 있다. 구조변동은 민간부문의 구조변동, 공적부문의 구조변동 등 이렇게 크게 두 가지로 분류할 수 있으며, 선행적으로 구조변동이 앞서있는 것은 민간부문이다. 왜냐하면 민간부문은 항상 경쟁에 노출되어 있기 때문이다.

구조변동은 그때까지의 구조가 그것을 둘러싼 환경과 부적합하게 엮여있기 때문에 일어난다. 만일 경제사회구조가 환경변화에 재빨리 적응하여 구조변혁을 진행한다면 경쟁우위를 점할 수 있다.

앞으로의 시대는 인구감소에 이어 더욱 빠른 속도로 금융자유화 등

전세계적인 글로벌화가 진행되기 때문에 별도의 경제모델이 없는 시대가 될 것이고, 이러한 환경변화는 피할 수 없기 때문에 빨리 적응한 기업이나 개인이 경쟁에서 우위에 설 수 있게 된다. 그렇게 되면 각 분야에서 필사적으로 개혁이 이루어질 것이다. 민간부문은 살벌한 경쟁관계 가운데 빠르게 변하겠지만 공적부문은 반드시 그렇지만은 않다. 개혁을 하지 않더라도 실업자가 되거나, 혹은 공기업이 망할 염려가 없기 때문에 공공적 관여(公共的 關與)가 큰 부분일수록 변화가 늦게 일어난다. 따라서 일본의 경제사회의 구조변동은 기업부문과 관련하여 다음과 같은 순서로 변화가 진행된다.

① 고용 · 경영 · 산업구조 분야에서의 변화
② 금융분야에서의 변화
③ 공적부문에서의 변화

이하 이러한 순서에 따라 문제를 제기하고자 한다.

구조개혁에 대한 의견을 물어보면 일본의 구조개혁은 아직도 불충분하고 전혀 진행되고 있지 않다는 논쟁이 다수를 차지한다. 그러나 한편으로는 최근 경제사회가 급변하고 미래에 대한 불안이 더욱 증가하면서 변화에 적응하지 못하는 사람들이 늘어가고 있기 때문에 소득격차(양극화)가 확대되어 사회안전망(safety net)이 필요하다는 지적도 있다. 하지만 이러한 두 가지 의견에는 모순이 존재한다. 구조변화가 진행되지 않는다면 미래에 대한 불안은 존재하지 않을 것이며, 변화에 적응하지 못하는 사람들도 전혀 문제되지 않을 것이다.

이는 앞서 언급하였던 경제사회의 구조변동과 관련된 '순서'를 생각하면 이해하기 쉽다. 즉 고용 · 기업경영 · 산업구조의 분야에서는 변화의 진전으로 어려운 상황에 직면한 부분이 발생한다. 고용구조 조정, 능력임금의 채용 등에 의해 젊은층 뿐만 아니라 중장년층에 이르기까지 고용불안이 심화되고, 기업 · 산업분야에서는 승자와 패자가 명확히 나뉘어질 것이다. 게다가 이러한 경제변동의 최종 결과는 어떻게 될지 아무도 예측할 수 없다. 이것은 어떤 의미에서 당연한 것이다. 지금까지 존재해 왔던 일본형 경제시스템도 누군가가 그렇게 설계하여 만들어진 것이 아니라 기업경영자 · 정부 · 노동자 등이 각각 어떻게 하면 일본의 경제구조가 제대로 운영될 것인가에 대해 노력하고 많은 시행착오를 거쳐 만들어져 온 것이다. 따라서 구조변동이 앞으로 어떻게 될지 모른다고 해서 진행되지 않고 있다고는 말할 수 없다. 그럴수록 미래에 대한 불확실성, 불안이 높아지게 될 뿐이다.

그러나 아직도 공적부문에 대해서는 민간부문에서의 엄격함이 보이지 않는다. 개혁이 진행되지 않는다는 것은 '순서'의 세번째에 해당하는 공적분야에 대한 지적이며 개혁의 부(負)에 해당하는 격차의 확대는 민간부문에 대한 지적에 해당한다.

3. 버블과 구조변동

최근 일본경제사회의 구조변동은 1980년대 후반의 버블 발생 및 그 후의 붕괴과정과 깊은 관련을 갖고 있다. 버블의 생성 · 붕괴와 일본형 경제사회의 구조변동이라고 하는 커다란 흐름은 다음과 같은 세 가지 측면에서 연관성을 가지고 있다.

① 일본형 경제사회가 버블의 생성을 조장했다.
② 일본형 경제사회가 버블에 대한 대처를 지연시켰다.
③ 버블 후의 경제정체가 일본형 경제사회의 변화를 가속시키고 있다.

자세한 설명은 제4장에서 논하겠지만, 버블 발생과 금융시스템과의 관계는 중요하다. 1980년대 후반에는 토지를 보유하는 기업 측(자금의 수요자)과 토지담보에 의해 중소기업과 정보의 비대칭성을 축소시키기 위한 은행(자금의 공급자) 측의 쌍방에서 토지담보융자를 증대시킨 인센티브가 작용하여 은행의 융자규모가 확대되었고 이를 자원으로 한 투기가 확대하였다.

종래형의 일본형 금융시스템은 직접금융보다 간접금융의 비중이 큰 특징이 있다(bank-based financial system). 즉, 자금잉여 주체인 가계는 은행에 예금을 하고 자금부족 주체인 기업은 금융기관에서 자금을 조달해 왔기 때문에 은행으로부터의 자금조달 비중이 많은 부분을 차지해 왔다. 이러한 간접금융 중심의 금융시스템이 지속되어 왔기 때문에 자산가격이 상승할 때 이것이 자금공급의 증대로 이어지면서 버블이 자기증식적으로 형성되어 갔다.

한편 일본형 경제시스템의 존재가 부실채권 처리를 장기화시켜 오히려 금융불안을 일으켜 디플레이션을 심각화시킨 면도 있다.

① 간접금융 중심의 금융시스템이 버블붕괴 후 대차대조표를 조정할 수밖에 없게 만들었고, 부실채권이 누적되면서 일본형 금융제도에 대한 불안이 누적되었다.

② 장기지속성을 중시한 일본형 경제구조 하에서 은행이 기업의 존속을 유지하기 위해 노력한 것이 결과적으로는 부실채권의 최종 처리를 지연시켰다.

③ 장기고용을 전제로 하는 일본형 고용 관행이 임금 인하와 디플레이션을 가속시켰다.

마지막으로 버블붕괴가 일본형 경제사회의 구조변동을 가속하고 있다는 점을 살펴보자.

〈그림 1〉을 통해 살펴봤듯이 일본형 경제사회시스템이 갖고 있는 문제점은 이미 1980년대부터 잠재적으로 나타났다. 일본형 시스템이 제대로 기능해 왔던 것은 기본적으로 일본의 경제성장률이 높고, 캐치업형(catch-up) 발전을 계속해 왔기 때문이지만, 80년대 들어오면서 고도경제성장은 끝나고 기업의 자금수요는 축소되었으며 금융자유화 등 여러 방면에서 글로벌화가 진행되었다. 그러나 버블기에는 토지가격, 주식가격 등의 자산가치가 상승하면서 높은 성장률을 실현시킨 결과, 경제적으로는 모든 것이 제대로 진행되는 것처럼 보였다. 이렇게 해서 경제 퍼포먼스가 좋을 때에는 구조적인 과제가 보이지 않게 된다. 오히려 당시는 일본적인 특징이야말로 경제적 번영의 이유라고 생각하기조차 하였다.

그러나 버블이 붕괴하고 경제 퍼포먼스가 악화되면서 이제는 일본형 시스템의 문제점이 일거에 표면으로 드러났다. 간접금융 하에서는 리스크머니(risk money)의 공급이 어려운 점, 대기업 선호도가 강한 가운데 벤처기업이 출현하기 힘들었던 점, 기업이 단기적인 영업이익을 중시한 결과 자본의 효율(ROA; 자본수익률)이 낮아지게 된 점, 종업원 중심의 경영으로 인해 주주의 이익이 중요시 되지 못한 점, 경직적인 고용제도 하에서 우수한 인재가 발전분야에 모이기 힘든 점 등이 지적되면서 이번에는 일본형 시스템이야말로 경제 정체의 원인이라는 의견이 대두되었다.

공적부문에 대해서도 재정적자가 확대되는 가운데 종래형의 세출·세입구조의 문제점이 드러났고, 그러한 가운데 1990년대 중반부터 구조개혁과 관련된 논의가 급속히 드러났다. 1990년대 이후 일본에서는 '구조개혁이 필요' 하다고 하는 총론에서는 대부분 의견의 일치가 보였는데, 이는 경제 퍼포먼스가 악화되면서 일본형 경제사회의 문제점을 확실히 노출시켰기 때문이다.

이상과 같은 검토를 통해 1980년대 후반의 버블이 일본의 경제사회에 있어서 어떠한 의미를 갖게 되었는가가 명확해진다. 버블은 어떤 면에서는 일본형 경제사회 시스템에 대한 지나친 신뢰로부터 생겨난 것이었기 때문에 버블이 진행되는 과정에서 일본형 시스템은 좋은 평가를 얻었고 실제로 경제 퍼포먼스도 호전하였다. 그러나 버블붕괴 후는 그것이 일거에 역전되면서 일본형 시스템의 문제점이 표면화하고 이후 이를 개혁하기 위한 분위기가 오늘날에까지 이르고 있다.

즉, 버블은 일본형 경제사회에 대한 개혁의 필요성을 많은 사람들에게 인식시킨다는 역할을 해왔다. 오랜기간 지속된 일본형 시스템을 바꾸기 위해서는 인식의 전환이 필요하다. 그때문에 1980년대 후반 버블이 필요했고 이러한 시그널을 통해 값비싼 희생이 뒤따랐던 것이다. '잃어버린 10년' 이라고 하는 댓가를 지불하고 손에 얻은 시그널을 무용지물로 만들지 않기 위해서는 경제사회의 각 방면에서 구조변동을 통해 하루라도 빨리 현대의 흐름에 맞는 새로운 경제사회시스템을 구축할 필요가 있다.

03 구조개혁론

이제 시점을 바꾸어 일반적으로 언급하고 있는 '구조개혁론'을 비판적인 시각에서 다음의 네 가지 요점을 통해 검토해 보도록 하자.

1. 구조개혁만으로는 무의미

단순히 구조개혁이 필요하다는 주장은 의미가 없다. 예를 들어 신문이나 잡지를 보면「구조개혁의 템포가 늦다. 더욱 적극적으로 대담한 구조개혁을 진행해야만 한다」라는 코멘트가 자주 눈에 띈다. 이러한 확실한 근거도 없이 단순히 '구조개혁이 필요하다' 라던가 '구조개혁을 진행해야만 한다' 라고 하는 말은 아무런 의미가 없다.

우선 구조개혁의 의미가 애매모호하고, 무엇을 논의의 대상으로 하는지를 알 수 없다. 게다가 '구조개혁' 이라는 단어가 구체적으로 무엇을 의미하는지는 사람마다 차이가 있다. 기업 경영자는 주로 물류비용 등 일본의 높은 비용구조를 시정하거나 세제개혁을 통해 기업의 세 부담을 낮추는 것을 기대하고 있을지도 모른다. 많은 선진국들이 일본의 구조개혁 템포가 느리다고 비판하고 있지만, 이는 부실채권 처리 문제나 관료지배형 구조가 계속되고 있다는 여론에서 파생된 것이다. 이처럼 한 사람 한 사람이 다른 의견을 갖고 있는 구조개혁을 일괄하여 추진하기에는 무리가 따른다.

또한 구조개혁의 방향도 애매모호하다. 설령 지금의 경제구조에 문제가 존재한다 해서 방법을 가리지 않고 개혁을 해서는 안 될 것이다. 가끔 '총리는 대담한 구조개혁을 실현해야 하며 이를 실천할 수 있는 리더십을 발휘해야만 한다' 라고 지적하지만, 혹시 잘못된 방향으로 대담한 개혁이 진행된다면 그것이 오히려 더 큰 문제를 초래할 수도 있기 때문에 단순히 '구조개혁을 해야 한다' 라는 것은 무의미하며, 어떤 분야를 어떠한 방향으로 개혁해야 할지에 대해 논의하는 것이 타당하다.

2. 구조개혁은 어떤 시대에도 필요한 것이다

경제사회의 구조변동은 오늘날에만 필요한 것이 아니다. 구조변화, 구조개혁이라고 하면 다음과 같은 의견을 자주 듣곤 한다.

'우리들은 지금 역사적인 구조전환기에 직면해 있다'

'우리들은 패전 이후 가장 중요한 전환점을 맞이하고 있다'

'지금과 같은 전환기에는 미래가 불투명하기 때문에 국민 전체가 불안을 느끼고 있다'

필자도 이렇게 주장하고 싶어 하는 분들의 심정을 충분히 이해한다. 기업 경영자가 종업원들 앞에서 훈시를 하거나 평론가가 청중앞에서 경제와 관련된 문제점을 언급할 때 어떻게든 현재가 가장 중요한 시기라고 말하고 싶어하고 그러한 것이 청중의 관심을 끌어들이기 때문이다.

그러나 구조개혁을 '시대에 맞지 않게 된 과거의 제도 · 관행 · 행동양식을 새로운 시대의 흐름에 적합하도록 바꾸는것' 이라고 정의한다면, 이는 어떠한 시대에라도 중요한 의미를 포함하고 있다. 그렇기 때문에 전후 일본경제는 구조개혁의 연속이었다고 말할 수 있다.

1940년대 후반에는 농지해방, 닷지라인(dodge line)[3] 등 전후 일본경제 체제의 기초를 쌓는 구조개혁이 행해졌다. 50년대 후반 이후의 고도성장기에는 산업구조, 에너지 소비구조가 크게 변하고 경사생산방식[4] 이후에는 석탄산업이 사라졌다. 60년대 이후는 무역 · 자본 · 금융 등의 국제거래를 자유화하기 위한 구조개혁이 연속적으로 이루어졌으며, 70년대 중반부터 80년대에 걸쳐서는 두 번의 석유 위기로 에너지 절약형(省エネルギー型) 경제로의 전환이 진전되었다. 80년대 중반 이후에는 플라자 합의[5]를 계기로 엔고현상이 진행되는 가운데 산업의 부가가치화를 향한 개혁이 급속히 진전하였다.

미래에 대한 불확실성이 오늘날만의 한정된 이야기는 아니다. 과거에도 그랬고 앞으로도 미래에 대한 불안은 반복되어 일어날 것이다.

---

3) 닷지라인의 최대목적은 균형예산의 실현이었는데, 보조금 삭감을 단행하여 부흥신용금고의 신규대출도 전면 금지시켰고 그 결과 인플레이션을 억제하는 데 성공하였다. 그가 실시한 경제안정정책의 내용을 보면 ① 국내 총수요를 억제하고 과잉구매력을 떨어뜨려 수출을 확대시킨다, ② 단일환율 설정, 보조금 폐지로 시장메커니즘을 회복시키고 합리화를 추진한다, ③ 정부 저축과 대일 원조자금으로 민간투자자금을 공급하고 생산을 확대시킨다는 기본방침을 정하고 일본경제의 부흥 및 안정화와 자립화를 달성하고자 하였다.(옮긴이)

종전 직후의 혼란, 무역 · 자본의 자유화, 닉슨쇼크, 석유위기, 엔고현상 등이 있을 때마다 현재에 못지 않는 불안을 갖고 있었다. 오히려 그러한 불안이 발전의 원동력이었을지도 모른다. 선진국들에 뒤처지는 일본의 장래에 대한 불안은 캐치업(catch up; 선진국 따라잡기)의 원동력이었으며 에너지 가격의 급등 및 엔고현상 등에 대한 불안을 계기로 일본은 고부가가치산업으로 전환되었고, 기업경영은 효율화를 추구하였다. 구조개혁을 추구하거나 장래에 대한 불안이 생기는 것은 잘못된

---

4) 도쿄대학의 아리자와 히로미(有澤広巳) 교수는 종전 직후 악성인플레의 가장 큰 원인을 생산의 절대적 부족으로 보고, 일본경제를 재생하기 위한 수단으로 '경사생산방식'을 제안하였다. 당시 일본경제는 미국의 폭격으로 막대한 피해를 입었으나, 더욱 치명적인 것은 원재료의 수입차단이었다. 만일 패전 이후 원재료 수입이 재개되었다면 일본경제는 회복의 발판을 마련했겠지만, 일본의 대외교역은 점령군의 관리하에 있었고 미국은 전후 세계적 물자부족으로 인해 일본의 원재료 수입을 제한하였다. 이러한 난국을 타개하기 위해 등장한 것이 경사생산방식이다. 이는 석탄과 철강생산의 증산에 중점을 두고 양 산업의 성장에 따라 경제 전체에 파급효과를 가져오게 하는 방법이다. 석탄증산에는 철강부족이 문제가 되고, 또 철강생산에는 석탄부족이 문제점으로 지적되었기 때문에, 철과 석탄의 생산을 증강시키면 그것이 다른 민생품 산업의 생산에 영향을 미치게 하는 부흥방식이다. 즉 증산된 석탄을 철강생산에 집중적으로 투입한 후, 증산된 철강을 우선적으로 노후화된 탄광에 투입함으로써 석탄을 증산하여 석탄과 철강부문 사이에 순환적 · 상호보완적으로 생산을 확대시키는 정책이다.(옮긴이)

5) 달러강세(엔 약세)와 그 원인이기도 한 미국의 고금리정책과 쌍둥이적자(재정적자와 경상수지적자)가 세계경제에 끼치는 악영향을 염려한 미 · 일 · 독 · 영 · 불의 G5(선진 5개국) 중앙은행 총재들은 미국의 강력한 요구로 1985년 9월 22일 뉴욕의 플라자호텔에서 회담을 통해 달러강세 시정을 위한 정책협조 의견에 합의하였다. 즉 미국의 경상수지 적자 개선을 위해 일본 엔화와 독일 마르크화의 평가절상(달러가치 하락)을 유도하기로 한 것이다. 이것이 순조롭게 진행되지 못할 때에는 정부의 협조개입을 통해 목적을 달성한다는 등의 내용으로 주요국에 대한 마크로 정책의 협조가 제시되었으며, 이를 계기로 달러강세에 대한 전면수정이 진행되었다.(옮긴이)

것도 아니고 드문 현상도 아니며 곤란해 할 필요도 없다. 불안을 부추기기보다는 이를 자기혁신의 원동력으로 삼으면 된다.

3. 구조개혁의 형태

세 번째는 구조개혁이란 진행시키는 것이 아니라 진행되는 것이다. 이 점은 노력하지 않으면 개혁은 진행되지 않기 때문에 적극적으로 개혁을 진행시켜야 한다는 주장과는 상반되는 의견이다. 현재 우리들이 각 방면에서 직면하고 있는 구조변동의 움직임은 다음과 같은 것들이다.

(1) 캐치업형(catch up)의 경제성장의 종언

패전 후 잿더미 속에서 일본경제는 소득수준, 기술수준, 생산체제, 기업경영, 산업구조, 노동자의 숙련 정도 등 대부분 타 선진국과 큰 격차를 안고 출발하였다. 그 차이를 줄여가는 과정에서 일본은 선진국을 추월해 가며 높은 성장을 실현하였다. 그러나 지금은 선진국과의 격차를 줄이기 위한 격차 축소형 성장을 더 이상 기대할 수 없는 상황에 이르렀다. 이것이 경제사회구조를 바꾸는 힘이 된다.

당시의 경제사회구조는 기본적으로 서구 선진국이라는 모델이 존재하고 있었기 때문에 국가행정이 일정한 목표를 제시하고 이에 관(官)과 민(民)이 하나가 되어 경제발전을 진행시키는 캐치업형 경제성장 전략이 제대로 기능할 수 있었다. 규제를 통한 행정규율이 민간활동에 관여하고 재량적으로 경제를 리드해 왔던 시스템은 캐치업 과정에서 효율적으로 기능해 왔던 것이다.

고용 관행도 마찬가지이다. 성장경제일 때에는 어떻게든 종업원에게 OJT(On the Job Training)를 실시하고 피라미드 형의 기업조직을 유지하는 것이 유효하였지만, 소득수준이 향상되고 기술수준이 최고수준에 도달하면서 더 이상 경제모델이 없어지게 되자 이번에는 개인·기업이 스스로 리스크를 부담하면서 발전분야를 창조해 가는 상황이 연출되었다. 그렇게 되면 위로부터의 지도에 의한 것이 아니라 참가자 한 사람 한 사람의 의사를 물으면서 자원배분을 결정해 가는 시장 메커니즘이 유효하게 된다. 높은 경제성장을 전제로 할 수도 없다. 이것이 규제완화를 통한 행정시스템의 개혁, 기업경영, 고용 관행의 재검토가 진행된 배경이다.

(2) 글로벌화의 진전

글로벌화는 전후 지속적으로 언급되어 왔지만 최근에 이르러서는 국경을 초월한 인적·물적·자금의 움직임이 한층 더 활발해지면서 세계 경제가 일체화되고 있다. 이러한 글로벌화는 두 가지 방향에서 기존의 경제 구조를 바꾸어 가고 있다.

우선, 국경을 초월하여 경제주체가 자유롭게 이동한 결과 제도 및 관행이 표준화 된 것과, 국제경쟁으로 많은 제도가 전 세계에서 가장 효율적이고 사용하기 좋은 구조로 수렴된 것이다. 그 구체적인 모습은 이하의 각 장에서 소개하도록 하겠다.

(3) 저출산 · 고령화의 진전

일본사회는 지금 급속한 저출산 · 고령화가 진행되고 있기 때문에 기존의 제도 및 관행을 수정해야 하는 상황에 직면해 있다. 그러한 전형적인 예가 연금제도와 고용제도이다. 일본의 연금제도는 현재의 근로세대가 고령세대를 지지해야 하는 부과방식을 기본으로 하고 있다. 이는 인구증가, 고도경제성장 시대에는 상당히 좋은 제도라는 평가를 받아 왔지만 인구감소 · 고령화가 진행되고 성장률이 저하하고 있는 오늘날에는 세대간에 부담을 가져오고 급부의 균형은 붕괴되기 시작했다. 종신고용 · 연공형 임금 등 고용제도 역시 고령화로 인해 그 기반이 흔들리고 있다. 왜냐하면 연공제도 하에서는 고령화의 진전이 필연적으로 임금상승을 초래하게 되고, 연공임금을 수정하게 되면 이번에는 노동자가 동일 기업에 계속해서 근무해야 할 인센티브가 없어지게 되기 때문이다.

(4) IT 혁명에 의한 변화

IT 산업 역시 변혁을 요구받고 있다. 이러한 IT 기술 · IT 산업에는 다음과 같은 특징이 있다.

① 기존의 산업구분을 무색하게 하는 횡단적인 성격을 갖는다(금융 및 소매, 통신 및 방송).

② 스피드가 요구된다(기술혁신의 속도가 빠르다).

③ 규모의 경제성, 네트워크의 경제성이 작용하기 쉽다.

이러한 특징을 갖는 IT기술 · 산업분야는 다음과 같은 경제체제로 바뀌게 된다.

① 고용의 유동성이 높다.
② 기업 간 거래관계가 탄력적으로 변한다.
③ 직무에 특화한 전문교육이 제공된다.
④ 직접금융을 통해 벤처기업에 자금이 흘러가기 쉽다.

그러나 기존의 일본형 경제시스템은 고용의 유동성이 낮고 기업 간 거래관계가 고정적이었으며 기업에 특화한 인재형성이 주류를 이루어 왔고, 또한 일본의 금융제도가 메인뱅크 제도를 통한 간접금융 중심이었기 때문에 IT형 경제와는 전혀 맞지 않았다. 이는 IT에만 한정된 것이 아니라 바이오기술 등 앞으로 계속해서 변화를 요구받는 신기술에는 거의 공통적으로 적용할 만한 요소이다. 즉, 이러한 신기술을 살리기 위해서는 경제구조를 바꾸지 않으면 안 되는 것이다.

단기적으로 보면 누가 경영자인지, 누가 총리인지, 어느 정도의 저항감이 있는지 등에 의해 구조변동의 속도가 좌우될 수도 있겠지만 속도의 차이는 있을지언정 지금 일본형 구조는 변하고 있는 중이다. 일본 사람들은 대부분 누가 지도자가 되는가에 의해 구조개혁의 운명이 좌우될 것이라고 믿고 있지만, 필자는 인류 역사를 통해 보건대, 시대의 흐름을 살펴 구조개혁을 행할만한 지도자가 반드시 필요한 시대에 적절히 선택될 것이라고 믿는다. 지도자가 시대를 만드는 것이 아니라 시대가 지도자를 선택하기 때문이다.

4. 구조개혁과 경기는 별개 문제

네 번째, 구조개혁과 경기(經氣)와의 관계를 살펴보도록 하자. 구조개혁과 경기와의 관계는 상호 복잡하게 얽혀 있으며 이 점에 대해서는 경기정책과 구조정책을 따로 분리해서 생각할 문제라고 주장해 왔다. 1994년의 「경제백서」(經濟白書, 현재는 經濟財政白書)에서는 다음과 같이 서술하고 있다.

"경기가 후퇴하고 있는 가운데 장기적 · 구조적인 과제가 강하게 부각되는 것은 (중략), 예를 들어 감기에 걸려 몸 상태가 좋지 않아 의사에게 가면 예전부터 문제가 되었던 고혈압이 발견되는 것과 같다"

"장기적 · 구조적인 문제에의 대응이 반드시 단기적으로 경기를 회복시키는 특효약이 아님을 기억할 필요가 있다. 고혈압을 치료하더라도 감기가 낫는 것은 아닌 것과 마찬가지이다. 그러나 장기적인 과제에 대한 문제의식이 높아지고 있는 이때 장기적인 여러 과제에 대한 인식을 깊이 하고 경제구조 개혁을 진행해 가는 것은 극히 중요한 일이며, 그것은 경기변동과 상관없이 추구해야 할 과제이다"

여기에서 말하고 싶은 것은 정책할당(policy assignment)의 문제이다. 경제정책의 목표가 두 가지일 경우에는 마찬가지로 두 가지 정책수단을 준비해야 한다. 우리는 경기가 나쁘면 이를 어떻게든 극복하기 위해 무언가 조치를 취해야만 하며, 또한 경제구조 역시 개혁을 해야 한다는 두 가지 과제에 직면하게 된다. 그렇기 때문에 정책수단도 경기정책과 구조정책 등 두 가지를 준비할 필요가 있다. 그럴 경우 경기회복에 도움이 될 구조개혁을 우선 실시해야 한다는 논의도 잘못된 것이라는 것을 알 수 있다. 경기는 거시경제정책으로 대응하는 것이 좋으며 구조개혁은 경기와 상관없이 장기적인 관점에서 가장 적당한 제도를 착실히 구축하며 진행하는 것이 좋다. 혹 경기에 악영향을 미친다고 해서 적당히 조절하는 것은 잘못된 것이다.

물론 단기적인 경기와 구조개혁은 상호 보완성을 갖고 있다. 즉 경기가 확대되고 성장률이 높을 때에는 구조개혁도 진행되기 쉽고 장기적으로도 경기에 긍정적인 영향을 미친다. 그러나 단기적으로는 구조개혁이 경기에 마이너스로 작용할 수도 있다. 구조개혁으로 경기에 악영향이 생길 염려가 있을 때에는 경기를 배려하여 구조정책을 완화하기보다는 경기에 배려한 정책을 보다 강화하는 쪽으로 대응하는 것이 기본이다.

그렇다면 이제는 정책할당과 관련된 논의를 어떤 식으로 응용할 것인가에 대해 생각해 보자. 우선 고이즈미 수상(小泉首相)의 슬로건이었던 「개혁없이는 성장없다」에 대해 생각해 보자. 구조개혁은 장기적으로 경제성장에 긍정적인 작용을 한다. 따라서 고이즈미 수상이 말했던 성장이 장기적 성장을 의미한다면, 이러한 슬로건은 바른 정책에 의한 슬로건이라고 할 수 있지만 이 슬로건이 때로는 단기적인 경기와의 관계에서 사용될 때도 있다. 예를 들면 "개혁 없이 경기회복은 없다"라는 표현이다. 또한 2002년 이후의 경기회복이 구조개혁의 성과 때문이라고 선전하는 경우도 있다. 필자는 장기적인 구조개혁과 단기적인 경기변동을 관련짓는 논의는 피해야 한다고 본다. 그 이유로서 이하의 세 가지를 지적하고자 한다.

(1) 구조개혁과 단기적인 경기와의 관계

예를 들어 금융기관이 부실채권의 최종 처리를 진행하는 구조개혁을 생각해 보자. 부실채권의 최종 처리는 금융 불안의 소재를 없애고 자금의 흐름을 개선함으로써 경기에 긍정적인 작용을 하지만, 한편으로는 최종 처리에 의해 기업이 정리될 경우 실업자가 증대하고 경기에 마이너스로 작용할 가능성도 있다. 구조개혁이 언제나 경기에 도움이 될 것이라고 단순히 정의할 수는 없는 것이다.

(2) 구조개혁과 경기

구조개혁이 경기에 긍정적인 요인으로 작용한다고 하여 이를 위해 구조개혁을 진행한다는 생각은 정책할당에도 영향을 준다. 왜냐하면 경기를 좋게 하기 위해서 구조개혁을 진행 한다면 경기가 살아난 후 개혁은 더이상 필요없게 되는 것은 아닌가 하는 의문을 갖게 만들기 때문이다. 장기적인 관점에서 가장 바람직한 구조개혁이란 무엇인지를 연구해야 한다.

(3) 구조개혁

2002년도부터 경기가 회복되고 있는 이유가 고이즈미내각(小泉内閣) 당시 실시했던 구조개혁의 성과라고 하는 인식에도 의문이 든다. 2002년 이후 미국, 중국 등에 대한 수출이 증가하면서 경기상승을 불러 일으켰는데, 이때 개혁과 상관없이 경기가 상승했기 때문이다. 물론 수출을 계기로 상승하기 시작한 경기가 기업수익 개선과 맞물려 2005년에 들어와 고용도 개선되기 시작했던 것은 사실이다. 이는 기업의 구조조정 노력이 효과를 나타냈기 때문이다. 기업은 1990년대 장기침체의 저성장 시대에서도 수익을 창출하기 위해 고용, 생산, 재무면에서 효율화가 진행되어 왔으며 그 성과가 높은 수익률, 고용 회복 등으로 나타났다. 구조개혁은 민간부문에서 우선 선행적으로 진행되었다는 것이 본서의 주장으로서, 그렇게 진행된 기업부문의 개혁이 경기에 긍정적인 작용을 한 것이다. 이는 기업의 자주적인 개혁의 성과이지, 고이즈미내각(小泉內閣)의 정책적 성과라고 말할 수는 없다.

정책할당에 대한 논의는 구조개혁과 관련하여 자주 등장하는 약자대책(弱者對策)을 생각할 때에도 유효하다. 구조개혁에 대한 비판 중 하나가 시장 메커니즘을 중시하면 확실히 빈부격차는 확대될 가능성이 있지만 그렇다고 해서 구조개혁을 진행하지 않는다는(또는 적당히 하는) 것은 소위 구조개혁을 약자대책에 사용하고 있는 것과 마찬가지이다(개혁을 진행하지 않는다는 정책이 약자대책이 되기 때문이다).

정책할당의 관점에서 볼 때 우리들은 시대에 맞는 제도 및 관행을 만드는 목표와 사회적으로 축복받지 못한 사람들에게 지원의 손을 펼치는 두 가지 정책목표를 갖고 있기 때문에 그에 따른 정책수단 역시 두 가지가 필요하다. 다시 말하면 시대가 요구하는 구조개혁을 통해 경제를 효율화 하고, 그에 따른 격차가 발생하면 그에 대응하는 정책을 별도로 준비해야만 한다.

1

일본형 고용은 어떻게 변하고 있는가

1. 급변하는 일본형 고용관행
2. 일본형 고용의 평가와 한계
3. 일본형 고용의 전망

경제정책의 중요한 목표는 지속 가능한 범위에서 될 수 있는 한 높은 경제성장을 실현하는 것, 물가를 안정적으로 유지하는 것, 일하고 싶은 사람이 일할 수 있는 완전고용을 달성하는 것 등 이렇게 세 가지로 나눌 수 있다. 이 세 가지는 어느것 하나 빠트릴 수 없이 중요하며, 상호 밀접한 관계를 갖고 있다.

1990년대 이후 일본의 고용은 다음과 같은 세 가지 과제에 직면해 왔다.

첫째, 실업률은 상승하고 고용에 대한 불안이 높아졌다.

둘째, 장기적인 관점에서 볼 때 일본의 고용관행도 역시 구조개혁이 필요하다는 인식이 확산되었다.

셋째, 본격적인 인구감소로 노동력 인구가 줄어들고 있다.

이 세 가지 문제점은 상호 관련을 맺고 있으나 실업률 상승과 고용불안은 단기적인 문제이기 때문에 본서에서는 취급하지 않기로 한다. 세 번째의 노동력 인구감소에 대해서는 제 7장에서 언급하기로 하고, 제 1장에서는 두 번째 문제인 일본의 고용관행에 대해 알아보도록 하자.

01 급변하는 일본형 고용관행

오늘날 일본형 고용시스템은 과거와 달리 여러 방면에서 정체상태에 빠졌으며 구조적으로 변하고 있는 중이다. 그렇다면 지금까지 일본형 고용시스템은 어떠한 특징을 보여왔는지, 그것이 왜 정체상태에 빠졌는지 지금부터 살펴보도록 하자.

1. 일본형 고용관행

일본은 지금까지 타 국가와는 조금 다른 독자적인 고용시스템을 유지해 왔고 이는 다양한 형태로 나타났으며, 제1절에서는 다음의 세 가지 특징을 중심으로 살펴보도록 하겠다.

(1) 고용 형태 : 종신고용

일본을 대표하는 대부분의 기업에서는 종신고용제를 유지하고 있으며, 노동자는 신규졸업자로 채용된 이후 기본적으로 정년까지 고용이 보장되어 왔다. 일본인들은 이를 당연한 듯이 '정년이 보장된 직장'을 전제로 고용을 생각하는 버릇이 생겼고, 이러한 정년제의 존재가 일본형 고용관행의 대표적인 특징으로 정착하였다. 이에 반해 미국 등에서는 정년제가 연령차별에 해당되기 때문에 금지되어 있다.

(2) **임금 형태** : 연공서열형 임금 & 춘투방식에 의한 임금결정

일본의 임금은 연공서열에 의한 연령, 근속연수를 더하여 승진 · 승급을 결정해 왔다. 임금은 기업이 각자 정하는 것이 아니라 춘투임금투쟁으로 노동자가 각 기업에 일제히 임금상승을 요구하고 이를 의식하면서 매년 임금상승이 결정되어 온 것이다.

(3) **교육 · 훈련 형태** : OJT(On the Job Training)

일본의 기업에서는 기업 내에서의 직장, 직종의 이동을 반복함으로써 기업 내 훈련에 의해 직무수행능력이 형성되어 왔다. 그 결과 일본의 노동자는 특정 직무(예를 들어 인사, 조달, 회계 등)에 특화한 인재가 아닌, 기업에 특화한 인재로 형성되어 왔다.

이상 '일본형 고용'에 대해 주요 세 가지 특징을 알아보았다. 그러나 이것은 일본의 전통적인 구조라고 할 수도 없을 뿐더러, 그 정도로 강고(强固)한 제도도 아니다. 종신고용이나 연공임금은 노사 쌍방이 명문화된 계약을 서로 나누어 갖고 있는 것이 아니며 사실상 패전 이후부터 지속되어 온 관행에 지나지 않는다. 이렇듯 역사적으로도 오랜 기간 지속되어 온 것도 아니고 양자 모두 전후 일본의 고도성장 과정에서 뿌리를 내린 것에 불과하며, 더욱이 이러한 관행이 일본의 노동자 전체를 포괄하고 있는 것도 아니다. 종신고용, 연공임금의 색채가 강한 것은 대기업, 남성의 사무 · 기술계 직종의 노동자에 해당할 뿐

이다.

이러한 점을 확실히 하기 위해 종신고용(또는 장기고용)에 대한 몇 가지 통계자료에 의한 국제비교를 살펴보면, 우선 주요국의 근속년수(남자)는, 일본이 13.1년인데 비해 미국은 7.9년, 독일 10.6년, 영국 8.9년, 프랑스 11년 등이다(1995년, 단, 일본, 미국은 98년, 경제기획청 「국민생활백서」 1997년판에서). 확실히 일본이 타 국가와 비교해 근속년수가 길긴 하지만 절대적으로 긴 것은 아니다.

한편 여성의 경우는 일본이 8.2년으로 독일 8.5년, 프랑스 10.3년보다 오히려 짧게 나타났다. 이를 통해 알 수 있는 것은 일본의 장기고용이 남성중심이라는 것이다. 여성의 평균 근속년수는 남성의 63%에 해당하지만 다른 나라는 75~80%를 차지하고 있다. 일본의 남녀별 격차가 상당히 크다는 것도 일본만의 특징이다.

물론 이것이 일본의 기업이나 경영자가 반드시 남녀 차별에 대한 의식이 강하다는 것을 의미하는 것은 아니다. 일본 여성은 결혼한 후 퇴직하는 경우가 대부분이기 때문에 기업에서는 중도 퇴직에 대한 리스크를 감안해 OJT에 의한 훈련을 주로 남성 중심으로 할 수밖에 없는 상황이다. 이러다 보니 여성은 결혼 후 퇴직에 대한 고민을 어렵지 않게 결정한다. 즉, 다음과 같은 악순환이 반복되는 것이다.

『여성은 중도퇴직이 많다 → 여성의 장기고용에 대한 위험이 크다 → 남성 중심의 OJT를 설계한다 → 여성은 노동력의 중심에서 벗어나면서 자연스럽게 중도 퇴직한다』

그림 1-1 여성의 고용 활성화를 추진하는데 따르는 문제점

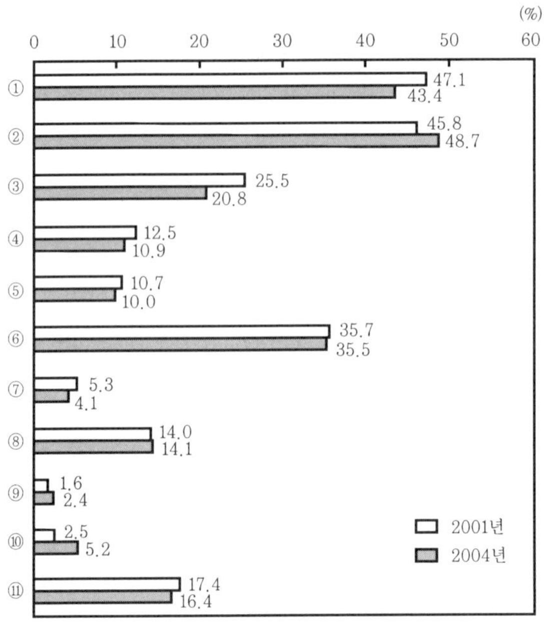

① 여성의 근속년수가 평균적으로 짧다.
② 가정을 책임질 필요가 있다.
③ 일반적으로 여성은 직업의식이 낮다.
④ 고객 및 거래처 등에 대한 이해가 불충분하다.
⑤ 남성 상사 및 동료에 대한 이해가 불충분하다.
⑥ 시간 외 근로 및 잔업을 시키기 어렵다.
⑦ 여성을 위한 취업환경을 정비하는데 비용이 든다.
⑧ 위험 · 유해업무와 관련하여 법률상 제약이 따른다.
⑨ 여성의 고용 활성화를 추진하는 방법을 모르겠다.
⑩ 그 외
⑪ 특별히 없다고 본다.

출처 : 후생노동성「平成15年度女性雇用管理基本調査」

〈그림 1-1〉은 기업이 여성을 활용할 때에 어떠한 것을 문제점으로 의식하고 있는가를 조사한 것이다. 여기에서도 첫 번째 설명하고 있는 것이 역시 여성의 근속년수가 평균적으로 짧다는 점이다.

한편 '근속년수 프로파일'을 보는 방법도 있다. 이것은 가로축에 연령, 세로축에 근속년수를 그래프화 한 것으로 기울기가 급할수록 장기고용의 정도가 강하다는 것을 의미한다.

그림 1-2 평균근속년수(성 · 연령계급별)

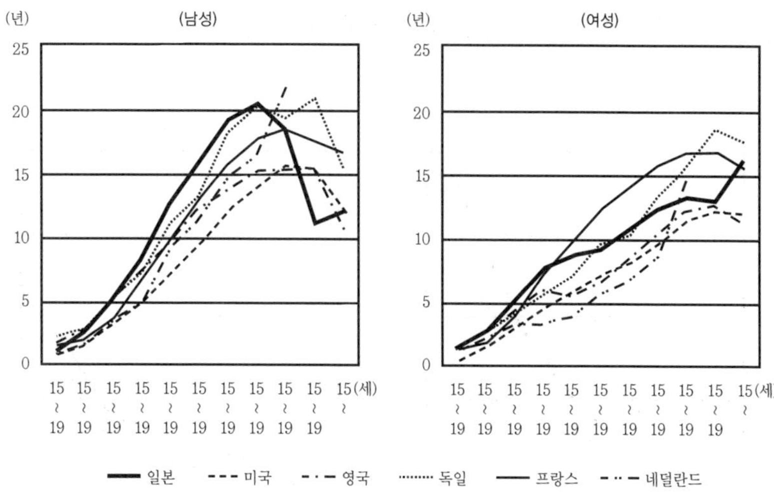

출처 : 노동정책연구 · 연수기구 「國際比較統計集」

〈그림 1-2〉는 성 · 연령별 평균 근속년수를 국제비교한 것으로, 이를 자세히 살펴보면, ① 남성의 기울기 정도가 여성보다 급하다는 것,

② 남성의 경우 주요 선진국 가운데에서도 일본의 기울기가 가장 급하다는 것, ③ 여성의 경우 일본의 기울기가 완만하다는 것 등을 나타낸다. 즉 일본의 남성노동자는 국제적으로 비교해도 특히 장기고용의 정도가 강하다. 다시 말하면 종신고용에 해당하는 것은 남성노동자 층이라고 할 수 있다.

한편 연공임금의 경우 가로축에 근속년수, 세로축에 임금을 그린 '연령별 임금프로필' 을 통해 그 정도를 비교할 수 있다. 이 기울기가 급할수록 연공임금의 정도가 강하다는 것을 나타낸다.

그림 1-3 **근속년수별 임금격차(제조업 · 생산노동자)**

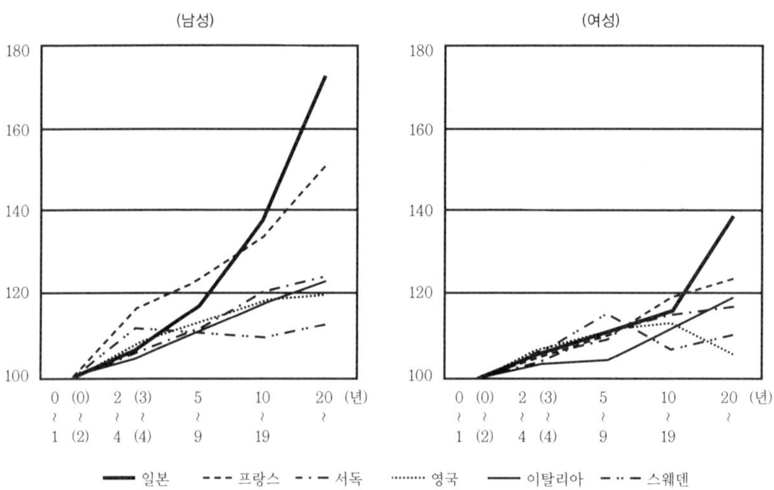

출처 : 노동정책연구 · 연수기구 「國際比較統計集」

〈그림 1-3〉은 임금의 근속년수별 격차에 대해 국제비교한 것으로, 이를 살펴보면 다음과 같다. 우선 각국 모두 정도의 차이는 있으나 우상향 방향으로 움직이고 있다. 즉 대부분의 국가에는 연공임금적인 요소가 존재한다는 것이다. 단, 근속년수가 오래될수록 일에 대한 숙련으로 능력도 상승하기 때문에 이를 바꾸어 말하면 능력의 상승분이라고 할 수 있다. 그렇더라도 일본의 남성노동자는 다른 나라의 남성노동자에 비해 기울기가 상당히 급하여 연공임금의 정도가 크다는 것을 알 수 있다. 그리고 여기에서도 여성의 경우는 다른 나라와 그다지 차이는 없다.

한편 이 점은 지금까지의 관행이 바뀌고 있다는 것을 나타내지만, 그래프와 더불어 설명하자면 〈그림 1-4〉에서 보듯이 이 그래프의 기울기는 최근 들어 완만하게 안정되어 연공임금이 더 이상 상승하지 않고 있음을 나타내고 있다.

그림 1-4 남성 대졸 표준 노동자의 임금곡선

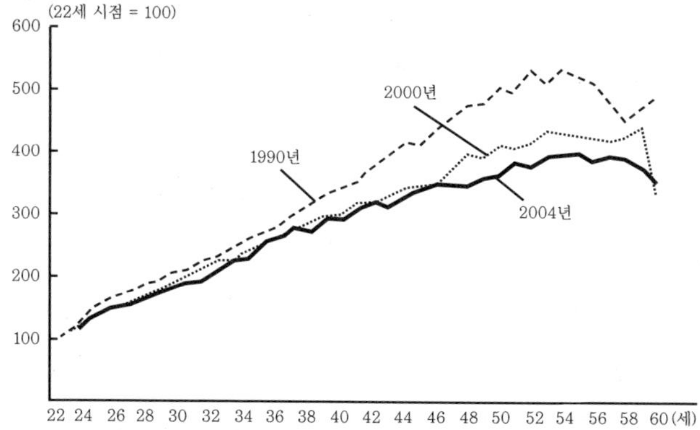

주 : 임금 = 급여×12+과거 1년간의 상여금. 출처 : 노동후생성 「2005年度版 勞動經濟白書」

2. 중요한 상호 보완성

이상과 같은 일본형 고용 관행이 지금까지 안정적으로 존재해 왔던 것은 '상호 보완성(complementarity)'이 작용하였기 때문이다. 상호 보완성이란 이미 서장에서도 언급하였듯이 서로 의존하면서 존재한다는 현상을 의미하며, 이러한 상호 보완성이 일본형 고용의 특징에 대해 상호 작용을 해 온 것이다.

전형적인 예는 '장기고용'과 '연공임금'의 보완성이다. 연공임금 하에서는 신입사원이 처음에는 실제로 현장에서 일하는 것보다도 임금을 작게 받는 듯 하지만, 연령이 쌓인 후에는 일한 것보다 임금을 많이 받게 되는, 즉 초기의 손해를 시간이 흐름에 따라 돌려 받는 보완성 관계를 갖고 있으며 이는 일종의 보험과 같은 것이라고 이해할 수 있다. 이것이 가능한 것은 장기고용이라는 전제가 있기 때문이다. 노동자 측에서 보면 도중에 회사를 옮길 경우 신입사원으로 취급받아 손해를 보기 때문에 어떻게든 같은 기업에 머물게 된다. 기업 측에서 보면 연공임금은 미래의 임금상승을 인질로 잡고 있는 것과 같은 효과를 갖기 때문에, 노동자를 같은 기업 내에 존속시키기 위한 제도라고 인식할 수도 있다.

기업 내에서의 OJT와 장기고용 간에도 상호 보완성이 작용한다. 기업이 시간과 비용을 들여 종업원을 훈련시키면 종업원은 그 기업에 고정된 인재가 될 것이며, 이를 다른 말로 '기업 특수적(firm specific) 인재형성'이라는 표현으로 대체할 수 있을 것이다. 기업 측에서는 인재육성에 투자를 해왔기 때문에 언제까지라도 자사에서 일했으면 하는 필요성이 생긴다(이러한 의미에서도 연공임금은 유효하다). 한편 기업 특수적인 능력을 몸에 익힌 종업원은 자신이 현재 속해 있는 기업을 그만두고 타 직장으로 옮기게 되면 자신의 가치가 그만큼 낮아지게 되기 때문에 되도록 같은 기업에 남아있길 원한다.

3. 다른 경제시스템과의 상호 보완성

이러한 일본형 고용 관행은 고용 이외의 주변 경제시스템과도 상호 보완성을 갖고 있다. 예를 들어 제2장에서 언급할 일본형 기업지배구조(corporate governance)는 일본형 고용관행과 상호 보완성이 있다. 일본형 기업지배구조는 종업원이 거버넌스의 중요한 역할을 담당하고 있다는 특징이 있다. 즉 장기고용 관행 하에서는 종업원 가운데 경영자가 선발되기 때문에 종업원은 기업과 운명공동체적인 의식을 강하게 갖게 된다.

장기적인 기업 간 거래, 메인뱅크제도 등의 특징도 고용시스템과 상호 보완성의 관계를 갖고 있다. 장기적인 고용관행 하에서는 기업의 존속 그 자체에 상당한 가치가 부여된다. 기업이 존속하지 않으면 종업원은 길거리에서 헤매게 되는 존재로 전락하기 때문이다. 일본에서는 특히 사회적으로도 망하지 않을 기업이라는 평가를 받아야만 우수한 인재를 채용하기 때문에 어쨌든 경영자도 기업을 안정적으로 유지하기 위한 인센티브를 갖게 되는 것이다.

한편 일본은 채산이 맞지 않는 부문을 매각하면서까지 슬림화하겠다는 발상은 나오기 힘든 사회이다. 경영자가 바뀌면 종업원을 끝까지

책임지기 힘들기 때문에 기업이 자신들의 의도와는 달리 매수되는 것도 원하지 않는다. 그러다 보니 기업 간 거래는 장기적 관계를 형성하면서 메인뱅크가 항상 경영을 감시하게 되고, 이로 인해 메인뱅크와 관계를 맺고 있는 기업은 매수 혹은 기업사냥(take over)을 당하지 않기 위해 상호 주식을 보유하게 된다.

춘투방식에 의한 임금결정도 일본형 기업행동과 보완성이 있다. 캐치업형(catch up) 경제 하에서는 각 기업이 라이벌과 동일한 제품개발, 기술도입, 투자행동을 취하여 시장 점유율을 유지하는 것이 결과적으로 이익 최대화와 직결된다. 그렇게 되면 임금에 대해서도 기업마다 직종마다 따로 따로 정하는 것보다도 일제히 결정하는 것이 유효하다.

4. 교육과의 보완적 관계

교육과의 보완성도 중요하다. 일본은 수험을 통해 대학에 입학하기 때문에 수험생들 간의 경쟁이 심하지만, 일단 입학을 하게 되면 학창시절 놀기만 해도 졸업하는데 지장이 없다. 이는 대학교육의 질적 레벨 그 자체가 그다지 높지 않기 때문이다. 필자는 "종합연구개발기구"를 통해 2004년에 '인구감소와 종합국력' 이라고 하는 조사를 실시한 적이 있다. 이 조사에서 일본은 종합국력을 실제로 측정하였는데 그 과정에서 국력의 중요한 요소가 될 소프트 파워에 대해 국제적인 기준의 순위 선정을 조사기구(think tank)에 의뢰하였다. 〈표 1-1〉은 그 가운데 인적자원과 관련된 부분으로, 「대학교육의 질」이라는 평가항목에서 일본은 조사대상 9개국 가운데 최하위(9위)를 기록하였다. 이제 일본의 대학교육이 형해화(形骸化)하고 있다는 것은 국제적으로도 주지의 사실이다[1).

표 1-1 21세기형 소프트 파워(인적자원의 질)

	건강평균 수명	노동자의 동기	학습 도달도	대학교육의 질	노동손실 일수	상급관리직의 국제경험	글로벌화에 대한 자세	해외 아이디어에 대한 개방성
일본	1	3	1	9	1	8	3	8
미국	7	1	7	1	5	5	1	2
캐나다	3	2	3	2	9	3	4	1
영국	6	5	4	4	4	6	7	5
프랑스	3	9	6	3	3	4	9	7
독일	5	4	8	5	2	2	8	4
이탈리아	2	6	9	7	8	7	6	3
한국	8	8	2	8	7	1	2	9
중국	9	7	5	6	6	9	5	6

주 : 숫자는 9개국 순위를 나타낸 것이다.
출처 : 綜合硏究開發機構「人口減少と綜合國力に關する硏究」2004.

한편, 일본의 대학은 경제적인 측면에서 바라볼 때 다음과 같은 두 가지 기능으로 구분할 수 있다.

첫째, 인적자본의 형성이다. 교육에 대한 지출은 일종의 투자로서, 다시 말하면 인적자본으로서의 가치를 부여하여 보다 높은 장래소득을 얻기 위해서 투자를 한다. 즉, 공부하기 위해 대학에 간다는 것이

1) 자세한 것은 小林陽太郎 · 小峰隆夫編『人口減少と総合国力』日本經濟評論社 2004年을 참조.

일반인들의 교육에 대한 솔직한 생각이다.

둘째, 인재선별 기능(screening function)이다. 대학에는 사회적으로 그리고 암묵적으로 형성된 순위가 존재하고 있어 어느 대학을 나왔는가 하는 것은 어느 정도 수준의 능력을 갖추고 있는 사람인지를 평가해 준다. 즉 대학은 많은 인재들 가운데 일정 수준의 인재를 선별하는 역할을 하고 있다. 단순히 말하면 학력을 얻기 위해 대학에 가는 것이다.

일본 대학의 레저랜드(leisure land)화 현상은 다음과 같이 설명된다. 지금까지 레저랜드화 한 일본의 대학들은 분명히 대학의 두 번째 기능인 인재선별 기능을 중심으로 사회적 역할을 감당해 왔다. 이는 기업이 OJT를 통해 기업 독자적인 인재육성을 행해 온 것과 보완성이 있다. 기업이 직접 인재를 훈련시키기 때문에 대학에 인적자본 형성을 기대하지도 않았다. 오히려 기업은 현재 어느 정도 능력을 갖고 있는가 보다는 훈련을 하면 능력을 발휘할 잠재적인 자질이 어느 정도 있는가를 알고 싶었던 것이다.

그렇기 때문에 대학의 인재선별 기능이 중요한 것이다. 조금 더 경제학적인 관점에서 설명해 보면 기업이 인재를 고용할 때는 정보의 비대칭성(Asymmetric Information)에 직면한다. 즉 기업은 고용하려는 인물에 대한 정보를 당사자 만큼 많이 알지 못한다. 이러한 기업과 취업자와의 정보의 비대칭성이 존재할 때에는 기업이 괜찮다고 판단하여 채용한 후에 실제로 영업 현장에서 그렇지 못할 수 있는 위험이 존재하기 때문에 자유시장경제에서의 거래는 성립하기 어렵다. 대학의 인재선별 기능은 학생의 잠재능력을 입학시험이라는 객관적인 지표로 나타내 준다. 그리고 일본과 같은 장기고용제도 하에서는 채용 시의 정보의 비대칭성에 따르는 위험은 더 크게 나타난다. 기업은 일단 신입사원을 고용한 후에는 장기에 걸쳐 채용된 직원을 책임지지 않으면 안되기 때문이다.

이렇게 해서 일본형 고용 관행의 특징인 장기고용과 OJT는 대학의 인재선별 기능의 역할을 상대적으로 높여 결과적으로 질이 낮은 대학교육과 대학의 레저랜드화를 초래한 것이다. 이렇게 일본이 학력사회가 된 것은 일본인이 학력을 중시하는 경향이 있기 때문도 아니고, 학생들의 학습의욕이 없기 때문도 아니다. 기업, 대학, 학생 모두 대학의 인재선별 기능에 대한 인센티브(誘因)가 강했기 때문에 그렇게 된 것이다.

02 일본형 고용의 평가와 한계

1. 일본형 고용관행의 장단점

(1) 장점

① 일본에서는 일단 고용만 되면 해고되는 일이 거의 없기 때문에 근로자에게 안정된 생활을 보장해 주며, 따라서 안심하고 직장에 근무할 수 있다. 또한 연공임금제도이기 때문에 결혼해서 아이가 생기고 집을 사기 위해 자금이 필요하게 되면 대개 그에 응하여 소득도 늘어난다. 퇴직할 때에는 목돈의 퇴직금을 받기 때문에 어느 정도 여유를 갖고 퇴직 후의 생활설계도 가능하다. 이렇듯 일본형 고용시스템은 일본인들의 인생무대(life stage)에 적합한 소득보장 시스템이라고도 할 수 있다.

② 팀워크로 일하기 적합한 제도이다. 종신고용제도 하에서는 기업에 대한 귀속의식이 강하고 주위 사람들과 오랫동안 함께 일을 해 왔기 때문에 의사소통도 편하고 선배로부터 후배로의 기술이전도 원활하게 진행된다. 신기술 도입으로 근로자의 배치전환이

있더라도 어쨌든 동일한 기업에서 일할 수 있다는 것을 알고 있기 때문에 근로자가 기술혁신을 반대할 이유가 없다.

(2) 단점

① 일본의 근로자는 대체적으로 자신의 개성을 발휘하거나 여유를 갖고 생활하기가 어려운 환경에 처해 있다. 우선 기업에 구속되어 있는 시간이 아무래도 증가한다. 종신고용을 전제로 할 경우 기업에 고용된 근로자는, 표현이 거칠긴 하지만 고정되어 있는 기계와 같은 존재이며, 그렇게 된 이상 기업은 이익창출을 위해 가동률을 높이려고 할 것이다. 기업은 사업의 번한(繁閑)에 따른 일의 증감을 사람 머릿수가 아니라 노동시간으로 조정한다. 따라서 바쁠 때에는 당치도 않은 잔업을 요구받기도 하고 더 심할 때에는 수당도 없는 잔업(즉, 서비스 잔업)을 강요받을 때도 있다. 또한 직장이나 장기적인 관계를 유지하고 있는 거래처와의 의사소통을 원활히 하기 위해서 통상의 근무 이외의 교제(접대, 연회, 모임, 직장여행, 운동회 등의 레크레이션 활동 등)도 무시 못한다. 일본에서 단신부임(單身赴任)이 많은 것도 기업을 운명공동체라고 생각하기 때문이다.

앞서 일본형 고용의 장점을 설명할 때 종업원의 생활이 안정적이라고 지적하였는데, 이에는 종업원이 기업에서의 근무에 만족하고 있고, 그 기업이 망하지 않을 것이라는 두 가지 전제가 필요하다. 장기적 고용관계 하에서 종업원은 일단 채용된 기업에 구속될 유인(incentive)이 강하지만, 실제로 일을 해 보면 기업이 자신에게 적합한 직장이 아닌 경우도 있다. 이런 경우 역시 일본형 고용제도 하에서는 이를 재수정하기 어렵기 때문에 어쩔 수 없이 계속해서 일할 수밖에 없는 상황이 연출된다. 장기에 걸쳐 불만족한 직장에 계속 머물러야만 하는 비용을 지불하는 셈이다.

기업이 망할 경우는 더 비참하다. 자신의 일생을 맡긴 기업이 소멸해 버리면 장기고용은 재출발에 대한 장해가 된다. 장기고용 중심의 관행 하에서는 중도참입이 어렵기 때문이다. 1990년대 이후 야마이치증권회사(山一證券會社), 홋카이도타쿠쇼쿠은행(北海道拓殖銀行) 등과 같은 대기업, 대은행 등이 도산하면서 일본식 고용관행에 대한 염려가 확대되었다. 기업에 의존하는 정도가 크면 클수록 위험 또한 높아진다.

② 여성에 불리한 방향으로 남녀 간의 격차가 커지는 경향이 있다. 앞서 언급하였듯이 여성은 결혼 후 퇴직할 가능성이 높기 때문에 기업은 비용을 들여 훈련시키려 하지 않는다. 이때문에 남녀 간의 임금격차가 커지게 되는 것이다.

일본형 고용관행은 여성의 장기고용에 부담을 주어 저출산(小子化)에도 영향을 미치고 있다. 이 점에 대해서는 제7장에서 자세히 언급하겠지만 일상 업무 면에서도 여성은 불리한 조건을 가지고 있다. 특히 아이들이 있는 여성은 잔업이 어렵다. 잔업을 마다하지 않고 일하는 모습이 근무평가에 영향을 주는 경우 여성은 현저히 불리하다.

③ 기업은 변화에 대해 탄력적으로 대응하기 힘들다. 새로운 시대적 변화에 대한 요구가 나타나도 그에 따른 인재를 제대로 조달하기가 어렵다. 근로자들 역시 시대의 변화에 따라 기업이 요구하는 특수한 인재로 빠른 시간에 전환한다는 것이 쉬운 일은 아니다.

2. 한계에 부딪힌 일본형 고용관행

이처럼 일본형 고용 관행의 장점과 단점은 동전의 양면과 같아 어느 한 가지만 평가해서 일방적으로 어느 한쪽만의 좋고 나쁨을 결정할 수는 없다. 오히려 어느 쪽이 시대의 흐름에 적합할지를 생각해야 할 것이다. 지금까지의 관행도 시대의 흐름에 맞추어 왔기 때문에 일본경제 사회에서 장기적으로 기능해 온 것이다.

이러한 점에서 일본의 경제사회는 시간이 흐름에 따라 일본형 고용 관행의 장점보다는 오히려 단점이 드러나기 쉬운 방향으로 움직이고 있다고 판단된다. 고용관행을 둘러싼 이러한 경제사회 환경의 변화가 앞으로도 지속된다면 현재의 고용관행에 대한 문제점이 점점 확실하게 나타나 관행 그 자체도 변화해 갈 것이다. 고용관행을 둘러싼 경제 사회환경의 여러 조건 가운데 최근 커다란 변화를 보이는 것은 다음과 같은 이유가 있기 때문이다.

(1) 고령화의 진전

노동력의 고령화가 진행되는 가운데 과거처럼 연공형 임금을 유지하는 것은 어려워졌다. 임금이 상승하기 때문이다. 연공임금이 무너지면 연공임금과 보완적인 관계에 있는 장기고용도 무너진다. 장래 임금이 상승하지 않는다면 무리하게 동일 기업에서 일할 필요가 없기 때문이다. 오히려 상호 보완성이 역으로 작용하여 도미노현상과 같은 변혁의 연쇄반응을 낳게 된다.

(2) 기업경영의 글로벌화

기업이 국경을 초월하여 전 세계를 대상으로 경영활동을 영위하게 되면 일본만이 갖고 있는 독자적인 시스템을 기업 내에서 적용해 나가는 것은 어려워진다. 따라서 일본에만 존재하는 고용시스템은 재평가 될 것이다.

(3) 케치업형 고성장시대의 종언

이제는 케치업(catch up; 선진국 따라잡기)형 성장시대는 끝나고 장래의 산업구조에 대한 불확실성은 더욱 높아지고 있으며 게다가 그 변화는 가속하고 있다. 기술혁신, 엔고(円高), 아시아 국가들과의 분업관계가 진전되는 가운데 이후로도 산업구조의 변화는 한층 더 빠른 속도로 변할 것이며, 그에 따라 취업구조, 직업구조도 탄력적으로 변모하게 될 것이다. 변화의 속도가 빠르면 동일기업 내에서의 고용조정만으로 요구에 대응하는 것은 곤란하기 때문에 어떻게 해서라도 기업의 틀을 벗어난 노동이동이 요구된다.

일본형 장기고용은 고도경제성장 시대 인구증가와 더불어 유효하게 기능해 왔다. 성장경제 하에서는 노동력에 대한 수요가 계속하여 증가하기 때문에 노동자를 선행하여 확보해야 하며, 일단 확보된 노동력은 그대로 유지하는 것이 기업과 노동자 모두에게 유리하다. 또한 연공형 임금체계 하에서 항상 피라미드형 조직을 유지한다면 임금이 가장 낮으면서 젊은 노동력이 많은 상태가 되기 때문에 평균적인 인건비를 낮게 유지하는 것이 가능하다. 그러나 성장률이 저하되고 인구가 감소하면서 노동력에 대한 요구도 둔화되고 피라미드형 조직을 유지하기도 어렵기 때문에 오히려 문제점이 쉽게 나타난다.

(4) 의식 변화

보다 개성있고 여유를 가질 수 있는 라이프 스타일을 요구하는 사람들이 늘어날수록 기업과의 운명공동체 의식에 근거한 따뜻한 인간관계를 지겹다고 생각하는 사람들이 늘어날 수도 있다. 또한 여성의 사회참여가 늘어나면 여성에게 불리한 고용관계를 수정하라는 요구도 증가할 것이다. 따라서 앞으로 여성에게 불리한 고용시스템을 유지하는 기업은 여성이 갖고 있는 잠재적인 전력(戰力)을 제대로 활용할 수 없기 때문에 경쟁에 뒤처질 수 있다.

이러한 가운데 일본형 고용관행은 이미 상당 부분 예전부터 변화하기 시작하였고 지금도 급변하고 있다. 서장에서 지적한 것처럼 상호보완성이 도미노현상으로 작용하기 때문에 한 가지 관행의 변화는 다른 관행의 변화를 불러 일으키면서 지속적인 변화를 가져올 것으로 예상된다.

03 일본형 고용의 전망

일본형 고용시스템이 막다른 상태에 부딪힌 것은 사실이다. 그렇다면 일본의 고용구조, 고용시스템은 어떠한 방향으로 향하고 있고, 이를 진전시키기 위한 정책적 과제는 무엇인가를 생각해 보자.

1. 고용관행의 변화 징조-기업 측과 고용자 측의 변화

고용을 둘러싼 최근의 움직임을 살펴볼 때 종래형의 고용시스템이 도처에서 변화해 온 것을 알 수 있다. 이것을 노동의 수요자인 기업 측의 변화, 노동의 공급자인 노동자 측의 변화, 그리고 수요와 공급이 만나는 장소인 노동시장의 변화, 이렇게 세 가지로 나누어 생각해 보도록 하자.

(1) 기업 측의 변화

후생노동성의 「2002년 고용관리 조사결과」에 의하면 앞으로의 인사관리의 방침으로 '종신고용 관행을 중시한다' 라고 대답한 기업이 8.5%로서, 1999년 조사의 9.9%보다 낮아졌다. 또한 '종신고용 관행에 구애받지 않는다' 라고 대답한 기업은 48.6%로서 전반기 조사의

45.3%에 비해 상승하였다.

연공서열형의 처우에 대해서는 '연공서열주의를 중시한다' 라고 대답한 기업이 전반기의 2.3%보다 더욱 낮은 0.8%에 지나지 않았다. 반대로 '능력주의를 중시한다' 라고 대답한 기업은 55.9%로서 전반기의 49.5%보다 상승하였다.

또한 경제사회생산성 본부의 「일본적 인사제도의 변용에 관한 조사」(2003.1)에 의하면, 능력이나 근무성적에 따라 보수를 정하는 연봉제를 도입하고 있는 기업의 비율이 1996년 9.8%였으나 2002년에는 40.9%로 상승하였다.

이러한 결과로부터 다음과 같은 도출이 가능하다.

① 기업은 이제는 종신고용적 관행이나 연공임금적 관행을 그다지 중시하지 않고 있으며, 특히 연공서열을 중시하는 기업은 거의 존재하지 않는다.
② 종신적 관행에 구애받지 않는다.
③ 시대가 변함에 따라 연공서열보다 능력주의를 중시하는 움직임이 강해지고 있다.

(2) 노동자 측의 변화

노동정책연구 · 연수기구의 「근로생활에 관한 조사」(2004년)에 의하면, 종신고용에 대해서 '좋다' 라는 응답이 33. 7%, '어느쪽인가 선택해야 한다면 좋다' 가 44.3%, '좋지 않다' 가 3.4%, '어느쪽인가 선택해야 한다면 좋지 않다' 가 12.7% 등으로 응답하여 대체적으로 종신고용을 옹호하는 입장이 압도적으로 높았다.

연공임금에 대해서는 '좋다' 라는 응답이 24.7%, '어느쪽인가 선택해야 한다면 좋다' 가 42.0%, '좋지 않다' 가 7.3%, '어느쪽인가 선택해야 한다면 좋지 않다' 가 20.3% 등으로 응답하였다. 그러나 그 평가의 정도는 종신고용만큼은 아니다. 한편 종신고용, 연공임금 둘 다 젊은층보다도 중고년층에서 평가가 높게 나타났다.

(3) 노동시장의 변화

이와 같은 조사에서 특징적인 것은 전직(轉職)이나 실업(失業)에 대한 의식차이가 젊은층과 중고년층 간에 크게 다르다는 것이다. 즉, '실업에 대한 의식' 이란 질문에, 모든 연령층에서 '경제적 곤란' 이라고 대답한 것은 어떤 의미에서는 당연한 것일지 모르겠지만, 20대의 경우 '경력개발' 이라는 답변이 주를 이루었다. 젊은 세대는 직장을 잃는 것에 대해 새로운 기회로 받아들이고 있으며 '같은 기업에 계속해서 근무할 필요는 없다' 고 생각하는 경향이 있는 것도 사실이다. 이러한 세대의 차가 커지면 전직(轉職)에 구애받지 않는 노동자가 계속해서 늘어날 것이다.

2. 고용관행의 변화에 대한 징후-노동시장의 변화

(1) 내부노동시장에서 외부노동시장으로의 변화

기업은 여러 가지 수단을 통해 기업이 필요로 하는 노동자를 조달하고 있는데, 이때, ① 노동자를 적절히 배분함으로써 수요와 공급을 조정하는 내부노동시장과, ② 공공직업소개소, 민간직업소개기관, 구인 광고 등에 의해 필요로 하는 인재를 조달하는 외부노동시장이 존재한다. 지금까지 일본기업은 종신고용적인 관행 하에서 내부노동시장을 활용해 왔지만, 최근에는 중도채용이 눈에 띄고 있으며, 과거와 비교해 볼 때 외부노동시장을 적절히 이용하는 추세로 바뀌고 있다.

내부노동시장에는 장단점이 있다. 장점으로서는 기업 내에서 노동자를 조달할 경우 기업은 그 인물의 능력을 충분히 알고 있고, 노동자 역시 직무 내용을 알고 있기 때문에 정보의 비대칭성이 사라져 상호 불확실성이 줄어든다. 한편, 단점으로서는 기업 내부의 한정된 노동력을 조달하기 때문에 반드시 적절한 인재가 발견되리라고는 장담하기 힘들다.

최근 중도채용이 증가하고 있는 이유로는 다음과 같은 것들을 생각할 수 있다.

① 시장의 변화나 기술혁신의 속도가 빠르기 때문에 기업 내에서 인재를 조달하는 것보다 외부로부터 폭넓게 모집하는 편이 적절한 인재를 모집할 수 있다.

② 미래의 경제가 불투명하기 때문에 장기적인 전략으로 종신고용적인 관행을 수정하고 필요한 인재를 외부에서 수시로 고용할 수 있는 시장이 확보되었다.

③ 기업구조조정, 고용조정 등을 통해 우수한 인재를 외부 노동시장에서 발견할 수 있다.

앞으로 이러한 움직임이 한층 더 뿌리내리게 되면 객관적인 능력평가, 전문분야에 특화한 인재중개업, 헤드헌팅 등도 활발해지고 그것이 점점 외부 노동시장의 기능을 강하게 만들 것이다.

(2) 연공서열형 임금결정의 변질

이러한 변화에 대해서는 춘투(春鬪)의 변질이 대표적이라고 볼 수 있다. 1990년대 일본 경제가 정체하고 있는 가운데 정상적인 승진시기임에도 불구하고 대기해야 하거나 임금삭감이 있었고, 연공서열형 임금결정 역시 무너지게 되었다. 춘투의 변질은 노동조합이 형편없기 때문이라기보다는 다음과 같은 구조변동의 출현 때문이라고 할 수 있다.

우선 정상적인 승진대기나 구조조정의 움직임은 임금커브의 변화를 나타내고 있다. 지금까지 연공임금에서는 연령별로 본 임금커브의 경사가 급했지만 이제는 기업이 연공임금을 수정하고 능력급의 요소를 강조하고 있는 상황이다. 그렇게 되면 필연적으로 임금커브의 경사는 완만해지고 이러한 변화의 과정에서는 매년 정상적인 승진대기가 소멸되는 것이 당연한 것이다. 물론 승진대기의 소멸에도 경제정세의 영향을 받겠지만, 기본적으로는 연공적 임금관행의 시정이라고 하는 구조요인이 작용하고 있다고 할 수 있다.

또한 연공임금형 제도 자체가 무너지고 있다는 것도 기존의 춘투방식을 어렵게 하고 있다. 춘투방식은 기본적으로 경제가 성장하고 파이가 커질 때에 그 파이를 각 산업 · 기업이 나누어 갖는다는 방식이었지만, 이 방식은 디플레이션 하에서의 저성장, 기업의 업적 저하 등으로 인해 이제는 더이상 유지하기 어려워졌다. 즉 저성장 하에서 연공임금이 지속되면 전체의 임금이 하방향으로 수속(收束)하여, 본래는 임금상승이 가능한 기업에서조차도 임금상승을 실현하기 어렵게 되고 오히려 심각한 디플레 상태로 되어 버린다. 특히 산업구조가 급변하고 기업 간 격차가 확대되는 때에는 이를 유지하기 어렵다.

이렇게 볼 때, 장기적으로는 춘투를 통한 임금상승방식은 그 자체가 변질 혹은 소멸해 가고 있다고 해도 과언은 아니다.

3. 고용정책의 변화

이상과 같은 장기고용의 형태가 변하고 있는 가운데, 고용정책 역시 구조개혁이 요구되고 있다. 주요 쟁점을 보면 다음과 같다.

첫째, 노동자의 안정된 생활을 지키기 위한 사회안전망(safety net)의 소극적인 고용정책에서 인적능력의 향상을 목표로 하여 노동자의 취업능력(employability)을 높이려는 적극적인 고용정책으로의 전환이다. 일찍부터 선진국에서는 이러한 흐름을 간파하여, 미국에서는 유연성이 높은 노동시장을 통해 IT혁명이 진행되었으나, 이것이 제대로 기능하기 위해서는 노동자가 IT혁명에 뒤처지지 않을 정도의 능력이 필요하다. 개인 · 기업 · 정부가 노동자의 지식 · 기능을 향상시키기 위하여 적극적으로 전략을 취해 온 것이 경제적 활력과 접목되었다. 한편, 유럽에서는 오히려 사회안전망(safety net)이 너무 융숭한 대접을 받다 보니 장기적 실업을 발생시켰다는 반성이 강해지면서 직업훈련 등을 통한 취업능력을 향상시키기 위한 노력이 이루어지고 있다.

지금까지 일본의 고용정책은 기본적으로 암묵적인 전제하에 동일기업에서 고용을 유지해 왔으나, 산업구조가 변하고 기업마다 격차가 벌어지면서 이제는 노동자가 산업 · 기업의 변화에 유연하게 대처하지 않으면 경제가 전체적으로 안정된 고용을 유지하기 어려워지는 시대로 바뀌었다. 이제부터 고용정책의 중심은 기업에 대한 지원이 아닌 개인의 자기개발에 의한 직업능력을 향상시키는 방향으로 변화될 것으로 예상된다.

둘째, 시장메커니즘, 민간활력의 활용이다. 노동시장에는 일하는 사람, 직업소개에 관한 구조, 고용계약 등에 관해 많은 규제가 존재하고 있다. 그 대부분은 기업과 노동자의 교섭력의 차, 생활기반으로서의 고용을 배려한 약자 보호로서의 규제였다. 그러나 경제가 급변하고 탄력적인 고용조정이 요구되면, 규제완화를 통해 자유시장원리에 맡기는 것이 기업뿐만 아니라 노동자에게도 유리하다. 근무시간 · 근무형태, 고용계약, 직업소개 등에서 규제를 완화하고 시장원리를 적용시킬 필요가 있다.

4. 일본형 고용관행의 나아갈 길

이상과 같이 경제환경, 사람들의 의식, 고용정책 등 일본의 고용 환경 전체가 변하고 있는 가운데, 일본형 고용시스템의 최종 목적지가 어떠한 방향으로 정착될 것인가를 명확하게 예측할 수는 없겠지만 다음과 같은 점만은 지적해 보고자 한다.

우선 일본형 시스템의 목적지는 앞으로 시행착오를 거치면서 수정 · 보완해 나아가야 할 것이다. 종래형의 고용시스템도 누군가가 명시적으로 설계한 것이 아니라 기업, 노동자, 정책 등의 시행착오를 반복한 결과 만들어진 것으로 현재의 고용시스템 역시 시행착오의 과정에서 만들어진 것이다. 오히려 이후의 시스템을 미리 정해 놓는 것은 본서의 서두에서 언급하였던 '세대의 자립'에 대한 필자 자신이 갖고 있는 생각에 반하는 면이 있다. 기본적으로 장래의 일본형 고용시스템은 미래세대가 만들어 가야 할 것으로, 현재 세대가 그 방향을 정하는 것은 불가능하다.

본서의 서설에서 구조변동에는 선행적으로 진행하는 부분과, 서서히 진행하는 부분이 있다고 언급하였다. 고용은 민간부문과 관련이 있는 만큼 선행적으로 변동이 진행하고 있는 부분이다. 그 한 가지 예가 성과급(能力給; 능력에 따른 임금제도)이다. 일본의 임금형태가 기본적으로는 연공형에서 능력 중시로 변하고 있다는 기본적인 흐름은 변함이 없으나, 항상 그런 것만은 아니다. 성과급에 따른 임금제도를 실행하기 위해서는 능력을 객관적으로 측정할 수 있어야 한다. 능력평가는 평가자의 주관이 개입되기도 하고 목표달성도를 정하여 평가하려고 한다면 목표 자체를 낮게 할 수도 있으며, 또는 어쩌다 운이 좋아 실적이 좌우될 확률도 있기 때문에 어려운 일이다.

이렇게 볼 때 연공형 임금도 장점이 없는 것은 아니다. 예를 들어 근속년수로 평가기준을 측정하게 되면 그 절차가 투명하고 알기 쉬워진다. 또한 기본적으로 근속년수가 늘어나면 일에 대한 숙련도가 뛰어나고 업무 역시 정통해지기 때문에 근속년수 역시 능력의 일부라는데 이의(異意)를 갖지 못할 것이다. 이렇듯 능력이 근속년수에 비례한다고 볼 때 연공임금은 능력급에 따른 임금제도로서 이러한 평가가 어쩌면 정당하다고 할 수도 있다. 그러나 일부 기업에서는 능력에 따른 차별임금의 정도를 약하게 하고 연공임금 요소를 부활시킨 예가 있다. 이는 고용의 구조변동이 선행적으로 진행하고 시행착오를 반복하면서 진행하고 있는 것을 의미한다.

가끔 구조변동에 대한 논의를 전개할 때 다음과 같은 의견을 듣게 된다.

'과거의 일본형 시스템에도 좋은 점은 있다'

'지금과 같은 앵글로색슨형 시스템이 완전히 일본에 정착될 것이라고는 생각하지 않는다'

'앵글로색슨형 고용은 일본의 문화적 풍토에 익숙하지 않다'

이중 '일본의 문화적 풍토에 익숙하지 않다' 라고 하는 점에 대해서는 필자는 동의할 수 없다. 종래형의 시스템이라고 할지라도 비교적 최근에 형성된 것으로 반드시 전통적인 것이라고는 말할 수 없기 때문이다. '문화적 풍토' 라고 미리 정한 다음 변화의 방향을 제한해 버리는 것이야말로 장래세대의 의사결정을 제약해 버리는 것이 아닌가?

필자 자신은 일본형 시스템이 단순히 앵글로색슨형 시스템으로 전환되는 것이 아니라 어떤 다른 형태로서 양자의 장단점을 절충시킨 하이브리드형의 새로운 형태가 될 것으로 본다. 이러한 양자의 절충은 두 가지 측면에서 생각해 볼 수 있다.

첫째, 대상을 나누는 것이다. 예를 들어 장기고용과 연공임금제도는 기업이 장기적으로 고용하고 싶어 하는 핵심 인재들에게 적용하면 될 것이고, 또 하나는 표준화 된 업무를 담당하는 분야에는 성과급과 단기고용을 적용하면 된다.

둘째, 장기고용 · 연공임금과 단기고용 · 성과급 등의 극단적인 분류가 아닌 양자의 장점을 살린 중간형태를 연구해 나가는 길이다.

2

다면적으로 진행하는 기업경영개혁

일본형 경영구조가 일본경제를 장기 침체화 시켰다고 아무도 단언할 수는 없을 것이다. 물론 오늘날 일본에서는 뚜렷한 일본형 경영방식이라고 정의할 만한 것이 없어 보일지 모르지만 그렇다고 과거 일본경제를 이끌어 왔던 일본형 경영방식을 헌신짝 버리듯 취급해서는 안 될 것이다.

제 2장에서는 일본형 기업지배구조(corporate governance)의 시대별 흐름을 통해 계속해서 변하고 있는 일본식 기업경영을 확인하는 작업을 할 것이다.

01 성공의 주인공에서 실패의 주범으로

- 왜 일본형 기업경영의 평가는 반전했는가 -

1980년대 전반까지 일본형 기업경영은 일본경제를 성공으로 이끈 주역으로 인정받았었다. 장기적 기업관계가 긴밀한 신뢰관계를 형성하면서 품질 좋은 제품을 생산하였고, 간판방식(看板方式) 등 효율적인 재고관리기술을 개발하기도 하였다. 단기적인 주가(株價)에 좌우되지 않는 경영자 덕분에 장기적인 계획이 가능했고 안정적인 경영을 이끌어 온 점 등이 설득력을 얻으면서 많은 외국 기업들도 일본을 배우기 위해 열심이었다.

그러나 90년대 들어와 버블이 붕괴하자 이번에는 일본형 경영이 낮은 자본수익률을 초래하고 비효율부문을 그대로 유지시켜 성장분야에 대한 자원배분에 오히려 걸림돌이 되었다는 비판과 함께 미국형 경영을 배워야 한다는 논의가 급속히 퍼져 나갔다. 왜 이렇게 평가가 바뀌게 된 것일까?[1)]

---

1) 제2장은 『異文化經營』, 2004年 9月을 가필 수정한 것이다.

1. 1990년대 이후 일본기업이 직면해 왔던 과제

1990년대의 일본경제의 시간축을 단기 · 중기 · 장기 이렇게 셋으로 나누어 보면, 1990년대 이후의 일본경제는 경기불황과 디플레이션으로부터 어떻게 벗어났는지(단기적 과제), 버블 후유증으로 생긴 부실채권 문제를 어떤 방법으로 신속히 처리했는지(중기적 과제), 과거의 제도 · 관행을 어떤식으로 구조개혁했는지(장기적 과제) 이렇게 세 가지 과제에 동시에 직면하고 있다는 것을 알 수 있다. 일본 기업을 둘러싼 여러 과제에 대해서도 마찬가지 정리법이 들어 맞는다.

첫째, 단기적인 경기에 대한 대응이다. 일본 경기는 1990년대에 들어와서 총체적으로 불황이 지속되었다. 일본 기업은 경기하락과 디플레이션이 존재하는 저성장에서도 수익을 내야 하는 심각한 구조조정에 직면한 것이다.

둘째, 중기적인 버블 붕괴에서 생겨난 부실채권문제에 대한 대응이다. 1980년대 후반의 버블기에는 자산가격의 상승에 대응하여 기업은 적극적으로 자금을 조달하였고, 설비투자를 확대해 왔다. 그러나 90년대 이후 버블붕괴 과정에서 부실자산, 과잉설비로 인하여 자산효율이 저하하고 대출기관에서는 이후 발생한 부실채권 문제가 가장 심각한 과제였다.

셋째, 장기적으로 일본식 기업경영시스템을 바꿀 수밖에 없는 구조적인 문제에 직면하였다. 글로벌화, 고령화, IT혁명 등 일본 기업은 기업지배구조(corporate governance), 기업금융의 존재, 고용 · 훈련시스템 등 다면적인 변혁을 강요받고 있다.

일본 기업은 이러한 문제점에 직면하였지만, 문제는 이 세 가지가 상호 관련을 맺고 있기 때문에 어떤 한 가지 문제만 해결할 수 있는 상황이 아니다. 이것을 필자는 '부(負)의 상호 보완성'이라고 정의한다. 경기침체, 부실채권, 구조문제 등 세 가지가 부(負)의 상호 보완성의 관계 때문에 문제 해결을 어렵게 하고 있는 것이다. 이제 이러한 부의 상호 보완성을 기업부문과 관련하여 생각해 보도록 하자.

예를 들어 구조개혁을 단행할 경우 기업의 수익을 감소시킬 수 있다. 단적인 예로서 2001년도 재무성(財務省)의 법인기업통계계보(法人企業統計季報)에 의하면, 2001년도 경상이익은 28조 2천억 엔이었으나, 특별손실 등을 뺀 순이익은 4천 656억 엔의 적자를 기록하였다. 28조 엔이었던 경상이익이 최종적으로 적자로 전환된 것은 ① 기업회계원칙의 변경으로 연금채무가 현재화(顯在化)한 것, ② 시가회계를 선취하여 평가손을 표면화시킨 것 등에 기인한다. 글로벌 스탠더드에 적합한 구조개혁이 현실적으로 기업수익에 영향을 끼친다는 것을 알 수 있다.

구조개혁은 경기의 메커니즘에도 영향을 주고 있다. 1990년대 이후의 경기회복은 오로지 수출에 의해 유지되어 왔다. 수출로 인해 생산이 늘고, 그 결과 기업의 설비투자가 증가하고, 나아가 고용 · 임금의 상승으로 소비를 자극시켜 경기는 본격적으로 회복되었지만, 생각만큼 효과가 컸던 것은 아니었다. 금융의 기능부전, 기업의 구조개혁이 있기 때문에 수익 → 설비투자, 생산증가 → 고용 · 임금증가 등의 메커니즘이 작용하기 어려웠다. 여기에서도 부실채권문제, 구조개혁이 경기에 악영향을 끼치고 있다고 하는 측면을 볼 수 있다.

부실채권문제에 대해서도 구조적인 문제가 영향을 미치고 있지만,

이 점은 일본형 기업경영의 특징을 살펴본 후 다시 한번 생각해 보기로 하자.

2. 과거 일본형 경영의 특징

버블기까지의 일본식 경영은 '이것이 일본형이다' 라고 말할 수 있는 특징이 있었다. 이를 단순화시키면 다음의 〈표 2-1〉과 같이 나타낼 수 있다.

표 2-1 일본형 기업경영의 특징

	일본	미국
경영목표	신제품개발, market share	자본수익률, 주가(株價)
기업간 관계	장기적 거래(계열, 하청)	경쟁적 시장
의사결정	bottom up, consensus	top down
주식	상호보유, 형식적 주주총회	개인, 기관투자가, 빈번한 기업매수
호칭	우리회사(我が社)	Your company

(1) 경영목표

1980년대 후반에 실시하였던 설문조사(經濟同友會『88年版企業白書』)에 의하면 일본 기업이 가장 중시하는 경영목표란 무엇인가에 대한 질문에서 '신제품 · 신사업 비율 확대', '시장 점유율의 유지 · 확대' 가 1위를 차지하였다. 동일한 설문조사에서 미국 기업이 '투하자본 수익률의 유지 · 확대', '주주의 자산가치 상승' 을 선택한 것과는 극히 대조적이다.

그렇다고 이러한 설문조사 결과로 인해 일본 기업이 이익 최대화를 추구하지 않았다고는 말할 수 없다. 일본 기업 역시 시장 점유율을 중시하기 때문에 타사보다 이익이 떨어지게 될 경우 시장으로부터 도태되는 것은 당연하다. 오히려 케치업 경제성장 과정에서 성장률이 높은 때에는 횡적병행형의 기업행동을 취하는 것이야말로 최적의 기업전략이며 그것이 오히려 기업의 이익 최대화를 초래했을 가능성이 높다.

(2) 기업조직과 의사결정방식

구미의 기업은 의사결정방식에 있어서 Top down 방식을 취하기 때문에 부국(部局), 직원의 업무 · 권한이 명료한데 반해 일본의 경우는 bottom up 방식으로 밑에서부터 올라가는 방식이기 때문에 논의와 사전교섭(根回し)을 반복하면서 기업 전체로서의 의견일치(consensus)를 형성해 가는 경우가 많다.

(3) 장기적 · 지속적인 거래 중시

1992년의 『通商白書』에 개재된 조사결과에 의하면 '자사의 거래 중 80% 이상이 기존 기업과 지속적 거래'를 유지하고 있다고 대답한 기업이 일본의 경우 76%에 달하였으나, 미국에서는 37.5%에 불과하였다. 이러한 기업 간 관계는 종계열(縱系列)로서 모기업과 하청기업과의 관계, 횡계열(橫系列)로서 기업그룹 내에서의 연결고리 등에 의한다.

(4) 주식의 보유관계

일본에서는 관련회사 및 메인뱅크와의 관계에서 상호 주식을 보유하는 경우가 대부분이다. 이 역시 주로 개인주주, 기관투자가의 주식보유가 많은 미국과는 대조적이다.

(5) 정부와의 관계

일본의 경우 정부가 어떤 정책을 입안하려고 할 때에는 기업의 제안을 듣고 기업이 갖고 있는 현장 정보를 활용할 때가 많기 때문에 기업측도 정부의 방침을 이해하고 이에 협력하려고 하는 자세가 강하다.

3. 최근까지의 일본형 기업지배구조

일본형 기업경영의 특징은 일본형 기업지배구조로서 설명이 가능하다[2]. 기업지배구조란 기업을 둘러싼 이해관계자(stake holder), 즉 경영자, 종업원, 주주, 채권자 등의 이해(利害)를 조정하면서 기업 혹은 경영자가 효율적인 경영을 하도록 기업에 영향력을 행사하여 통제하는 것을 의미한다. 1990년대에 이르기까지 일본에서는 기업지배구조라는 용어를 거의 사용하지 않았을 뿐만 아니라, 듣기조차 힘들었다. 이 때문에 일본에는 기업지배구조가 없다고 생각하는 사람도 있었으나 절대 그렇지 않다.

---

2) 일본에서는 corporate governance를 "기업통치"라는 용어로 사용하고 있으며, 한국에서는 기업지배구조, 혹은 기업통치구조라는 용어를 혼용하고 있다(옮긴이).

기업이 있는 이상 경영자의 행동을 규율하는 구조는 반드시 존재한다. 그것이 없다면 경영자는 자신의 이익만을 생각하여 사리사욕을 취하려는 경영을 할 가능성이 존재하기 때문이다. 따라서 일본 역시 80년대까지 기업지배구조가 없었던 것이 아니라 일본형 기업지배구조가 기능해 왔다고 할 수 있다. 그러나 이를 알기 어려웠던 것은 교과서에서 말하는 주식회사의 거버넌스와는 형태가 달랐기 때문이다. 즉 교과서적인 주식회사에서는 다음과 같은 수단으로 기업지배구조가 기능하고 있다.

① 주주(株主)는 주주총회에서의 논의를 통해 스스로의 의사를 표명한다.
② 비효율적인 경영자를 옹호하는 기업의 주가(株價)는 하락하고 타 기업에 매수되어 경영자가 교체된다.
③ 감사역, 사외이사 등이 업적을 체크한다.

그러나 일본에서의 주주총회는 형식적인 것에 불과하며 주식은 상호보유주식 형태를 취하고 있고, 감사역 · 사외이사의 지위는 높지않다. 어찌보면 교과서적인 기업지배구조는 없었다고 표현한 것이 과언은 아니었다. 그러나 명시적으로는 언급되지 않았지만 다음과 같은 일본형 기업지배구조가 기능하고 있었다.

(1) 종업원

일본에서는 종신고용 관행하에서 신규 졸업자가 기업에 입사한 후

OJT(On The Job Training)을 통해 훈련을 받고 그중에서 우수한 인재로 선발된 자가 후에 경영자로 승진되는 것이 일반적이다. 의사결정은 상향식(bottom up)이다. 자연스럽게 경영자는 종업원 전체 의사를 배려하면서 경영을 한다. 자기 마음대로 행동을 취하는 경영자는 종업원에게 존경받지 못하기 때문에 경영자로서의 자질을 잃게 된다.

(2) 기업그룹

일본에서는 많은 기업들이 어떤 형태로든 기업그룹에 속해 있는 경우가 대부분이며, 장기적인 거래처 관계도 많이 갖고 있다. 그들 기업은 주식을 상호 보유한다. 따라서 성실하지 못한 경영자는 같은 기업그룹 내에 속해 있는 기업으로부터 주의를 받거나 경우에 따라서는 경영자가 교체되는 수도 있다.

(3) 메인뱅크

일본에서는 메인뱅크가 기업경영을 항상 모니터링하며, 만일 문제가 발생할 경우 은행이 개입하여 경영방침이 수정된다.

(4) 정부와 관계부처로부터의 감시(monitor)

일본에서는 각 업계에 반드시 소관성청(所管省廳)이 있고 업법(業法)이 존재한다. 각각의 업종에서는 업계 단체를 만들어 항상 관청과 정보교환을 하고 있다. 업계에 어떤 문제가 발생하면 소관성청이 그 책임을 지게 되고 국회에서도 추급(追及)된다. 필연적으로 기업은 관청의 감시와 행정지도를 받게 된다.

4. 버블발생과 일본형 기업경영

앞서 지적하였듯이 일본경제는 버블 후유증으로 상당한 어려움을 겪었다. 버블 발생과 부실채권의 발생에는 지금까지 서술한 일본형 경영이나 일본형 기업지배구조와 관련이 깊다.

우선 기업이 왜 이 정도까지 부실채권을 늘려왔는가에 대해 생각해 보자. 버블기 때의 기업은 주가(株價)상승을 배경으로 주식의 시가발행이나 전환사채 발행을 통해 풍부한 자금을 조달(equity finance)하였지만, 그 자금력을 배경으로 기업 본래의 설비투자에 사용하기보다는 토지를 구입하거나 위험부담이 높은 투자를 해왔다. 당시 기업은 주식시장으로부터 조달한 직접자금은 코스트가 발생하지 않는 자금으로 인식하였다. 그러나 이자를 지불할 의무야 없지만 equity finance에도 자본코스트는 발생한다. 이는 주주가 기대하고 있는 배당을 기업이 벌어들이기 위해, 주주자본수익률을 유지하기 위해 발생하는 코스트이다. 그런데 일본에서는 주주(株主)들이 기업의 거버넌스에 대해 강력한 요구를 하지 않을 뿐더러, 자본수익률을 높이기 위해 투자를 한다는 발상도 존재하지 않았다. 이러한 행동이 결국은 수익성이 낮은 투자를 실현시킨 것이다.

부실채권을 원활하게 처리할 수 없었던 이유 역시 일본형 경영이나 일본형 기업지배구조와 관련이 있다. 부실채권이 증가했던 원인중 하나는 좀처럼 손절매(損切り)를 하려고 하지 않았기 때문이며, 기업그룹도 메인뱅크도 장기적인 관계를 맺어왔기 때문에 기업경영이 어려워지더라도 금융기관으로부터 추가자금을 대출받으면서까지 기업활동

을 지속해 왔고, 이것이 부실채권 처리를 늦추고 부실채권의 규모를 증가시킨 원인이 된 것이다(자세한 것은 제4장을 참조).

이러한 일본형 기업경영의 특징은 대부분 1990년대 이후의 경제 성과를 악화시키면서 일본형 경영이 극단적으로 혹평받을 수 밖에 없었던 배경이 되었다.

02 일본형 경영의 변질

1. 일본형 기업경영 변화의 배경

일본기업은 급속한 속도로 과거의 경영시스템을 바꾸어 가고 있다. 적어도 많은 기업이 이제는 과거 일본식 경영방법이 더 이상 통용되지 않을 것이라는 강한 의식을 갖고 있음에 틀림없다. 그렇다면 이러한 구조개혁은 앞으로도 계속하여 진행될 것인가? 그리고 이후로 이와 같은 구조개혁이 계속된다고 할 때 그것은 어떠한 방향으로 진행되어 갈 것인가? 이 점을 이해하기 위해서는 기업이 왜 구조개혁을 필요로 하고 있는지 그 배경을 이해할 필요가 있다.

(1) 기업경영의 국제화, 글로벌화

글로벌화가 진행되고 있는 가운데 일본기업은 이제는 국경을 초월하여 전 세계를 무대로 경영활동을 펼쳐나가고 있으며 해외 기업도 마찬가지로 일본에 진출할 기회가 점차 늘어나고 있는 추세이다. 따라서 경영의 글로벌화가 진행되면 일본만의 특수한 경영방식이나 기업관행은 유지하기 어려워진다. 예를 들어 일본 기업은 ROE(return on equity : 주주자본이익률) 등의 단기적인 수익성을 그다지 중요하게 여기지 않는 경향이 있지만(사실, 일본의 ROE는 구미 선진국에 비해 극단적으로 낮다), 기업경영이 글로벌화 하고, 세계 각지의 증권시장에서 자금조달이 가능해지면서 구미시장에서 경영분석 · 증권투자의 기본적 지표로 사용하고 있는 ROE를 일본에서도 고려하지 않을 수 없게 된 것이다. 또한 일본기업이 해외에서의 생산거점을 구축하고 국제화를 진행함에 따라 단지 국내 관련기업과 네트워크를 형성한다는 것에 대한 의미가 희박해지고 있으며, 하청관계를 맺고 있던 기업과의 관계를 수정하거나 탄력적인 거래관계를 형성하려고 하는 움직임이 나타나고 있다.

(2) 성장 감속과 캐치업(catch up)의 종료

경제가 캐치업(catch up, 선진국 따라잡기) 과정에 있을 때에는 성장률도 높게 상승한다. 이러한 경제환경 하에서는 설비투자를 행하고 시장 점유율을 유지하려는 경영전략이 자연스럽게 기업이익의 최대화를 가져온다. 그러나 캐치업 성장이 끝나고 더 이상 경제모델이 존재하지 않게 되자 이제는 오히려 어느 정도 리스크를 부담하면서 새로운 프론티어를 개척하게끔 기업행동이 요구된다.

이러한 상황 하에서는 안정적인 과거의 거버넌스보다도 주식시장 본래의 기능을 살린 거버넌스 하에서 벤처기업이 배출될 수 있는 환경이 요구된다. 1990년대 이후, 각 방면에서 왕성히 출현했던 벤처기업, 벤처케피털의 필요성이 요구된 것은 이 때문이다.

(3) 회계제도의 개혁

일본은 최근 국제적으로도 통용 가능한 회계제도를 개혁(회계빅뱅)하였는데 그중 중요한 몇 가지를 정리하면 다음과 같다.

① **연결결산** : 2000년도부터 모회사(母會社) 단독의 결산이 아닌, 자회사(子會社)와의 연결베이스를 중심으로 결산을 하게 되었다. 자회사의 범위도 실질지배력(형식적인 주식의 보유비율이 아닌, 경영을 실질적으로 지배하고 있는가가 기준이 된다)을 기준으로 정하였다. 이에 따라 자회사에 손실을 떠맡아 모회사의 결산을 유리하게 도와주는 조작이 불가능하게 되었다.

② **현금수지(cash flow) 계산서의 공표** : 2000년도부터 기간손익만이 아닌 현금수지 계산서의 공표가 의무시 되었다. 이에 따라 보다 다양한 방법으로 기업수익을 평가할 수 있게 되었다.

③ **퇴직급부회계의 도입** : 2001년도부터 장래 지불해야 할 연금 · 퇴직금을 현재가치로 환산하고 적립부족분은 채무로서 명시하도록 하였다. 이에 따라 기업은 그때까지의 은둔손실(隱れ損失)을 처리하지 않으면 안 되게 되었다.

④ **자산의 시가평가** : 2002년도부터 상호 주식보유를, 2003년도부터는 고정자산도 시가로 평가하고 일정비율 이상의 회계장부에 계상(計上)되지 않은 손실을 계상하도록 하였다. 이에 따라 주식의 매각이익에서 수익을 늘리는 "음성자산 의존경영"은 불가능하게 되었다.

이러한 회계빅뱅은 일본 기업에 구조개혁을 요구하는 동시에 그 자체가 구조개혁이라고도 할 수 있다. 기업활동이 글로벌화 하면 일본

내에 존재하고 있는 불투명한 제도는 유지하기가 어렵다. 또한 일본기업이 해외로부터 자금을 조달할 필요가 있을 경우, 해외투자가의 평가가 중요하기 때문에 기업의 가장 기본적인 평가방법인 회계제도가 보다 투명하고 국제기준에 합한 제도로 변할 수밖에 없다. 회계제도의 변혁도, 또한 그에 따른 기업경영의 개혁도 어느 것도 피할 수 없게 된다.

2. IT 혁명이 초래한 기업경영의 악화

IT(정보통신) 혁명의 진전도 기업경영에 상당한 영향을 끼치고 있다. 이에는 두 가지 측면이 있다.

첫째, IT 혁명이 기업의 존재 그 자체에 변혁을 요구하고 있다는 것이다. 우선 기업은 왜 존재하는가 하는 문제부터 생각해 보자[3]. 기업은 내부에 많은 인재를 보유하고 있으며, 여러 가지 재화 · 서비스를 생산하고 있다. 그러나 인재나 재화 · 서비스는 외부시장으로부터 조달할 수도 있다. 기업이 재화를 생산하는 이유는 외부시장에서 조달하는 것보다 유리하기 때문에 그렇게 하는 것이다.

기업이 스스로 조직 내에서 생산하는 것과 외부시장을 사용하게 될 때를 비교해 보면 우선 하나 하나 거래상대를 찾을 필요가 없으며(search cost가 낮다) 재화 및 서비스에 다양한 거래 주체와 거래조건 등

3) 이 부분에 대해서는 鶴田俊正 · 伊藤元重의 『日本産業構造論』(2001년) 제11장의 「企業システムー効率と成果」를 참조.

을 계약할 필요가 없다(거래비용이 낮다). 또한 스스로 생산할 경우 정보의 비대칭성으로 인해 거래상대에게 속아 넘어갈 걱정을 하지 않아도 되고, 특허 등으로 보호장치를 취하지 않아도 중요기술이 외부에 유출될 일이 없다. 그러나 한편으로는 재화를 둘러싼 기업끼리의 경쟁이 없기 때문에 코스트가 높아질 위험이 있다. 또한 특정 생산에 관한 시설이나 인재를 자사에서 계속 보유하고 있으면 새로운 분야에 진출하려고 할 때 방해가 될 수도 있다(switching cost가 크다).

이렇게 생각하면 일본식 장기거래관계는 기업 내 생산과 외부시장 조달의 중간형태라고 말할 수 있는데, 예를 들어 부품 제조업자와 장기적인 기업 간 거래관계를 계속하게 되면 조사비용, 거래비용은 낮아진다. 엔고(円高) 등의 원인으로 거래조건을 변경하고 싶을 때에도 탄력적으로 대응할 수 있으며, 부품업자 간에 어느 정도 경쟁도 있다.

조금 더 단순화한다면 조사비용이 클수록 또한 정보의 비대칭성이 클수록 시장형 거래에 대해 일본식 장기거래가 유리하게 작용할 수도 있다. 그러나 IT 혁명은 이러한 일본식 장기거래와 외부시장의 경계를 희석시키는, 즉 네트를 통해 글로벌한 거래처를 찾는 것이 용이하게 되면 조사비용은 작아진다. 또한 정보의 유통이 늘어나면 정보의 비대칭성도 줄어들고, 기술혁신의 속도가 빨라지면서 기존 분야로부터 어느 정도 빨리 전환하느냐 혹은 새로운 분야로의 진출을 어떻게 신속하게 행하는가가 기업의 운명을 좌우하게 된다. 그렇게 되면 장기적인 거래처의 존재가 오히려 기업행동의 탄력성을 빼앗게 된다. 이렇게 생각하면 일본기업의 기업 간 관계도 보다 외부시장 활용형에, 아웃소싱형으로 바뀌어간다고 생각할 수 있다.

둘째, IT 혁명이 기업조직의 변혁을 요구한다는 점이다. IT 혁명은 기업 내에서 경영진과 현장과의 사이에 존재하는 정보의 유통을 원활하게 하고 기업의 의사결정을 신속하게 하는 효과가 있다. 그 결과 성과가 나타나면 기업경영은 효율적으로 변하고 생산성은 향상된다. 그러나 단순히 종업원에게 컴퓨터를 나누어주는 것만으로는 그러한 성과가 나타나지는 않는다.

경제계획청(현재는 내각부)의 「IT화가 생산성에 미치는 효과」(2000년 10월)라는 보고서에서는 IT화가 진전하고 또한 평범한 조직을 갖고 있는 기업이 아니라면 생산성 향상이라고 하는 성과는 나타나지 않을 것이라고 결론지었다. IT 화가 진행되면 단순한 업무는 컴퓨터 등으로 대체되는 한편, 노동에는 고도의 분석 · 기획능력이 요구되며 정보의 중개기능을 담당하고 있는 중간관리직이 불필요해 지면서 조직의 분권화 · 평범화가 진행된다. 따라서 질이 높은 인재를 배치하고 중간조직을 간소화하지 않으면 IT화는 의미가 없다.

03 일본식 기업경영

1. 변하고 있는 일본식 기업경영

일본형 기업조직, 기업 간 관계는 지금 미시적인 수준에서 구조개혁이 급속히 변하고 있으며 그 내용은 다음과 같다.

(1) 기업경영의 목표

2002년 내각부(内閣府)에 의한 기업 설문조사에 의하면, 과거 기업의 경영목표로서 매상고나 이익의 절대액을 중시하는 기업이 71.2%임에 비해, 자본이익률이나 자본효율성을 중시하는 기업은 6.8%에 불과했다. 하지만 이후의 조사에서는 전자가 29.3%로 하락하였고 후자가 36.5%로 상승하는 결과를 가져왔다.

(2) 기업조직

2000년 내각부가 실시했던 기업 설문조사(일본적 경영시스템의 재고)는 다음과 같은 결과를 분명히 보여주었다. 우선 의사결정에 있어서 지배적인 방식은 하향식(top down)이 75.1%, 상향식(bottom up) 24.9%였지만, 이후 5년간 하향식이 81.5%, 상향식이 18.5%로 하향식의 중요성이 높아지고 있다. 이는 일본 기업이 현재도 상당히 하향식 형이긴 하지만 앞으로 그 색채가 더욱 강해질 것이라는 의미이기도 하다.

조직계층과 관련하여서는 '조직계층의 다단계'가 65.3%, '조직계층의 간소'가 34.6%로 되어 있으나 이후 5년 간 전자가 13.3%, 후자가 86.6%로 역전되었다. 지금까지 일본의 기업조직은 중간관리층이 많은 다단계 형태를 보여 왔지만, 앞으로는 최고경영자와 현장이 직접 연결되는 간소한 기업조직을 목표로 진행될 것이다. 구체적인 수단으로서는 정보 네트워크의 활용, 그룹제도, 프로젝트 팀 도입, 품의제(稟議制) 폐지[4], 중간관리층 삭감 등을 들 수 있다.

그렇다면 기업은 왜 의사결정에 있어서 조직계층이 간소한 하향식 형으로 전환되는 것일까? 동일한 설문조사에 의하면 새로운 기업조직의 장점으로서 '신속한 의사결정이 가능하다', '책임소재가 명확하다', '사업의 재편, 업무의 간소화가 가능하다' 등의 회답이 많은 것을 통해 짐작이 가능하다.

(3) 기업 간 관계

전술한 내각부의 기업 설문조사에 의해 기업 간 거래 현상을 보면, '계열 · 그룹기업과의 관계'에서는 '장기 지속적인 거래를 행하고 있다'라고 응답한 기업이 96.1%를 점하고 있다. 또한 하청기업과의 관계에서도 장기 지속적인 거래를 유지하고 있는 기업은 83.3%를 차지하고 있다. 전체적으로 기업 간 거래가 장기적인 색채를 띄고 있음을 확

4) 웃어른이나 상사에게 여쭈어 의논하는 제도(옮긴이, 새국어사전)

인할 수 있다.

그러나 "앞으로 5년간 거래관계를 강화할것"이라는 점에서는 답변의 내용이 상당히 다르다. 거래관계의 선별을 강화할 것이라고 대답한 비율이 '계열 · 그룹기업과의 관계' 에서 26.8%, 하청기업과의 관계에서는 61.4%였다. 정도의 차는 있으나 대부분의 기업이 일본형 장기 · 고정적인 거래관계에 변화를 가져오고 있는 것을 알 수 있다. 이렇게 거래처의 선별을 강화하는 배경으로서는 '보다 조건이 좋은 거래처의 증가', '빠른 속도로 변화하는 기술혁신, 경제환경', '사업재건축의 필요성' 등을 들 수 있고, 제조업에서는 '해외생산비율의 증가' 라고 하는 점도 변화의 요인이다.

(4) 주식의 상호보유관계

기업과 기업을 연결시키는 유력한 수단이었던 상호주식보유도 점차적으로 해소되고 있다. 닛세이 기초연구소(ニッセイ基礎研究所)의 상호주식보유 관계 상황조사(2003년도판)에 의하면, 상장기업(上場企業)의 상호주식보유 비율(두 개 회사간 상호 보유하고 있는 주식의 시가총액에 차지하는 비율)은 1990년에는 18.1%였으나 1995년에는 17.1%, 2003년에는 7.6%까지 저하하였다.

다음 일본형 기업지배구조의 변화에 대해 생각해 보자. 전술한 기업 설문조사에 의하면 기업지배구조의 관점에서 볼 때 경영에 대한 영향력에 대해 '영향력이 강하다' 라는 대답이 많은 것은 '내부 승진에 의한 경영진(82.6%)', '메인뱅크(34.2%)', '상호주식보유 상대(25.3%)' 였다. 이들의 주체에 대해서는 이후 5년간에 대해서도 영향력이 강할 것이라는 회답이 많았다.

한편 현재는 영향력이 약한 주체들이 큰 변화를 보이고 있다. 즉, 일반주주는 현재는 영향력이 약하지만(87.9%), 이후 5년간에 대해서는 영향력이 강해질 것이라는 응답이 60.4%에, 국내 기관투자가는 현재는 약하지만(85.8%) 장래는 강할 것이라는 대답이 58.1%, 해외기관투자가도 현재는 약하지만(9.8%) 장래는 강할 것이라는 대답이 52.2%, 잠재적 주주도 현재는 약하지만(7.9%) 장래는 강할 것이라는 대답이 46.4%로 변화가 보인다.

이렇게 새로운 거버넌스 주체의 영향력이 강해지는 배경으로서는 '기관투자가의 변화', '일반주주의 변화', '기업윤리에 대한 관심 상승' 등이 지적되고 있으며, 이미 국제경쟁에 노출되어 있는 제조업에서는 '기업활동의 국제화에 따른 제도 조화의 필요성'이라고 하는 점도 지적되고 있다. 또한 이러한 새로운 거버넌스 주체에 대한 대응으로서, 구체적인 조치로서는 '사외이사제도의 도입', '주주에의 투명한 정보 공개' 등을 들 수 있다.

지금껏 일본형 기업지배구조는 기업의 창립 이래 근속해 온 경영자와 종업원, 주식상호보유, 메인뱅크, 장기적 거래상대 등이 중심이었다. 그것은 장기적 고용을 전제로 한 일본형 고용관행, 장기계속적 거래를 전제로 한 일본형 기업거래, 메인뱅크의 존재를 전제로 한 일본형 금융시스템과 상호 보완적인 것이었다. 그 특징은 한정된 주체가 거버넌스를 책임져야 하는 '인사이더 형 거버넌스'였지만 장기고용이 무너지고 거래관계가 탄력적으로 변하고, 금융시스템이 변하고 있는 오늘날에는 일본형 기업지배구조도 새로운 국면을 맞이하면서 주식시장, 기관투자가 등이 '열려진 시장원리형 거버넌스' 로 바뀔 것이다.

2. 일본형 경영을 향해

이상을 통해 살펴보건대 일본형 기업경영이 변질되면서 일방적으로 앵글로색슨형 경영으로 바뀌어가는 것처럼 보일 수도 있으나, 이것이 반드시 옳은 것은 아니다. 일본형 경영 역시 장점이 있기 때문이다.

예를 들어 일본형의 시장 점유율 중시 지향은 캐치업형(catch up) 기업에는 의외로 유효할지 모른다. 그렇다면 후발형 산업은 시장점유율 중시, 첨단형 · 성숙형 산업은 효율성 중시를 지향할 것이다. 또한 일본형의 장기적 · 계속적 기업 간 거래는 ① 공급자 측이 사용자 측의 필요에 맞추어 기술혁신과 부품공급을 일체적으로 제공할 수 있을 것, ② 계약시 가격 등의 조건 설정을 유연하게 해둠으로써, 예기치 못한 사태에 의해 발생할 위험을 당사자 간에 장기적으로 해결할 수 있을 것, ③ 거버넌스 방식에 의한 재고관리의 합리화 등이 가능하게 될 것 등의 장점이 있다. 그렇게 되면 기간부품과 원재료 등에 대해서는 장기계속적 거래, 주변부품 및 표준화된 공정 등에 대해서는 외부시장을 활용하는 등 장점을 선택적으로 활용할 수 있을 것이다.

기업지배구조에 대해서도 종업원과 경영자의 거버넌스는 노사의 일체감을 통해 유효한 거버넌스로서 작용할 수 있다. 그렇게 되면 종래형의 거버넌스를 살리면서 시장중심의 열린 거버넌스 요소를 첨가하는 것도 생각할 수 있다.

일본형 경영이 오늘날 정체상태에 있는 것은 틀림없지만 그것이 앵글로색슨형으로 바뀔지, 종래의 일본형과 앵글로색슨형을 혼합한 하이브리드형이 될지, 혹은 종래와는 전혀 다른 새로운 일본형 경영이 탄생할지… 이는 앞으로 많은 시행착오를 통해 그 모습을 분명히 해 나갈 것이다.

3

산업구조의 변화

– 미래의 선도산업은 무엇인가 –

1. 구조변동이 지속되는 일본의 산업구조
2. 경제성장의 기본 제조업
3. 관광입국 비판론
4. 선도산업과 세대의 자립

시대가 변함에 따라 산업구조 역시 변해가는 것은 어쩌면 경제발전에 반드시 필요한 조건일지 모른다. 대체적으로 생산활동이 성장하는 길은 두 가지 밖에 없다. 하나는 개개의 산업이 각각 성장하는 것이고, 다른 하나는 산업구성의 변화로 인해 정체하고 있는 산업의 시장 점유율은 떨어지고 성장성이 높은 산업은 시장 점유율이 상승하는 것이다. 이 두 가지 중 전자는 단기적으로 경기가 상승하는 경우에는 발생할 수 있지만, 경제환경이 항상 변하고 있는 이상 산업구성이 바뀌지 않은 채 장기적으로 성장이 지속될 수는 없다. 즉, 장기적인 성장은 산업구조가 변하여 한정된 인적자원, 경영자원, 자금 등이 성장성 높은 분야로 이동해 가는 것을 배제하고서는 성장을 논하기 어렵다는 것이다.

01 구조변동이 지속되는 일본의 산업구조

1. 일본 산업구조의 변화

전후 일본의 산업구조는 기본적으로 지식집약화와 서비스화, 이렇게 두 종류의 장기적인 흐름이 존재해 왔다. 우선 고부가가치와 관련된 지식집약화에 관한 흐름을 살펴보자. 전후 일본의 산업을 주도해 온 것은 노동집약적인 섬유산업 → 자본집약적인 중화학공업(철강, 석유화학 등) → 고도의 기술을 필요로 하는 기계산업(전기기계, 자동차 등)으로 그 중심축이 이동해 왔다. 이러한 이동은 산업의 가공 정도 이상으로 부가가치가 상승하는 과정이기도 하고, 투입된 생산요소 가운데 인간의 지적활동의 성과인 기술 · 노하우 · 숙련 등의 폭넓은 의미에서의 지식이 보다 많이 포함되는 과정이기도 하다.

다른 하나는 서비스화와 관련된 흐름이다. 산업구조는 소득수준이 높아짐에 따라 농림수산업 등 제1차 산업의 비중이 낮아지고, 서비스산업을 중심으로 하는 비제조업, 즉 제3차 산업의 비중이 상승하는 것이 일반적이다. 일본 역시 예외는 아니어서 서비스업이 부가가치생산액에 차지하는 비중은 1955년의 10.1%에서 2003년도에는 20.0%로 상승하였으며, 취업자 비율면에서도 서비스산업에 종사하는 근로자의 비율이 1955년의 11.5%에서 2002년도에는 29.8%로 높아졌다.

이렇게 서비스업의 비중이 증가하는 이유는 다음과 같은 두 가지 원인에 근거한다. 하나는 소득수준이 높아짐에 따라 레저, 건강, 교육 등 서비스 산업과 관련된 수요가 증가하기 때문이며, 또 다른 하나는 아웃소싱(outsourcing)에서 찾을 수 있다. 아웃소싱에는 비즈니스와 관련된 서비스 아웃소싱과 가계의 가사와 관련된 아웃소싱 이렇게 두 가지가 있다. 전자를 예로 들면, 제철업 관련기업이 건물(building)의 유지·보수나 영업용 정보통신과 관련된 소프트웨어 개발을 전문기업에게 위탁할 경우, 위탁하기 전에는 제철업의 부가가치로 계상(計上)되었을 부분의 일부가 용역회사나 소프트웨어 제조업 회사(둘 다 서비스업)의 부가가치로 전환된다는 것이다. 가사(家事)의 경우 역시 마찬가지이다. 지금까지 가정 내에서 이루어졌던 탁아, 취사, 세탁 등의 가사가 보육원, 외식산업, 세탁업자 등에 맡겨지면서 지금까지는 경제적인 부가가치로 계산되지 않았던 부분이 서비스업으로 전환되고, 따라서 새로운 부가가치가 탄생하게 되는 것이다.

이러한 아웃소싱은 업무의 합리화 및 여성의 사회진출로 이어지면서 계속하여 증가할 것이고, 이는 다시 산업구조의 서비스화를 가속시킬 것이다.

2. 1990년대 이후의 산업활동의 정체

이렇듯 구조변동을 동반하면서 성장해 온 일본의 산업활동은 1990년대 이후로 접어들면서 저성장 시대로 반전하였다. 이를 상징하는 것이 광공업생산지수의 움직임이다. 제조업 전체적인 생산수준을 나타내는 광공업생산지수(2000년=100)는 91년 2월의 103.0을 정점으로 등락을 반복해 왔다. 당연히 90년대의 경기상승 국면에서는 생산지수도 상승하였으나 91년의 정점을 넘어서지는 못했다. 이 수준을 벗어나게 된 것이 2005년 4분기에 해당하는 기간이다. 즉 일본의 제조업은 15년간이나 절대 수준에서 정체했다는 것이 된다.

이때는 산업계 전반적으로도 자신을 잃었던 시기였다. 그 이유로서 두 가지 측면을 생각할 수 있다.

첫째, 선도산업(リーディング産業)이라고 할 만한 산업이 없었다. 전후 일본경제를 견인해 왔던 산업은 섬유 → 철강 · 석유화학 → 가정용 전기제품 → 자동차 → 공업용 로봇 · 반도체 등을 거치면서 지속적으로 출연해 왔지만, 1990년대 들어와서 이러한 산업활동 전체를 선도할만한 핵심산업(core industry)이 출현하지 못했다. 물론 IT 관련 제품에서 휴대전화, 컴퓨터용 부품 등의 새로운 산업이 나타나긴 했지만, 휴대전화는 국내 수요 중심으로 움직이면서 세계적인 사업으로 성장하지 못했고, 컴퓨터 부품류는 컴퓨터 그 자체의 수요에 좌우되는 기반이 약한 것이었다.

둘째, 후발국으로부터의 추격, 특히 중국의 급성장으로 인한 추격이 눈에 보일만큼 속도감을 띄게 된 것이다. 1990년대 이후 중국이 10% 가까운 성장을 계속하고 있는 가운데, 섬유제품을 중심으로 중국으로부터의 저가 수입품이 일본시장에 유입되었다. 더욱이 해외의 값싼 노동력을 활용하기 위해 일본국 내 제조업을 중심으로 동남아시아 및 중국에 제조거점을 옮기기 시작하였다. 일본기업 뿐만이 아니라 해외 각국으로부터 중국에 진출한 외자계 기업이 본격적인 생산을 가동하면서 섬유제품과 같은 노동집약적인 공업제품 및 가전제품, 컴퓨터 등의 고부가가치 제품까지도 중국으로부터의 수입이 눈에 띄게 증가하게 된 것이다. 이러한 가운데 일본 국내에서는 산업공동화론, 중국위협론 등 여론이 급격히 형성되면서 이대로는 국내 생산기반이 아예 없어질 것이라는 염려와 더불어 대부분의 산업이 중국과의 경쟁에서 뒤떨어질 것이라는 전망이 지배적이었다.

3. 일본 산업재생의 움직임

이렇게 하여 1990년 이후 일본의 산업활동은 어려운 상황 속에서 경제를 지탱해 왔지만 2002년 초반 이후부터 경기가 회복되는 가운데 일본의 산업계에도 재생의 기운이 감돌았다.

이는 단기적인 미시적 수준에서의 생산 · 수익이 회복된 측면도 있으나, 장기적인 관점에서 세계경제를 선도할만한 산업군(産業群)이 몇 가지 나타났기 때문이다. 즉 디지털 카메라, PDP TV(플라즈마 TV), DVD 플레이어 등 소위 '신 3종의 신기(新三種の神器)' 가 그것이다. 이 세 제품의 수요는 지속적인 증가를 보여오면서 전체적으로 일본제품의 시장 점유율을 상당히 높였고 소비자들 역시 실제로 많이 애용하고 있다는 특징이 있다.〈그림 3-1 참조〉

생산거점의 측면을 살펴보면 지금까지는 일방적으로 해외로 이전하는 기업들이 주류를 이루었으나, 이제는 이러한 움직임에 변화가 보이기 시작했다. 즉 액정, 시스템 LSI(대규모 집적회로) 등의 고부가가치 제품의 생산 시설들이 일본 국내로 회귀하는 움직임을 보이고 있는데, 이는 고부가가치 제품의 경우 인건비의 격차가 입지의 결정적인 요인이 되지 않는다는 점, 기술의 해외유출을 막고 일본 제조업 브랜드의 우위성을 유지할 필요가 있다는 점 등에 기인(起因) 한다.

그림 3-1 주요 디지털 가전 및 부품의 일본제품 점유율

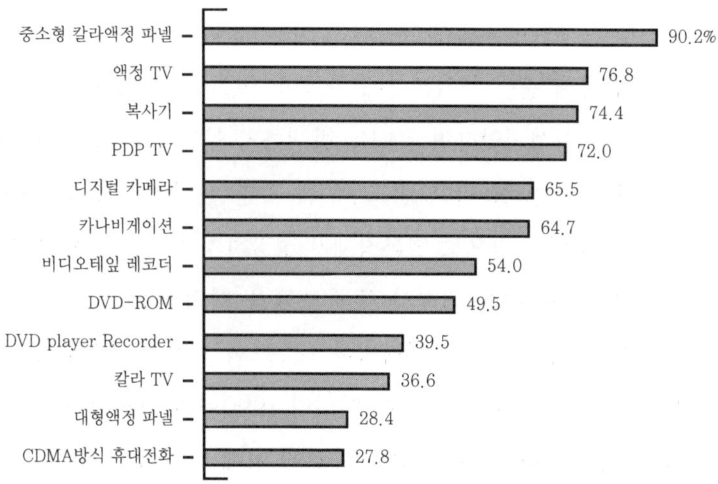

출처 : 총무성「ネットクークの現狀と課題に關な調査」(2004.3)

4. 1990년대 이후 정체의 의미

1990년대 일본의 산업활동은 성장하지 못한채 정체된 상태를 보여왔는데 그에 대한 배경과 의미를 다음과 같이 지적할 수 있다.

첫째, 중국위협론은 결국 일본 국내 문제라고 할 수 있다. 즉 중국위

협론이란 중국으로부터의 수입이 일본 국내의 생산을 압박하고 실업을 발생시키는 원인을 제공하며, 중국에 대한 직접투자가 일본 국내의 투자활동을 억제시키는 것에 대한 염려를 말한다. 그렇게 되면 일본에서의 생산이 정체하여 실업률이 높아지고, 설비투자가 저하되면서 중국으로부터의 수입이나 중국에 대한 직접투자가 일본의 생산, 고용, 설비투자를 악화시키는 요인이 될 것이라는 염려가 쉽게 받아들여지는 분위기가 된다. 일본이 미래 선도산업에 대한 전망을 예측하기 힘들었던 점도 중국위협론을 받아들이기 쉬운 배경이 되었다. 즉 지금까지 일본이 담당해 왔던 산업분야에 중국이 진출하더라도 일본에 새로운 선도산업이 형성되었다면 문제는 발생하지 않았을 것이다. 하지만 일본의 장래를 견인 할 만한 비교우위를 갖춘 산업이 형성되지 못하자, 결국은 중국의 추격으로 일본경제가 성장하지 못하고 정체하게 되었다는 여론이 팽배하게 되면서 중국 진출을 회의적으로만 생각하게 되는 것이다. 따라서 중국이 위협적이라고 느끼는 것은 급속히 성장하고 있는 중국에 문제가 있는 것이 아니라 1990년대 이후의 일본경제가 중국위협론을 받아들이기 쉬운 환경에 처해 있었기 때문이다.

둘째, 1990년대 산업이 정체했던 원인은 다른 분야의 구조조정의 지연이 부(負)의 보완성으로 작용한 것이라고 볼 수 있다. 특히 시기적으로 뒤늦게 처리했던 부실채권과 기업 정상화에 문제가 있었다. 제4장에서 서술하겠지만, 과거의 일본형 금융구조는 부실채권 처리를 지연시켰고, 이를 처리하기 위해서 기업은 영업 이익을 과거의 부채의 처리에 맞추어야 하기 때문에 효율적인 자원배분은 행하기 힘들어지고, 이 때문에 기업은 전향적인 자세를 취하기 어렵게 된 것이다.

02 경제성장의 기본 제조업

일본은 2002년 초부터 경기가 회복되면서 새로운 도약의 시대를 맞이하였다. 그렇다면 이제부터 어떠한 산업이 일본의 선도산업이 될지 관찰해 보도록 하자. 물론 현시점에서 특정한 선도산업을 전망한다는 것은 불가능할 수도 있고 또 전망할 필요가 없을지도 모르지만 이 문제를 조금 다른 각도에서 짚고 넘어가고자 한다. 즉 특정 산업이 일본 경제를 선도할 것이라는 생각을 비판적인 시각에서 검토하려는 시도이다.

이하에서는 우선 제조업이 앞으로 일본 경제를 선도해 나갈 것이라는 생각을, 다음은 대표적인 서비스산업인 관광입국을 실현시켜 일본 경제를 선도해야 한다는 생각을 비판적인 시각에서 검토하고자 한다.

1. 대표적인 제조업 중시론

대부분의 일본인들은 제조업이야 말로 일본 산업활동의 기반이라고 생각하고 있다. 그러나 필자는 이러한 생각이 설득력이 없을 뿐만 아니라 잘못된 생각이라고 말하고 싶다.

이 점을 증명하기 위해 대표적인 논의를 두 가지 들어보도록 하겠

다. 하나는 2003년 8월 25일의 일본경제신문(日本經濟新聞)에 게재된 가사이 다카유키(葛西敬之) 씨의 『製造業立國でも米國との提携關係は不可欠』(제조업 입국이라 할지라도 미국과의 제휴관계는 불가결. 옮긴이)이라고 하는 문장을 통해 제조업의 중요성에 대해 다음과 같이 서술하고 있다.

"많은 사람들이 앞으로 일본이 나아가야 할 방향으로서 환경입국(環境入國), 복지입국(福祉入國) 등에 대한 구상을 언급하고 있다. 그러나 이는 모두 제조업이 만들어 내는 원천수입을 이전하는 것으로서 환경, 복지 등의 산업이 성장하기 위해서는 그 자원을 만들어내는 제조업을 발전시키지 않으면 안 된다. 관광 진흥은 물론 중요한 요소이지만 그것이 입국(入國)이라고 말할 정도의 규모는 아니다. 자원이 없는 섬나라에서 1억 2천만 명 이상의 인구가 먹고 살기 위해서는 필요한 자원을 수입하여 부가가치를 만들어 파는 제조업으로 입국하는 방법 밖에는 없다."

조금 오래된 이야기이지만 또 하나는 경단련(經團連)이 '산업경쟁력 강화에 대한 제언'(1998년 12월)에서 제조업의 중요성을 다음과 같이 서술한 것이다.

"일본에 있어서의 제조업의 위상은 명목 GDP · 취업자수 등이 1/4을 차지하고 있다. 또한 재화와 서비스를 합한 일본 전체 수출액에서 차지하는 제조업 제품의 비율은 약 70%를 차지할 정도이다. 따라서 제조업은 무역입국인 일본의 기간산업이라고 할 수 있다. 또한 산업연관표에 있어서 중간투입액으로 볼 때 비제조업에 비해 장래를 예측하기 쉽고, 생산성도 높기 때문에 이후에도 경제성장을 견인하는 역할을 할 것으로 기대된다. …… 이러한 상황을 토대로 정부는 제조업의 국제경쟁력 강화야 말로 천연자원이 부족한 일본이 전세계를 상대로 경쟁시대를 뚫고 나가기 위한 가장 중요한 전략이라고 할 수 있으며 이에 대한 효과적인 시책을 전개해 나갈 필요가 있다"

이 두 가지 논설을 통해 일반적으로 제조업이 중요한 이유를 다음과 같이 유추할 수 있다.

첫째, 경제의 본원적인 것은 재화이며 서비스산업은 부가적, 파생적인 것이다. 즉 재화가 서비스산업보다도 경제적 가치가 높다.

둘째, 서비스산업보다 제조업의 생산성 상승률이 높다고 하는 논의이다. 제조업은 비제조업보다도 기계화의 여지가 크기 때문에 생산성 상승률이 높아지고, 따라서 제조업의 시장점유율이 높아지면 경제 전체의 생산성 상승률도 높게 된다는 것이 요지이다.

셋째, 제조업은 수출산업으로서 중요한 몫을 담당하고 있다. 일본은 자원이 부족한 국가이기 때문에 자원을 수입해야 하며 이를 위해서는 수출을 통해 외화를 획득해야 하는 구조를 갖고 있다. 수출가능 품목은 대체적으로 제조업과 밀접한 관련이 있기 때문에 제조업으로 승부를 걸어야 한다.

넷째, 제조업은 서비스산업보다도 파급효과가 크다. 아이치현(愛知縣)에 가 보면 토요타 관련 기업들이 눈에 띈다. 이와 같은 제조업은 많은 관련산업을 창출하기 때문에 이러한 제조업이 발전한다면 많은 분야로의 파급효과를 기대할 수 있다.

그러나 결론적으로 필자는 제조업의 중요성을 설명하는 이러한 논쟁이 모두 잘못되었다고 본다. 한편, 대부분의 사람들이 막연하게 '일본인은 물건 만들기에 재능이 있다' 라고 생각하기도 한다. 이 점에 대해서는 본장의 마지막에서 서술할 것이다.

2. 제조업에 대한 오해

이제 이러한 잘못된 논쟁에 대해 순서대로 하나씩 검토해 보기로 하자.

우선 첫 번째의 '재화가 서비스보다 경제적 가치가 있다' 라고 하는 생각에는 확실한 근거가 존재하지 않는다. 이러한 생각을 하게 되는 근본적인 이유는, 대부분의 일본 사람들이 서비스산업이라고 하면 막연하게 음식점과 관련된 산업이나 파칭코 등의 레저산업을 떠올린다. 그러나 이러한 서비스업이 정말로 필요한 산업인지 의심하게 만든다. 우선 음식, 주거, 의류는 인간이 생활하는데 필요한 것으로 이 모두가 서비스라고 규정할 수는 없다. 그러나 예를 들어 의료서비스나 교육서비스가 없다면 인간답게 살아가기 힘들다. 서비스분야가 이를 담당해야 한다.

한편 술집(bar)이나 파칭코는 그것이 없어도 살아가는 데 아무런 곤란한 점은 없다. 술집 건물이나 파칭코기계를 생산하는 생산업체가 없어도 일상생활에는 전혀 곤란하지 않다. 다시 말하면 재화 및 서비스에도 필수적인 수요와 기호품적인 수요가 함께 포함되어 있다는 것이다.

둘째, 제조업은 생산성 상승률이 높다는 오해를 하고 있다. 제조업이 비제조업보다도 생산성 상승률이 높은 것은 사실이다. 1991년부터 2001년 동안 약 10년간 제조업의 노동생산성은 18% 상승하였으나, 비제조업은 2% 상승에 불과했다(GDP베이스). 이렇다 보니 산업구조에서 차지하고 있는 제조업의 비율이 높으면 높을수록 경제 전체의 생산성 상승률도 높은(즉, 성장률도 높다)것처럼 보일 것이다.

그러나 이러한 논의는 '경제는 인간을 위해 존재한다' 라는 기본인식에 근거할 때 본말전도(本末顚倒)가 되는 느낌이 든다. 즉, 산업구조의 형태는 기본적으로는 사람들이 어떠한 수요를 원하는가에 따라 규정될 것이다. 왜냐하면 장기적으로 경제의 서비스화를 진행할 수 있었던 것은 소득수준의 상승과 더불어 수요의 중심이 재화에서 서비스로 이동해 왔기 때문이다.

그렇다면 서비스산업에 대한 수요증가에 가능한 한 효율적으로 대응하는 것이야말로 산업구조가 갖추어야 할 역할일 것이다. 즉, 생산성 상승률이 높다고 해서 제조업이 서비스산업보다 중요하다고 생각하는 발상은, 마치 사람들의 행복보다는 성장률 상승이 중요하다고 하는 것처럼 본말전도의 논쟁과 같은 이치라고 할 수 있다. 사람들이 서비스를 원한다면 성장률이 저하되더라도 서비스를 제공하는 것이 경제가 갖추어야 할 임무이기 때문이다.

셋째, 수출산업으로서 제조업이 중요하다는 의견에 대한 오해이다. 일본에는 풍부한 자연 자원이 없기 때문에 재화를 수출하여 외화를 벌어들여야만 한다는 발상은 지금까지 일본인들에게 놀라울 정도로 강하게 인식되어 왔다. 이러한 논의에는 현실적으로도 의문이 가지만 기본적인 발상 역시 문제가 있다.

우선 현실적으로 일본은 세계 제 1의 무역수지 흑자국이란 사실을 인식할 필요가 있다. 2005년의 무역통계에 근거하여 볼 때 일본의 수출액은 65.7조 엔, 수입액의 경우 식료, 원재료, 광물성 연료 등 23.7조 엔이다. 만일 에너지자원 · 원재료 · 식량 등을 수입하기 위한 수출산업으로서 제조업이 필요하다면 일본의 수출은 현재의 약 3분의 1 정도로 충분하기 때문에 제조업을 더 이상 진흥할 필요는 없다. 그동안 일본은 수출만 하고 수입은 그다지 하지 않는 나라로 여러 차례 지적받아 왔다. 그러한 일본이 자원을 수입하기 위해 제조업을 통한 수출을 더욱 진흥해야 한다는 논의를 전개한다면 아마도 전 세계로부터 질타를 받게 될 것이다.

또한 기본적인 발상이라는 논의에도 치명적으로 두 가지 결함을 갖고 있다. 첫째, 수입을 하기 위해 수출을 한다는 발상은 수입은 억제하고 수출은 진흥해야 할 것, 또는 수입은 필요불가결하고 수출은 그를 위한 수단으로 수출과 수입을 구별하여 생각하는 것이다. 그러나 기본적으로는 수출도 수입도 경제거래이기 때문에 판매자도 구매자도 이러한 경제거래에 의해 편익을 얻을 것이다. 만일 그렇지 않다면 거래는 성립하지 않게 된다. 그 대상이 석유이든 자동차이든 무역은 상호 필요로 하는 것을 거래한다는 점에서 기본적으로는 차이가 없다.

두 번째의 결함은 천연자원만이 자원이라고 생각하는 오해이다. 보통 자원이라고 하면 중동의 석유나 시베리아의 천연가스를 떠올리지만, 경제적인 자원은 실로 다양하다. 노동력으로서의 인적자원, 기업활동을 운영 또는 관리하는 경영자원, 기술혁신을 만들어 내는 기술자원 등이 없다면 경제는 발전하지 않는다. 글로벌화된 경제사회에서는 오히려 천연자원은 단순히 구매만 하면 되기 때문에 그 중요성은 점점 낮아지고 있다.

넷째, 제조업은 파급효과가 크다고 하는 논의이다. 예를 들어 대표적인 제조업인 자동차산업과 대표적인 서비스업인 숙박업(여관업)을 생각해 보자. 파급효과의 크기는 산업연관표(産業聯關表)를 통해서 알 수 있는데, 총무성(總務省)이 작성한 2000년도 산업연관표에 의하면 자동차산업의 경우 부가가치생산액 1.8조 엔, 산업 전체의 중간투입이 10.3조 엔으로, 합계 12.1조 엔의 생산액이 집계되었다. 간단히 말하면 자동차가 1조 엔일 경우 관련산업을 포함하여 전체적으로 6.7조 엔의 생산이 유발된다. 이에 비해 숙박업(여관업)의 경우는 부가가치 생산액이 4.2조 엔, 중간투입액이 4.1조 엔, 합계 8.3조 엔으로, 여관의 매상이 1조 엔일 경우 관련산업을 포함하여 2조 엔의 생산이 유발된다. 이러한 차이는 자동차산업이 생산유발효과가 크고 관련산업이 많기 때문이다.

그러나 이러한 의미에서의 생산유발효과의 대소(大小)는 경제 전체의 성장과는 관계가 없고 자동차이건 숙박업(여관업)이건 경제를 선도하는 힘은 비슷하다고 할 수 있다. 그 이유는 부가가치를 계산하면 어느 쪽이든 같기 때문이다. 생산유발효과의 대소는 전적으로 중간투입액의 크기에 의해 결정되는데, 중간투입은 부가가치가 아니기 때문에 그것이 아무리 커도 고용을 유지하거나 기업수익의 원천이 되지는 않는다.

가령 같은 100만 엔을 자동차 구입에 사용한 경우와 여관에 지불했을 경우를 비교해 보자. 어느 경우라도 최종수요는 100만 엔이고, 여기서 실현되는 부가가치 역시 100만 엔이다. 자동차의 경우는 그 부가가치가 폭이 넓고 얕은데 비해 여관업의 부가가치는 좁고 깊다는 차이가 있을 뿐, 결국 부가가치는 똑같다. 이렇게 생각하면 제조업과 같은 산업이 영향력이 클 것이라는 생각 그 자체가 잘못되었다는 것을 알 수 있다. 수요가 늘면 범위의 대소에 관계없이 수요한 만큼의 부가가치가 생기게 마련이다.

이상 제조 우위론에 대한 비판적 검토를 통해 살펴본 바와 같이 앞으로 일본 경제를 선도하는 산업은 그것이 어떠한 산업이든 각각 잠재적 가능성이 있다는 것을 알게 되었다. 일본 경제를 선도하는 산업은 그것이 중요한 무엇인가를 생산하기 때문도 아니고, 외자를 벌어들이기 때문도 아니라는 것이다. 그 산업이 제공하는 재화 및 서비스에 대한 수요가 늘고 산업이 이를 효율적으로 공급할 수 있는 것이 거의 유일한 선도산업이 되는 조건이기 때문이다.

03 관광입국 비판론

제3절에서는 서비스산업이 앞으로 일본경제를 선도할 것이라는 주장에 대해 대표적인 서비스산업인 관광입국론을 통해 비판적으로 검토하고자 한다.

1. 왜 관광입국인가

우선 왜 수상관저(首相官邸)도 꽤나 열성적으로 지지하고 있는 관광입국(觀光立國)이 일본 경제를 선도할 것이라고 주장하는지에 대한 이유를 간단히 소개하도록 하겠다. 2003년 1월에는 총리대신 주최의 '관광입국 간담회'가 개최되었고, 4월에는 관광입국에 대한 기본적인 보고서가 작성되었다. 이를 통해 같은 해 7월 '관광입국 관계각료회의'에서는 관계 행정기관이 실행해야 할 '관광입국 행동계획'을 책정하기도 하였다. 이러한 논의 가운데 정부 내외에 관광입국에 대한 논의가 활발히 진행되어 왔다.

필자는 이러한 논의에 대해 모두 반대하는 것은 아니다. 필자 자신도 일본 국민으로서 일본에 매력적인 관광명소가 새로이 등장했으면 하고 진심으로 원하고 있으며 전세계로부터 많은 관광객이 일본을 방문한 후 좋은 인상을 갖고 돌아갔으면 하고 바라는 마음이 간절하다. 그러나 그렇다고 해서 관광진흥에 대한 논의가 모두 긍정적이고 옳은 것이라고는 할 수 없다. 관광진흥책을 바르게 세우고 제대로 판단하여 계획을 세울 필요가 있기 때문이다.

우선 다음과 같은 문장을 검토해 보자.

『지금 구미와 아시아가 관광산업에 혼혈을 기울이고 있는 가운데 일본은 어떤 준비를 하고 있는가?

2002년 일본을 방문한 외국인 여행객 수는 약 520만 명, 세계 33위로 계속해서 줄어들고 있다. 프랑스의 약 7,700만 명, 중국의 3,700만 명보다 크게 밑돌고 있을 뿐 아니라 관광수지도 2조 8천억 엔의 적자(외국에의 지불초과)를 기록하였다. 이러한 결과는 관광을 문화, 교육, 경제 등의 분야와 유기적으로 결합시키는 구미 각국과는 달리 일본에서는 종합적인 매력을 갖춘 관광계획이 확립되어 있지 않다는 것을 증명하는 것이다. 정부의 관광중시 계획은 이러한 점에서 일종의 위기감의 표현이다(중략).

관광업의 경제적 효과는 상당하다. 관광에는 항공 및 철도와 관련된 운수업이나 여행, 호텔, 외식, 서비스 등 관련산업이 많기 때문에 파생효과가 크다. 국토교통성의 계산에 의하면 2001년의 외국인 여행자의 직접소비는 약 1조 5천억 엔, 그 파급효과는 약 4조 엔에 달한다고 한다. 그리고 이로 인한 확대는 고용창출이나 산업구조의 전환을 촉진한다고 한다』[1)]

1) 『日本經濟新聞』(2004. 7. 7) "ゼミナールニッポンの觀光戰略" 중에서

이러한 교과서적인 관광진흥론으로부터 출발하여 관광진흥이 왜 중요한가에 대한 이유로는 다음과 같이 세 가지로 요약할 수 있다.

첫째, 출국자와 입국자, 즉 일본인이 해외에서 지불하는 여행경비와 외국인 관광객이 일본에서 지출하는 여행경비의 불균형이 문제이다. 이러한 논의는 우리가 일상적으로 인식하고 있는 문제이기도 하며 빈번하게 등장한다. 많은 일본인이 해외로 나가고 있는 상황에서 왜 해외에서 일본으로 입국하는 관광객은 그다지 많지 않을까 생각하지 않을 수 없다.

둘째, 관광산업의 파급효과에 대한 논의이다. 관광산업이 활발해지면 관련산업도 풍요로워지고 이것이 경제 활성화와 관련이 있다고 하는 논의이다.

셋째, 일본의 관광산업이 뒤처져 있는 이유는 정부의 관광정책이 선진화되어 있지 않기 때문이다. 관광 선진국의 경우 정부가 직접 선두에 나서서 관광진흥에 열심인데 비해 일본은 지금까지 그렇지 않았다는 점과, 또 하나는 일본에는 뛰어난 관광자원이 충분히 있기 때문에 광고만 잘 하면 해외로부터 관광객이 일본에 많이 입국할 것이라는 착각이다.

이상과 같은 논의는 모두 많은 문제점을 포함하고 있다. 이를 순서대로 점검해 보도록 하자.

2. 관광입국론의 문제점

(1) 출입국 불균형론

일본은 관광객 숫자에 있어서 출국자와 입국자의 균형이 맞지 않다. 우선 여행자 수를 살펴보면 2002년에 일본으로부터 해외로 빠져나간 여행객 수는 1천 652만 명, 일본에 들어온 외국여행자는 524만 명으로서 상당한 불균형을 이루고 있다. 전 세계적으로 볼 때 일본의 출국자 수는 제 11위, 입국자 수는 33위이지만, 이를 금액면으로 보면 2002년의 일본 여행지출은 264억 달러로 세계 제 4위이지만 반대로 외국인 관광수입은 35억 달러로 35위에 불과하다. 이런 식으로 숫자를 늘어놓게 되면 누구든지 "일본의 관광산업은 상당한 불균형을 이루고 있다. 일본은 관광산업을 발전시키기 위해 더욱 열심히 노력해야 한다"라고 생각할 것이다.

그러나 이렇게 개개의 부문에 대해서 불균형을 논의하는 것은 경제적으로는 의미가 없다. 여러분도 잘 아시다시피 무역이 발생하는 기본적인 이유는 비교우위의 차이다. 각국이 상호 효율적으로 생산할 수 있는 분야를 수출하고, 그렇지 않은 분야는 수입함으로써 양국이 보다 높은 소득수준을 실현할 수 있다는 것이 비교우위론의 기본이다.

만일 이러한 논의가 올바르다면 각국이 개별부문에서 수출과 수입의 불균형한 모습을 보이는 것은 당연한 것이다. 여행자 수의 불균형, 여행수지의 불균형이 문제가 되고, 출국자와 입국자가 같아야 한다거나, 혹은 해외여행의 지출액과 수입액이 같아야만 한다고 주장한다면 일본이 해외에 판매하는 자동차와 해외로부터 수입하는 자동차는 같은 수 만큼 혹은 같은 금액이 되도록 하는 것이 바람직한 것이 아닌가?

간단히 말해서 관광부문의 지출 및 수입액이 불균형한 것은 일본의 관광산업이 국제적인 비교를 하였을 때의 상대적인 표현일 뿐이다. 일본인들은 국내여행보다 해외여행이 저렴하고 재미있기 때문에 해외에 나가고 싶어하지만 외국사람들은 돈이 있어도 적극적으로 일본에 오려고 하지 않는다. 일본에서 관광하는 것이 비용 대비 관광을 통해 얻는 효과가 적다고 생각하기 때문이다. 따라서 일본의 여행수지가 큰 폭의 적자를 내는 것은 문제가 되지 않는다.

(2) 파급효과

파급효과에 대해서는 이미 제조에 대한 설명에서 검토하였기 때문에 구체적으로는 언급하지 않겠지만, 일단 국토교통성(國土交通省)의 보고서에서 인용하고 있는 계산방법을 검토해 보자. 이 예문에서와 같이 계산은 상세하게 나와 있지 않지만, 국토교통성 종합정책국 여행진흥과에서 발간한 『旅行・觀光産業の經濟效果に關する調査研究IV』(2004.3) (여행・관광산업의 경제적 효과에 관한 조사연구 TV. 옮긴이) 연구 보고서에서 같은 추계수법을 해석하고 있기 때문에 이것에 근거하여 언급하도록 하겠다.

이 해설에 의하면 관광산업의 파급효과는 ① 여행・관광소비를 지출품목별로 구분한다, ② 이것을 산업연관표의 산업별 소비액으로 분류한 후 파급효과를 추계한다. 그 파급효과란 직접효과, 생산파급효과, 가계로부터의 우회효과를 포함한 생산파급효과 등 세 가지로 분류된다. 직접효과는 여행・관광소비가 그대로 최종수요로서 GDP에 계산된다. 이는 출발점에서의 여행 · 관광소비와 거의 동등하다. 생산파급효과란 중간투입 부분으로, 이 부분은 경제 전체에 대한 효과를 살펴볼 때 의미가 없다. 가계로부터의 우회효과를 포함한 생산파급효과란 산업을 통해 실현된 부가가치 중 가계에 지불된 임금이 가처분소득을 증가시켜 그것에 평균소비성향을 더한 몫이 다시 소비지출이 되어 경제에 파급해 가는 부분을 말한다.

그렇다면 이렇게 계산되는 파급효과란 무엇인가? ①의 부분이 부가가치로서 성장을 일으켜 소득 · 고용의 원천이 되는 것은 틀림없다. 그만큼 최종수요를 실현하였으니까 당연한 것이다. ②에는 의미가 없다. 그렇다면 ③은 어떠한가?

최종수요가 실현되면 그것은 반드시 부가가치가 발생하여 어떤 형태로든 소득으로 전환되고 그 소득은 다시 어떤 형태의 수요를 불러일으킨다. 기업소득으로서 실현한 부분은 설비투자나 새로운 고용을 만든다. 가계의 소득으로서 실현한 부분은 다음 단계의 소비를 생성한다. 이렇게 해서 실현된 제 2차적인 최종수요는 다시 소득이 되어 새로운 수요를 만든다. 이것이 계량모델에서 말하는 승수효과이며, 이 역시 여행 · 관광수요의 파급효과인 것은 틀림없다. 앞에서 서술한 국토교통성의 계산은 이 승수효과 가운데 가계부분만을 끄집어 낸 것이다.

그러나 이 계산방법에서 결정적으로 문제가 되는 것은 다른 산업과 비교했을 때이다. 우선 ①의 부분은 어떠한 산업이든 최종수요로 실현될 경우, 동등한 경제효과가 발생하기 때문에 산업별 차가 발생하지 않는다(수입에 의한 누출(漏出)은 있을 수 있으나, 본질적인 문제에서는 없기 때문에 여기에서는 무시한다). ②는 어떤 산업이든 무의미하기 때문에 이 역시 산업별 차는 없다. ③의 효과에 대해서는 조금 복잡하지만, 가계의 소비성향이 산업별로 차가 있다고는 생각할 수 없기 때문에 예를 들어 여행업에 근무하는 종사자가 자동차산업에 근무하는 종사자보다 소비성향이 클지 어떨지에 대한 문제처럼 일단 임금이 가계에 들어온 후의 파급효과는 같다고 생각할 수 있다. 차이가 있다면 부가가치 가운데 임금으로 배분되는 비율에 대한 점이다. 이 계산에서는 여행업처럼 노동집약적인 산업은 파급효과가 크지만, 이는 실질적인 파급효과의 차이라기보다는 기업을 통한 파급효과를 고려하지 않기 때문이다. 즉, 산업별로 차이가 있다면 그것은 실증적인 차가 아니라 분석상의 한계가 산업별의 차이로 나타난 것 뿐이라는 점이다. 결론적으로 여기에서 서술하고 있는 방법에 근거하여 '여행 · 관광산업에 대한 수요는 경제적인 파급효과가 있다'는 주장은 맞는 말이지만, 그 경제효과는 어떠한 산업에서도 동일하거나 혹은 차이가 있다면 기업을 통한 효과를 무시한 결과이다. 그렇다면 특별히 관광 · 여행산업만을 예를 들어 파급효과가 크다는 주장은 의미가 없다.

(3) 정부의 시책

일본 관광업의 국제경쟁력이 떨어지는 이유는 정부의 시책이 충분하지 않기 때문이라는 주장이다. 보통 어떤 산업이 국제적인 경쟁력을 상실했다면 이는 생산비용과 밀접한 관련이 있지만, 그럼에도 불구하고 관광업에 대해서만큼은 그렇게 생각하지 않고 정부의 시책이 잘못되었다고 정면에서 질타만 하고 있다. 관광입국론은 일본의 관광업에 국제경쟁력이 없는 이유, 즉 일본인의 해외여행은 급증하는데 비해 외국 관광객은 그다지 일본에 오지 않는 이유에 대한 가장 중요한 문제를 무시하고 있다고 본다.

한마디로 일본의 관광산업에 국제경쟁력이 없는 최대 이유는 가격경쟁력이 없기 때문이다. 일본인 입장에서 보면 국내여행에 비해 해외여행이 상대적으로 저렴하며, 반대로 해외관광객의 입장에서 보면 일본여행은 다른 나라로 떠나는 여행에 비해 상대적으로 비싸다. 그렇기 때문에 일본인은 해외로 나가고 외국 여행객은 일본으로 오는 것을 꺼려하는 것이다. 그렇다면 왜 이렇게 일본 관광비용은 비싼 것일까? 그것은 소위 내외가격차가 직접적인 원인이라고 할 수 있다.

이 점은 본서의 주제가 아니기 때문에 간단히 언급하도록 하겠다. 지금 장기적으로 볼 때 환율이 무역재인 제조업 제품의 구매력평가로 결정된다고 가정한다면, 제조업 제품에 대한 내외가격차는 존재하지 않게 된다. 내외가격차를 없애도록 환율이 정해지기 때문이다. 그런데 국내물가는 제조업과 비제조업의 가중평균으로 정하게 되는데, 만일 제조업과 비제조업의 가격차가 외국과 비슷한 정도라면 비제조업에 대해서도 내외가격차는 없어지고 결국 전체적으로도 물가에 대한 내외가격차는 없어진다.

그러나 일본에서는 이 가격차가 외국보다도 크다. 국제경쟁에 지속적으로 노출되어 온 제조업에 비해 비제조업의 생산성이 낮기 때문이다. 즉, 내외가격차 문제는 일본의 생산물과 해외 생산물의 상대비에 대한 문제가 아닌, 일본 국내의 제조업과 비제조업의 상대비와 관련된 문제이다. 따라서 관광업을 시작으로 일본의 비제조업 가격은 외국에 비해 비교적 높을 뿐 아니라 관광업의 국제경쟁력도 낮다. 이러한 근본적인 원인을 방치한 채 정책적으로 아무리 열심히 뛴다 해도 일본 관광업의 국제경쟁력은 높아지지 않을 것이다.

3. 관광업의 공공재적 성격

그렇다고 해서 관광업을 진흥할 필요가 전혀 없다는 것은 아니다. 정책은 논리적으로 필요한 범위에서 효율적으로 행해야 한다. 관광입국에 대한 방책은 다음과 같이 설명할 수 있다.

첫째, 관광업계 스스로 대응을 찾아야 한다. 일본 관광업이 국제경쟁력을 갖추고 해외 여행객을 끌어들이기 위해서는 우선 무엇보다도 민간 관광업계 스스로의 구조개혁이 필요하다. 예를 들어 일본 관광지의 여관은 다 먹지 못할 만큼의 많은 양을 저녁식사로 내놓고 가격은 비싸게 받는다. 그러다 보니 관광상품에 대한 선택폭이 좁을 뿐 아니라 장기체재에는 어울리지 않는다. 즉 예전에 일본여행이 사치재로 분류되었을 때의 비즈니스모델이 아직도 그대로 남아있다. 이러한 관광을 일본인도 싫어하는데 하물며 외국관광객은 어떻겠는가?

둘째, 정부의 진흥책도 필요하다. 이는 관광이 한 가지 산업에만 영향을 주는 것이 아니라 사회 전체적으로 보다 많은 이익을 가져다 주기 때문이다. 즉 관광산업은 공공재적인 성격을 갖추고 있기 때문에 정책적으로 어느 정도의 정부 지원은 필요하다. 2003년 7월의 관광입국 각료 간담회에서 결정된 "관광입국행동계획"에서도 구미는 물론 아시아의 여러 나라에 대해 다음과 같이 언급하였다.

"관광은 자국의 국력을 높이고 외국에는 문화를 발신(發信)하는 유력한 수단이며, 동시에 자국 경제에 자극을 불러 일으켜 교육을 충실히 하고 국민의 국제성을 높여 마치 한 국가의 장래, 지역의 미래를 개척할 유력한 수단이라고 말해도 과언이 아니다"

확실히 관광을 통해 해외 여행객들이 일본을 알게 되고 일본에 대한 친밀감(親日感)을 갖도록 하는 것은 국제사회에 있어서 일본의 이미지를 상승시키는데 기여할 것이다. 국제정치학자인 죠셉 나이(Joseph S. Nye Jr. : 하버드대학 교수)는 "강제하는 힘", "매수하는 힘"을 하드 파워, "매료(魅了)하는 힘"을 소프트 파워라고 정의하면서 상대국이 자국의 이익에 따른 행동을 취하도록 하기 위해서 이제는 소프트 파워가 중요한 요소가 될 것이라고 지적하였다. 해외관광객을 끌어들여 일본의 매력을 어필하는 것이 소프트 파워를 높이는 것과 다름없다.

셋째, 일본관광이 국제적으로 통하지 않게 된 배경에는 관광이라고 하는 측면만의 문제가 아니라, 일본의 경제사회의 문제점까지 생각할 필요성이 있다. 앞에서 언급하였듯이 일본의 비제조업분야, 서비스분야의 가격은 타 선진국에 비해 비교적 높은 편이다. 일반적으로 도로 표식도 알기 어렵고 영어도 통하지 않기 때문에 외국인이 살기 어려운 사회이기도 하다. 이러한 불편함이 일본을 방문하는 관광객 수를 감소시키는 원인이 된다. 즉, 내외격차가 존재하고 외국인이 살기 어려운 사회라는 것이 보다 근본적인 문제이며, 관광 부진은 이로 인한 부산물이라는 것이다. 따라서 본래 진행해야 할 경제사회의 개혁을 진행하는 것이 관광입국을 실현하기 위한 왕도라고 할 수 있다.

04 선도산업과 세대의 자립

마지막으로 제조가 중요하다는 논의 가운데 하나인 '제조가 특기인 일본인' 에 대해 설명해 보자.

국민성이 어떤 특정산업에 익숙한 성향이 있을 것이라는 논의는 예로부터 자주 언급되어 왔다. 예를 들어 일본인은 손재주가 뛰어나기 때문에 제조업에 잘 어울린다든지, 인도인은 숫자에 민감하기 때문에 소프트웨어개발에 적당하다고 하는, 또는 중국인은 이재(理財)에 눈이 밝고, 그리고 앵글로 색슨은 금융에 강하다고 하는 등의 논의가 이에 해당한다. 국민성과 산업과의 상호 관련성이 어느 정도 존재한다는 것은 어쩌면 사실일 수도 있지만, 미래에도 특정 산업이 국민성과 상관관계가 있다, 없다 라고 단정짓는 것은 한마디로 위험한 발상이다.

예를 들어 지금까지 일본이 제조업에서 우위를 발휘해 온 것은 사실이지만, 섬유산업, 잡화, 반도체 등에서는 개발도상국에게 추월당해 우위성을 잃은 것도 많다. 한편, 제조는 아니더라도 애니메이션, 정확한 스케줄에 의한 철도운행 등 일본이 우위성을 갖고 있는 것도 다수 존재하기 때문에 일본인의 우위성을 업종으로 결정하는 것이 잘못된 것이라는 것을 증명하는 것이다.

이렇듯 우위성을 명문화하는 것은 곤란하지만, 일본에는 '신중한 끝마무리', '팀워크', '까다로운 주문', '사람과 기계를 구별하지 않는 의식' 등의 특성이 있으며, 어떠한 산업이라도 그 특성과 제대로 맞을 경우에는 경쟁력이 높은 제품 · 서비스를 생성하는 것이 가능하다.

그러나 이러한 일본인의 특성을 근거로 미래의 선도산업을 지금부터 미리 정해 놓을 필요는 없다고 본다. 예를 들어 경제산업성(經濟産業省, METI)은 2004년 5월 '신산업창조전략'이라는 프로젝트를 통해 연료전지, 정보가전, 로봇, 콘텐츠, 건강 · 복지 · 기기 · 서비스, 환경 · 에너지 · 기기 · 서비스, 비즈니스 지원 등 일곱 가지를 전략 7분야로 규정하고 중점시책을 논한 적이 있다. 그러나 미래에는 어떠한 신기술이 생성되고 어떠한 분야에서 일본이 우위성을 발휘해 나갈지는 아무도 알 수 없다. 또한 여기에서 언급한 7개 분야는 특히 정책적 지원에 의해 발전해 온 것이 아니라, 민간분야에서 스스로 아이디어를 생성하고 리스크를 감수하면서 발전해 온 것이다.

정책에 필요한 것은 특정한 발전분야를 정하는 것이 아니라 그것이 어떠한 산업이든 상관없이, 새로운 기술 · 아이디어가 생성되기 쉽고, 그 새로운 기술 · 아이디어가 사업화하기 쉬우며 그 새로운 사업에 벤처캐피탈(risk money)이 제공되기 쉬운 경제환경을 만드는 것이 중요한 것이다. 그런 가운데 어떠한 산업이 일본경제를 선도해 갈 것인가는 미래 세대가 스스로 판단하여 정하는 것이지, 지금 현 세대가 그 가능성을 좁혀 놓고 미리 선택해 놓을 필요는 없다고 본다. 이것이 본서에서 기본적으로 주장하는 '세대의 자립'이라는 것이다.

4

버블 후의 일본형 금융시스템

1. 거시적인 시점에서 본 금융 전체의 모습
2. 미시적인 은행업
3. 변혁에 쫓기는 정책금융

금융 역시 다른 분야와 마찬가지로 다음과 같은 프로세스가 성립한다.

"1990년대 이후 일본의 금융시스템은 다양한 과제에 직면하면서 진퇴양난에 빠졌다"

→

"2002년경부터 그러한 과제에 새로운 해결책이 보이기 시작했다"

→

"그러나 구조개혁이라는 과제는 여전히 유효하며 우리는 이에 몰두할 필요가 있다"

이하에서는 이러한 스토리를 다음과 같은 세 가지 관점에서 전개하고자 한다.

① 거시적인 시점에서 본 일본의 금융 전체의 모습

② 미시적인 시점에서 본 은행업의 모습

③ 정책적인 시점에서 본 정책금융의 모습

01 거시적인 시점에서 본 금융 전체의 모습

1. 1990년대 이후 일본의 금융 과제

1990년대 이후 일본의 금융환경이 직면해 온 과제를 다음과 같이 단기, 중기, 장기 등의 시간축을 통해 정리해 보도록 하자.

우선 단기적인 경기현황과 관련하여 일본의 금융은 전반적으로 디플레이션으로부터 벗어나야 하는 과제에 직면해 왔다. 이와 관련하여 일본의 금융계에는 다음과 같은 특이한 모습이 나타났다.

첫째, 초저금리이다. 일본 중앙은행이 실시한 제로금리정책이 지속되면서 무담보 콜 금리는 제로 %에 가까웠고, 단기금리, 장기금리, 예금금리 역시 사상 최저수준에 이르렀다. OECD의 『Economic Outlook』(2005. 9)에 의하면, 2004년의 단기금리(3개월)는 일본이 제로 %로서 이는 OECD 국가 중 최저수준(미국 1.6%, 유럽지역 2.1%)이었으며 장기금리(10년물 국채) 역시 일본은 1.5%로서 이 역시 비교 국가 중 최저수준에 해당한다(미국 4.3%, 유럽지역 4.1%).

둘째, 은행의 대출감소이다. 일본의 은행대출은 1996년 후반 이후 계속적으로 감소해 왔다. 2004년도만 해도 3.5%나 감소하였다. 금융을 완화하고 경제를 활성화시켜야 하는 상황에서 대출은 오히려 장기에 걸쳐 지속적으로 감소해 온 것이다.

이러한 현상이 나타나는 근본적인 원인은 말할 필요도 없이 디플레이션 때문이다. 단기금리가 초저금리였던 것은 일본 중앙은행이 디플레이션 극복을 목표로 제로금리정책을 계속해 왔기 때문이다. 명목 장기금리는 실질적인 자본으로부터의 기대수익률과 인플레이션 기대의 합이라고 생각할 수 있으나, 디플레이션 하에서 수익률은 저하하고 인플레이션 기대는 마이너스(즉, 디플레이션 기대)가 될 것으로 생각하기 때문에 장기금리가 낮은 수준이 되는 것도 당연한 것이다.

이렇듯 은행대출이 지속적으로 감소해 왔던 이유는 기업과 은행 모두 각각에 원인이 있다. 기업은 자금수요 자체가 감소하였는데, 이는 기업이 설비투자를 줄여가면서 재무체질개선을 위해 설비투자를 자금흐름(cash flow: 수익+감가상각)의 범위 안에서 활용하려고 했기 때문이며 이러한 상황에서 기업은 은행으로부터 필요한 자금을 공급하거나 수요하려 하지 않을 것이다.

한편, 은행도 부실채권에 대한 무거운 책임을 안고 있기 때문에 어떻게 해서든 융자에는 신중하게 된다. 이를 대부경색(借り渋り), 대출경색(貸し渋り)이라고 한다. 어느 쪽이 유력한가는 논의에 따라 다르겠지만 기업 측에서 본 금융기관의 대출 태도 판단 등의 움직임으로 볼 때 1997년의 금융위기 당시는 대부경색(借り渋り), 최근에는 대출경색(貸し渋り)의 수요가 강했던 것으로 보인다.

중장기적 측면에서 살펴볼 때 일본은 부실채권을 처리해야만 하는 시대적 과제에 직면해 있다. 전국 은행의 리스크 관리채권은 1992년

당시에는 12.8조 엔이었지만, 2002년 9월말에는 39.2조 엔으로 증가하였다. 문제는 부실채권이 증가하였다는 것만으로 끝난 것이 아니라, 지금까지 상당한 부실채권을 처분했음에도 불구하고 부실채권 잔고가 증가하고 있다는 것이 더 큰 문제이다. 1992년부터 2002년 9월까지의 부실채권 처분 손실의 누계액은 36.2조 엔에 달하고 있음에도 불구하고 이 사이에 잔고가 26.4조 엔이나 증가한 것이다. 즉 이 기간에 부실채권이 62.6조 엔이나 새롭게 발생하였다는 것을 의미한다.

이러한 결과는 부실채권과 디플레이션이 밀접한 관계를 갖고 있다는 것을 짐작하게 해준다. 물가하락은 채무의 실질가치를 높여주기 때문에 채무자로부터 채권자에게 의도하지 않았던 소득이전을 생성한다. 즉 차입금에 대한 변제가 곤란하게 된다는 뜻이다. 나아가 지속적인 토지가격 하락도 부실채권을 만드는데 일조하였다. 결론적으로 1992~2002년간에 62.6조 엔의 부실채권의 증가와 39.2조 엔에 해당하는 스톡(stock)은 현재의 부실채권의 대부분이 버블 후의 디플레이션하에서 새롭게 발생한 것이라는 것을 의미한다.

2. 일본형 금융시스템의 특징 - 거시적 특징

일본형 금융의 특징은 금융 전체에 대한 거시적 특징과 은행업의 측면에서 본 미시적 특징으로 나눌 수 있다. 여기에서는 일본형 금융의 거시적 특징을 자금순환표를 통해 살펴보기로 하자.

실체경제의 움직임이 기본적으로 GDP통계에 나타나 있는 것처럼 금융면의 움직임은 대부분 자금순환표를 통해 알 수 있다. 자금순환표에는 경제부문(가계, 금융법인, 비금융법인, 해외)의 자산과 부채의 상황이 나타나 있지만, 여기에는 어떤 시점에서의 잔고를 나타낸 스톡(stock)과 어떤 기간 동안의 자산 · 부채의 변화를 나타낸 플로우(flow) 등이 포함되어 있다. 이 중 다음과 같은 세 가지 특징적인 모습을 살펴보자.

(1) 기업부문의 움직임

우선 2004년 시점에서의 스톡 통계를 보면 가계는 1,422조 엔의 자산과 389조 엔의 부채를 갖고 있기 때문에 1,033조 엔의 자산이 초과되었음을 알 수 있으며, 민간 비금융법인기업(금융기관 이외의 일반기업)은 738조 엔의 자산과 1,097조 엔의 부채를 갖고 있기 때문에 359조 엔의 부채가 초과된 상태였다. 잔고 기준으로 보면, 자금공급 주체인 가계로부터 자금수요자인 기업으로 자금이 흘러가게 되는데, 이때의 플로통계를 보면, 2003년에 비해 가계는 9조 엔의 자금잉여가 확대되었고 민간비금융법인 기업도 역시 9조 엔의 자금잉여가 확대되었다.

이처럼 플로의 통계치에서 기업이 자금잉여가 되는 경우는 정상이 아닌 현상으로 보통은 생각할 수 없는 일이다. 기업은 본래 자금을 사용하는 경제주체이며 따라서 자금부족 현상은 지극히 정상적이기 때문이다. 이는 최근의 일본 기업들이 적극적으로 투자를 행하지 않았던 점, 또는 과거의 부채처리에 쫓기어 왔던 점을 나타내고 있다(부채를 줄이는 것이 자금부족에서 탈출한다는 것을, 자금잉여의 확대를 의미한다).

(2) 안전자산에 편중되어 있는 가계자산

이는 일본과 미국을 비교할 때 더욱 명료하게 나타난다. 일본은행의

"자금순환의 일 · 미 비교"(2005년 12월)에 의하면, 2005년 9월말 시점에서 일본의 가계는 1,454조 엔의 금융자산 가운데 현금 · 예금, 보험 등의 안전자산의 비율은 79.8%였고, 채무, 주식, 투자신탁 등의 위험자산의 비율은 15.8%에 지나지 않았다. 이에 비해 미국의 가계는 안전자산이 44.0%, 위험자산이 52.6%이다(그림 4-1 참조). 게다가 최근 10년간의 흐름에서도 일본에서는 변함없이 안전자산의 비율이 높은 반면 미국에서는 위험자산의 비율이 높아지고 있다.

그림 4-1 가계의 자산구성 (2005.9)

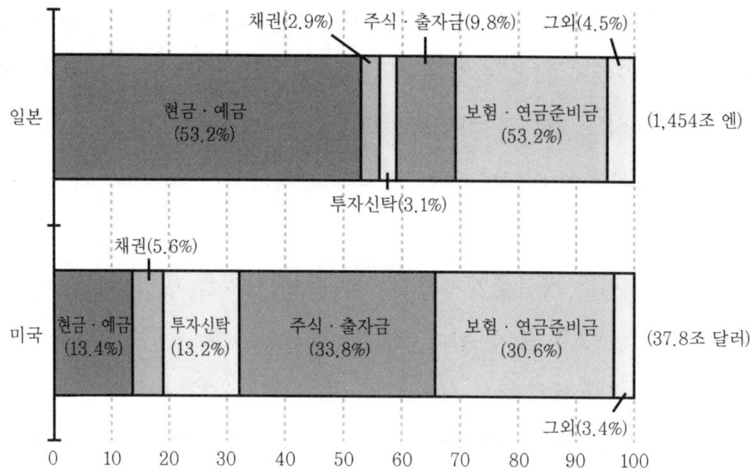

금융자산 합계 구성비율(%)

출처 : 日本銀行「資金循環の日米比較」(2005.12)

다른 나라의 예를 보면, 독일도 일찍이 일본과 비슷할 정도로 안전자산의 비율이 높았었지만 주식투자와 같은 직접투자를 촉진하는 정책을 후원하면서 최근에는 위험자산의 보유가 증가하고 있다. 이에 비해 일본의 가계부문은 안전자산에서 위험자산으로 이동하는 세계적인 조류와는 전혀 다른 움직임을 보이고 있는 것이다.

(3) 간접금융 중심의 자금조달

기업이 부족한 자금을 외부로부터 조달하기 위해서는 주식이나 사채발행에 의한 직접금융, 금융기관으로부터의 차입에 의한 간접금융 등 두 가지 방법을 선택할 수 있다.

2002년도 “경제재정백서”에 의한 비금융법인기업의 자금조달의 내역을 보면, 차입과 같은 간접금융이 38.7%, 주식 · 출자금, 채권과 같은 직접금융이 40.8%를 차지하였다. 이에 비해 미국은 간접금융이 14.1%, 직접금융이 65.8%이며, 독일도 간접금융이 37.6%, 직접금융이 50.2%였다.

즉, 일본에서는 자금중개기관 가운데 간접금융을 담당하는 은행의 비중이 크다는 것을 알 수 있다. 간접금융을 담당하는 은행은 ① 투자위험이 높고 유동성이 낮은 본원적 증권을, 투자위험이 작고 유동성이 높은 간접적 증권으로 전환함으로써 대출자의 투자위험 부담을 경감시킨다(이는 단기적인 자금공급을 장기적인 자금수요에 연결하는 작업이기도 하다), ② 최종적인 대출자에 대신하여 기업의 지불능력에 관한 정보를 수집 · 분석하여 모니터링한다, 이렇게 두 가지 관점에서 금융거래를 원활하게 하는 역할을 하고 있다.

앞에서 언급한 '자금순환의 일 · 미 비교'를 다시 한 번 살펴보자. 은행부문(예금거래기관)이 금융중개기관 전체에 차지하는 자산의 구성비율을 보면, 예금을 취급하는 기관이 53.2%, 보험 · 연금기금이 16.8%, 그 외 금융중개기관(증권회사, 넌뱅크 등)이 13.0%이다. 한편, 미국에서는 예금을 취급하는 기관이 24.0%, 보험 · 연금기금이 28.5%, 그 외 금융중개기관이 47.5%이다. 일본이 미국에 비해 간접금융을 담당하는 은행비율이 상당히 높은 것을 알 수 있다.

3. 금융면에서의 과제와 일본형 특징과의 관계

지금까지는 1990년대 이후 일본의 금융이 다양한 과제에 직면해 왔다는 점과 더불어 일본만이 갖고 있는 독특한 금융시스템이 존재했다고 서술하였다. 또한 이 두 가지는 상호 깊은 관계를 갖고 있는데, 일본적인 특징으로 인해 90년대 일본의 금융환경이 어려운 문제에 직면해 왔던 것이며, 이는 일본형 금융시스템이 얼마나 시대에 맞지 않았나 하는 것을 여실히 보여주고 있는 증거이기도 하다.

여기에서는 이를 "부(負)의 상호 보완성"이라는 표현으로 정리해 보고자 한다. 이 표현의 의미는 어떤 한 측면에서 나타난 문제점이 다른 문제점과 상호 관련되면서 서로가 서로의 문제에 대해 원인 · 결과가 되어 좀처럼 문제점을 해결할 수 없는 상태를 의미한다. 즉 다음과 같은 점으로 설명할 수 있다.

(1) 버블 생성과 일본형 금융과의 관계

버블이 발생했던 요인중 하나는 금융기관이 소유하고 있던 풍부한 자금을 기업에 융자한 것이다. 당시 토지가격의 상승으로 인하여 토지의 담보가치도 덩달아 상승하자 대출자, 대부자 모두 리스크에 둔감하게 되었다. 은행융자 중심의 간접자금조달 비중이 높았기 때문에 토지가격의 상승은 자금공급을 증가시키는 직접적인 원인이 되었던 것이다.

한편 은행으로부터의 대출이 증가하면서 은행의 지위는 점점 높아지고 간접금융 중심의 체제는 점점 견고해졌다. 일본의 은행대출잔고의 명목 GDP 비율은 90년대에 들어와서 지속적으로 저하하였지만 이는 버블시기에 급속도로 높아진 비율에 대한 반동으로도 해석되고 있다.

(2) 버블의 후유증

일본형 금융시스템은 버블 후유증을 확산시키고 이를 처리하기 위한 시기마저 지연시켰다. 우선 부실채권은 간접금융이 원인이 되어 발생한 것으로서, 자산가치가 하락하고 담보가치가 내려가도 부채는 줄지 않기 때문에 대차대조표를 악화시켜 부실채권이 발생한 것이다. 가령 이것이 주식에 의한 자금조달이었다면 주식에는 채무성이 없기 때문에 기업의 자산가치가 줄어든다. 더욱이 금융시스템의 불안, 그것을 막기 위한 공적자금의 투입 등의 문제가 일어나는 것도 간접금융이기 때문이다. 예금을 취급하는 은행은 아무리 건전하더라도 예금자가 이를 불안히 여겨 일제히 예금을 인출할 경우 파탄에 직면할 수밖에 없다.

또한 메인뱅크(main bank)를 중심으로 기업과 은행이 장기적인 거래관계를 유지해 온 것이 부실채권의 최종처리를 지연시켰다. 장기적인 거래관계를 전제로 은행은 될 수 있는 한 기업의 존속을 유지하기 원하기 때문에 조기에 손실을 청산하기 어렵다. '어쨌든 지가(地價)는 상승할 것이니까', '언젠가 경기(景氣)가 좋아지겠지' 라고 낙관적인 전망을 갖고 대출폭을 늘려가는 가운데 디플레이션이 진행하고 부실채권이 눈덩이 커지듯 점점 커져 버린 것이다.

(3) 버블 붕괴로 인한 가계의 안전자산 강화

버블 붕괴 후 일본의 가계는 주가 하락을 눈 앞에 두고 주식, 투자신탁 등에 대한 투자를 유보하였다. 또한 경기하락과 고용정세가 악화되는 가운데 가계는 장래에 대한 불안감이 커지면서 위험자산의 보유를 기피하였다.

이리하여 가계의 안전자산에 대한 선호가 강해진 것은 자금의 초기단계에서 리스크머니의 공급을 줄이게 되어 일본의 금융 흐름이 점점 간접금융 중심으로 바뀌게 된 것이다.

(4) 간접금융형 자금중개기능

간접금융형의 자금중개기능이 경기 저하의 요인이 될 수도 있다. 1990년대 이후 일본의 은행은 부실채권에 대한 책임감으로 융자에 신중을 가했다. 이로 인해 간접금융에 대한 의존도가 높은 중소기업을 중심으로 대출에 영향을 미치면서 중소기업은 신규투자를 억제할 수

밖에 없었다. 또한 간접금융 하에서는 벤처기업에 대한 리스크머니는 공급되기 어렵다. 왜냐하면 간접금융은 고정금리이기 때문에 고위험 고소득(high risk high return)형의 벤처기업에 투자했을 경우 고위험인 마이너스의 영향은 받지만(자금을 회수할 수 없는 리스크), 고소득으로 인한 플러스의 영향은 받지 않기 때문이다(영업이익이 발생해도 기업의 금융기관에 지불할 금리수입은 같다). 이 때문에 본질적으로 간접금융은 벤처형 기업에 대한 자금공급에는 적당하지 않다. 반면, 주식에 의한 직접투자형의 자금조달이라면 고위험(high risk)도 존재하지만(주식이 종이조각이 된다), 고소득에 대한 보상도 충분하다(주가가 상승하면 거액의 자본이득(capital gain)을 얻을 수 있다).

이상 네 가지를 종합해 보면, 간접금융 중심의 자금조달은 일반적으로 기업이 도산하더라도 예금자는 이에 대한 충격을 받지 않으며 안정적이지만, 만일 금융시스템 전체에 영향을 주는 쇼크, 예를 들어 버블의 생성 및 붕괴 등과 같은 영향을 받게 되면 불안정하게 된다.

반대로 직접금융 중심의 자금조달은 자금의 대출자가 개별기업의 도산 등과 같은 작은 쇼크에도 영향을 받기 때문에 불안정하게 보이지만, 엄청 큰 쇼크가 오더라도 금융시스템 전체가 흔들릴 정도는 아니다. 일본의 금융구조는 이렇듯 간접금융 중심이었기 때문에 버블의 생성과 붕괴 등과 같은 거대한 쇼크의 영향을 받기 쉬운 체질이었다.

4. 왜 금융시스템의 변혁이 요구되고 있는가

이상과 같이 일본의 금융시스템이 많은 과제에 직면해 있다는 것은 장기적으로 일본의 금융시스템이 구조 전환을 해야 할 시기에 이르렀다는 것을 의미한다.

기본적인 흐름은 간접금융에서 직접금융으로의 전환이다. 그 이유는 전술한 바와 같이 단순히 간접금융 중심이었기 때문에 버블의 생성과 붕괴 과정에서 그 피해 정도가 컸다고 단정지을 수는 없지만, 경제의 발전단계에서도 직접금융의 전환은 자연스러운 것이며 바람직하다고 할 수 있다.

경제의 발전단계와 금융시스템의 관계를 보면, 경제발전의 초기단계는 간접금융이 일반적이지만, 이후는 직접금융으로 전환되는 것이 자연스러운 흐름이다. 그 이유로 다음과 같은 점을 들 수 있다.

첫째, 초기단계는 가계의 저축이 빈약하다. 즉 소득수준이 낮기 때문에 그에 따른 저축수준도 낮다. 따라서 어떻게 해서라도 소득의 상당부분을 안전자산인 은행예금으로 바꾸려고 노력한다. 그러나 소득수준이 상승할수록 리스크 허용력이 높아지고 주식, 투자신탁 등의 리스크자산을 보유할 수 있게 된다.

둘째, 초기단계에서는 직접금융을 성장시키기 위한 주식시장이 발달하지 못한 환경에 놓여 있다. 자금의 대출자와 대부자 사이에는 정보의 비대칭성이 존재한다. 대부자인 기업은 자신의 사업내용을 숙지하고 있으나, 대출자인 가계는 정보가 한정되어 있기 때문이다. 이 정보의 비대칭성을 해소하는 유력한 수단이 은행이다. 은행은 가계의 자산을 맡아 가계를 대신하여 기업을 감시하고 자금을 운용해 준다.

그러나 경제가 발전할수록 기업의 정보개시(disclosure), 투명한 회계제도, 이용하기 쉬운 주식시장, 투자신탁 등이 정비되면서 정보의 비대칭성이 축소되고 개인도 직접투자에 참가할 수 있게 된다.

셋째, 캐치업(catch up, 선진국 따라잡기) 과정에서는 간접금융이 기능하기 쉽다. 즉, 선진국을 따라 잡기 위한 초기 단계에서는 선례(precedent)가 있고, 경제성장에 필요한 설비투자를 위해서는 투자자금이 부족하기 때문에 은행으로부터 안정적으로 자금을 제공받는 것이 유리하다. 그러나 캐치업 시기가 끝나고 스스로 새로운 시장, 신제품, 신기술을 개발해 나가는 단계가 되면 선례는 없어지고 투자는 고위험 고소득(high risk high return) 형이 된다. 그렇게 되면 간접금융보다는 직접금융을 요구하게 된다.

02 미시적인 은행업

1. 미시적인 은행업의 과제

지속적인 물가 하락을 보이는 디플레이션 상태에서는 자금의 움직임이 대부자에서 대출자로 소득이 이전된다. 그렇기 때문에 기업이 채무부담에 어려움을 겪게 되기도 하고 주택담보대출을 변제할 수 없는 어려움을 겪는 가계가 늘어난다. 이것이 디플레이션에 의해 경제상태가 악화하는 하나의 경로이다. 그렇게 되면 자금의 대출자인 은행은 물가하락에 의해 이익이 발생한 것처럼 보이지만, 실제는 그렇지 않다. 은행은 예금이라고 하는 형태로 같은 정도의 부채도 보유하고 있기 때문이다. 따라서 디플레이션에 의한 소득분배로는 은행은 중립적이지만 디플레이션 하에서는 기업업적이 악화하고 자금을 회수할 수 없게 되어 더 이상 신규 자금수요가 발생하지 않아 은행경영에 타격을 준다. 또한 디플레이션 환경 하에서 누적되어 온 부실채권이 은행의 최대 과제인 것은 말할 필요도 없다.

한편, 일본의 은행은 디플레이션으로부터의 탈각, 부실채권의 처리를 해결하기 어렵게 만들고 있다는 비판을 받고 있다. 초저금리 정책이 지속되어도 은행의 대출은 계속하여 감소하였고, 버블기의 안이한 융자태도 및 그 후의 부실채권 처리와 관련하여 때늦은 대응책 등이 부실채권 문제를 심각한 상태로 빠트렸다는 비판이 이어졌다. 이는 일본의 은행이 건전하고 본래의 자금중개기능을 감당하게 되면 디플레이션, 부실채권 문제로부터의 탈각에 상당한 역할을 할 것으로 기대하였다. 은행은 디플레이션 및 부실채권의 피해자이기도 하지만 가해자이기도 하며, 나아가 해결자로서의 역할도 또한 기대되기 때문이다.

한편 일본의 은행은 장기적인 구조개혁 문제에도 직면해 있다. 그 내용을 살펴보면 본서에서 취급하고 있는 여러 측면들(기업경영, 고용 등)과 비슷한 내용으로 다음과 같다.

① 일본의 은행은 일본형이라고 말할 수 있는 독자적인 시스템을 유지해 왔다.
② 최근에는 일본형 특징이 오히려 은행을 곤경에 빠트리고 있다.
③ 이는 과거의 일본형 은행시스템이 시대적 요청에 적합하지 않다는 것을 의미한다.
④ 경제사회환경의 변화에 대응하여 일본형 은행도 변하지 않으면 안 된다.

그렇다면 일본만이 갖고 있는 일본형 특징이란 어떤 것인지에 대해 알아보도록 하자.

2. 일본형 금융시스템의 특징 – 메인뱅크의 특징

메인뱅크는 1930년대 이후 전시경제체제를 거치면서 당시 군부가 강제적으로 직접금융체제를 간접금융 위주로 개편하는 과정에서 형성되었다. 일본의 은행은 고도경제성장 과정에서 기업과 장기적 · 고정적인 거래관계를 유지해 왔으며, 그 중심에 존재하였던 메인뱅크(main bank)의 특징을 요약하면 다음과 같다(姜喆九, 2005).

(1) 안정적 상호주식보유

기업 간 또는 기업과 은행 간 상호주식보유는 경영권 안정을 위한 암묵적 협약이라고 할 수 있으며, 부득이 보유주식을 팔 경우에는 미리 해당기업에 알려 주거래 증권회사에서 적절한 기업을 찾아 안정주 협약을 주선하도록 한다. 안정적 상호주식보유의 가장 큰 효과는 자본시장에서의 적대적 매수 등이 불가능하게 되기 때문에 외부경영권 시장이 존재하지 않는다는 점이다. 따라서 경영권의 독립성이 크게 강화되는 경영권 제휴와 같은 효과를 갖는다. 그러나 경영에 문제가 있을 경우 대주주이면서 채권자인 메인뱅크가 경영권에 참여하는 내부경영권 시장을 형성한다.

(2) 거래처은행 중 최대주주

일본의 메인뱅크제도는 기업과 은행이 오랜 거래과정을 통해 자연스럽게 형성되는 암묵적인 계약관계로 매우 안정적이기 때문에 메인뱅크가 변경되는 경우는 흔치 않다. 은행대출은 자본시장이 충분히 발달하지 못했던 고도성장기에 가장 중요한 기업자금조달 수단으로 기업의 차입금 중 메인뱅크가 가장 큰 비중을 차지해 왔다. Aoki et al(1994)에 의하면 일본의 6대 그룹 기업의 경우 은행대출에 대한 기업자금 의존도가 높았던 60년대에는 메인뱅크 차입비율이 30~40%의 높은 수준이었지만, 그 후 점차 감소하여 80년대 후반에는 25~28% 수준으로 낮아졌고, 제조업 상장사의 경우 메인뱅크에 대한 대출의존은 90년대 초 15% 수준에 이르는 것으로 나타났다(Aoki, Patrick, Sheard, 1994).

(3) 종합적인 거래관계

메인뱅크는 당좌예금거래, 외환거래, 채권발행 및 정보서비스 등을 제공하며, 기업은 현금흐름을 관리하기 위해 은행에 당좌계정을 설정하여 수표를 발행하는데, 이러한 지불수단의 결제계정을 주로 메인뱅크에 집중한다. 이로서 메인뱅크는 기업의 현금흐름 및 재정상태를 관찰할 수 있고 따라서 타 금융기관에 비해 해당기업에 대한 정보를 훨씬 많이 얻을 수 있는 유리한 위치에 있게 된다. 또한 메인뱅크는 기업에 제공하는 여러 가지 서비스에 대한 수수료 등을 통해 보수를 얻게 되며, 기업의 회사채에 대한 보증업무도 겸한다.

이러한 업무 외에도 메인뱅크는 고객기업에 대한 정보서비스 및 투자은행과 같은 서비스를 제공한다. 예를 들면 자산이나 부동산의 매매, M&A, 사업파트너 물색, 국내 또는 해외시장조사, 신기술, 전산화 등 기업이 필요로 하는 전문적인 정보를 적시에 제공해 주는 역할이 메인뱅크의 능력을 평가하는 중요한 기준이 된다.

(4) 임원 파견[1)]

일본의 은행들은 임원들을 거래회사의 이사나 감사 또는 경영책임자로 파견하거나 또는 전직시킨다(天下り). 은행 직원 중 임원으로 승진이 어렵다고 판단이 설 경우 은행을 퇴직하고 거래기업의 임원으로 이전하는 경우가 많은데 이러한 과정은 은행과 기업의 협의를 통해 결정된다.

임원 파견은 장기적인 대출관계, 그리고 기업주식의 보유정도와 깊은 관계를 갖는다. 은행이 기업에 임원을 파견하는 기본적인 이유는 기업의 의사결정과정에 대한 참여를 통해 공개된 재무제표만으로는 얻을 수 없는 경영정보를 입수하는 데 있다. 기업 역시 메인뱅크와의 관계를 밀접하게 유지하는 것이 기업에서 자체적으로 육성하기 어려운 전문가, 예를 든다면 국제금융전문가나 재무전문가 등을 확보한다는 측면에서 유리할 수 있다.

이렇듯 일본의 기업이 간접금융[2)]에 과도할 정도로 의존하게 된 원인 중 하나는 정부가 은행을 보호하기 위해 기업의 사채발행요건을 엄격히 규제하였기 때문이다. 이로서 일본에서는 사채를 거래하는 채권시

---

1) 宮島 · 近藤 · 山本(1999)에 의하면 고도성장기부터 1980년대까지만 해도 메인뱅크의 기업에 대한 임원 파견은 기업의 업적 개선에 기여했다는 결과를 보고하였다.(옮긴이)

2) 간접금융이란 자금의 수요자가 금융기관을 통해 자금을 조달하는 행위로서, 예를 들어 예금자가 은행에 저축한 자금을 은행이 기업에 대출하는 경우가 대표적이다. 이에 대해 직접금융이란 금융기관을 통하지 않고 자금의 수요자가 자금 공급자로부터 직접 조달하는 것으로 기업이 자사소유의 주식이나 사채를 투자가에게 매각하여 자금을 조달하는 행위가 대표적이다.(옮긴이)

장(직접금융시장)이 발달하기 힘든 환경이었으며 간접금융의 중심에 메인뱅크제도가 자리잡게 되었다.

가령 회사채발행과 같은 대체적인 자금조달시장은 대장성의 규제(호송선단방식)[3]의 테두리 안에서 엄격히 규제되고 주식시장을 통한 증자에 대해서는 시가발행(時價發行)이 인정되지 않았기 때문에 이러한 방법에 의한 자금조달수단은 상당히 제한적일 수밖에 없었고, 따라서 기업은 메인뱅크로부터 자금공급의 대부분을 의존하게 된 것이다. 또 하나 수익을 극대화하고 은행의 규모를 늘리기 위해서는 신규점포의 인허가권을 갖고 있는 대장성의 정책을 따르는 것이 은행의 이익을 극대화시키는 방법이었다. 또한 보다 많은 자금을 싼 이자로 끌어오기 위해서 일본의 시중은행은 일본은행의 저금리 정책자금 할당에 의존하지 않을 수 없었다. 통산성 및 대장성에서 산업정책을 결정한 후 자금의 흐름을 결정된 산업으로 유도하기 위해 일본은행은 시중은행에 현저히 낮은 금리로 정책적 자금을 지원하였을 것이다.

결과적으로 장래의 유망산업(Sunrise Industry)으로 결정된 산업은 메인뱅크 등을 통해 단기간에 자금이 지원됨으로써 일본의 고도경제성장에 이바지하게 된 것이다. 그러나 금리규제의 철폐, 해외에서의 사채 및 시가주식발행의 자유화 등 금융자유화의 물결이 밀려오자, 메인뱅크가 아니더라도 자금조달의 길이 열리게 되고 기업은 예전만큼 메인뱅크에 의존하지 않게 되었다. 즉 자유로운 시장 참여와 퇴출이 인

3) 호송선단방식 : 전후 일본의 금융행정은 대장성과 일본은행에 의해 실시되는 기존의 모든 금융기관의 계속적인 존속을 보장하는 보호주의적인 금융행정을 일컫는다.(옮긴이)

정되는 자유경쟁체제의 시장구조가 형성되면서 기업의 자금조달은 간접금융에서 직접금융시장으로 자연스럽게 이동하게 되었다.

3. 메인뱅크의 기능

1992년 후지종합연구소(富士總合研究所)의 "메인뱅크시스템 및 주식상호보유에 대한 조사보고서"(メインバンクシステムおよび株式持ち合いについての調査報告書)에 의하면 기업의 94.9%는 메인뱅크를 갖고 있다고 대답하고 있다. 이렇듯 장기간에 걸쳐 메인뱅크 관계를 유지하고 있다는 것은 무엇인가 유효한 기능이 있기 때문이라고 짐작할 수 있다. 그렇다면 메인뱅크에는 어떠한 기능이 있고 그 기능이란 무엇인가?[4)]

(1) 대리인 비용

대리인 비용(Agency cost) 문제는 대리인이 의뢰인의 희망대로 일을 수행하지 않을 경우에 발생하는 비용, 혹은 대리인이 의뢰인의 희망대로 행동하도록 유도하기 위해 발생하는 비용으로서, 기업의 경우 주주(株主)가 의뢰인이고 경영자가 대리인이 된다. 특히 주주가 분산되어 있는 경우에는 주주와 경영자 사이의 정보 격차가 커지면서 이른바 '소유와 지배의 분리' 가 일반화되지만, 미국의 경우처럼 기관투자가가 경영자의 투자계획에 상당한 관심을 기울이고 있는 것과 비교한다면, 일

4) 이 부분의 기술은 岡部光明『環境変化と日本の金融』日本評論社(1999), 및 堀融昭義『日本の金融システム』財務總合政策研究所에 근거하여 서술하였다.

본기업의 일반주주(一般株主)의 기업에 대한 감시는 극히 약하다. 일본기업들은 법인에 의한 주식상호보유가 지배적이기 때문에 일반주주들의 영향력은 거의 무시될 정도이다.

이렇듯 일본 특유의 메인뱅크제도는 장기적이고 지속적인 거래관계에 의해 의뢰인과 대리인 사이에 존재하는 정보의 비대칭성, 그리고 필연적으로 발생하는 대리인 비용을 절약할 수 있다.

(2) 기업통치기능

메인뱅크는 기업의 결제계좌의 움직임이나 파견 등을 통해 기업경영을 모니터하는 한편, 기업이 재무위기에 빠질 경우 기업경영에 관여하고 그 기업을 재건하는데 노력한다. 그러나 최악의 경우에는 그 기업은 파산하여 청산해야 한다. 메인뱅크 주도의 이와 같은 기업통치구조에서는 기업경영자에 대한 모니터링 수단으로서 기업의 결제계좌의 움직임이나 파견 등을 통한 모니터링은 중요하다.

메인뱅크의 기업통치기능은 기업의 자금제약완화를 통해 설비투자의 확대를 가져오며, 1960년대 이후의 일본의 고도성장을 지탱해 온 요인이 되었다. 일본의 경우 메인뱅크가 지금까지 축적해 왔던 정보를 통해 임원을 기업에 파견하여 내부정보를 활용함으로써 기업을 감시할 수 있고, 당해기업이 경영곤란에 빠질 경우 지금까지 유보해 왔던 경영개입권을 행사하여 경영진의 쇄신을 요구하기도 하고, 기업을 재건하기 위한 중심적 역할을 할 수 있었다.

(3) 정보생산기능

일반적으로 은행은 기업에 투자자금을 대출해 줄 때 해당 기업의 투자수익에 관한 정보를 완벽히 갖고 있지는 않다. 투자수익은 경영자의 노력이나 의지에 관계없이 발생하기도 하고 경영자의 능력이나 운에 의존하기도 한다. 은행은 물론 경영자가 기업의 이익을 최대화할 것이라는 전제하에 자금을 대출해 주지만, 실제로는 경영자가 그렇게 행동하지 않을 우려는 충분히 존재한다.

메인뱅크의 정보생산기능이란 대출기업에 대한 정보를 심사·조사하는 과정에서 생성되는 정보로서 메인뱅크가 수집한 기업에 대한 정보는 시장에 즉시 전달된다. 다른 은행은 메인뱅크가 그 기업에 융자한 사실을 신호(signal)로 받아들여 그 기업과의 융자관계를 맺어도 좋다고 생각하며, 역으로 기업 측은 메인뱅크로부터의 융자를 자기업의 품질보증으로 내세워 다른 은행과의 유리한 융자관계를 맺으려고 하는 유인(incentive)이 있다. 동시에 업무성과가 어느 정도 수준을 유지하고 있는 한 메인뱅크가 경영에 개입하지 않기 때문에 기업경영자는 어떻게든 업무성과를 올리기 위한 강한 인센티브를 가진다. 구체적인 정보생산 활동으로서는 대출기업의 사전심사, 대출 후의 사업의 감시 및 다른 금융기관에 대한 대출기업의 정보의 전달 등을 들 수 있다. 메인뱅크는 다른 자금공급자를 대신하여 대출기업의 신용도, 경영방침 및 업적, 그 외의 정보를 수집한다. 정보생산자로서의 메인뱅크의 행동은 다른 금융기관 등이 시그널(signal)로서 이용 가능하며, 정보의 비대칭성에 의한 대리인비용도 줄일 수 있다. 이는 대출기업에 있어서 자금코스트를 절약하는 방법이기도 하다.

그러한 의미에서 메인뱅크는 정보제공자이며, 메인뱅크의 존재와 설비투자와의 사이에 상관관계가 있다고 볼 수 있다. 또한 이전부터의 장기적 · 계속적 거래를 통해 다른 금융기관이 용이하게 입수할 수 없는 귀중한 정보를 축적하고 있으므로, 다른 금융기관은 대출기업에 대한 정보수집활동을 따로 하지 않고 메인뱅크에 위탁하여 정보수집비용을 절약할 수 있다.

한편, 금융거래에 따르는 정보의 비대칭성을 해소하기 위한 시스템은 이 외에도 여러 가지 형태를 생각할 수 있다. 영미형의 금융시스템에서는 주식시장, 자본시장이 모니터링 기능을 해왔다. 그 경우는 금융기관 그 자체가 모니터하기보다는 신용평가기관, 감사법인, 애널리스트집단 등의 전문기관이 기업경영을 감시하고 투자가에게 모니터링 기능을 제공하는 것이 된다. 일본형과 영미형의 다른 점으로서 일본형은 암묵의 감시하에 은행만이 정보를 독점하고 있는것에 비해, 영미형은 명시적인 감시로 정보가 오픈되어 있다고 하는 차이이다.

(4) 보험기능

메인뱅크의 보험기능은 다음과 같이 두 가지로 파악할 수 있다.

첫째, 금융시장의 금리가 높을 경우 은행은 다소 싼 대출금리로 기업에 자금을 제공하고, 반대로 금리가 낮을 경우 기업은 다소 높은 금리로 자금을 대출받는다. 또한 기업의 경영수익이 저조할 때에는 메인뱅크가 그 기업의 금융비용을 삭감하여 경영수익이 저하되는 것을 방지하며, 반대로 기업 경영이 양호할 때에는 높은 금리를 책정하여 기업으로부터 메인뱅크로 소득을 이전시켜 상호 간에 위험을 분산시키는 위험분산(risk sharing)기능을 갖고 있다.

둘째, 메인뱅크는 대출기업이 경영위기에 빠질 경우 구제융자를 실행하는 보험기능도 갖고 있다. 대출기업은 그에 대한 보답으로 메인뱅크와의 거래폭을 다른 은행보다도 많이 하거나 지불결제계좌를 메인뱅크에 집중해서 그에 따른 운용차익을 얻을 수 있는 기회를 제공해준다. 그 외 외환거래 등의 수수료를 지불함으로써 사실상 보험료를 지불하고 있는 셈이 된다.

이처럼 메인뱅크 제도가 기업에 대한 구제기능과 위험분산기능 등의 보험기능을 갖고 있다는 것은 메인뱅크가 순기능을 발휘하고 있다는 간접적인 증거이기도 하다.

(5) 모니터링 기능

메인뱅크의 모니터링 기능은 기업이 은행에서 조달한 자금을 낭비하는지의 여부와 경영이 효율적으로 이루어지는지를 점검하는 기능이다. 일본에서는 법인 간의 주식상호보유가 일반화되어 있기 때문에 주주에 의한 경영감시 기능은 완전히 형식화되어 있다. 메인뱅크는 기업과 장기적인 거래관계를 확립하고 있기 때문에 기업정보가 메인뱅크에 축적되어 있어 융자조건의 심사가 단순히 이루어질 가능성도 있지만, 전혀 사전지식이 없는 기업과 비교하여 볼 때 경영자와 그 기업의 경영능력 등을 잘 알고 있는 계열기업이 융자신청을 한 경우가 훨씬 편하게 심사를 할 수 있다. 이때 메인뱅크가 어느 사업회사의 투자계획을 용인하게 되면 다른 금융기관도 '메인뱅크가 인정한 것이므로 괜찮다' 라고 인정하게 되어, 전반적으로 그 기업에 대한 신용이 증가하고 따라서 자금조달이 용이해진다.

한편, 일본의 은행은 대출형태에 관해서도 일본형 특징을 갖고 있다.

첫째, 담보주의 대출이다. 특히 토지는 항상 유력한 담보로서 취급되어 왔다. 은행이 기업으로부터 담보를 취하는 것은 정보의 비대칭성에 대응하기 위한 결과이다. 즉, 담보를 잡아두면 기업의 도산에 대한 위험을 작게 할 수 있고, 기업은 이를 변제하기 위해 준비할 것이므로 그만큼 모니터링 비용을 절약할 수 있다.

둘째, 기업에서 요구하는 프로젝트마다 대출을 하는 것이 아니라 기업단위에서 행해지고 있다는 것이다. 기업은 은행으로부터 융자를 받아 설비투자를 하거나 새로운 사업을 전개하지만, 은행의 융자는 기업이 갖고 있는 안건 하나하나에 대해 행해지는 것이 아니라 기업 그 자체에 대해 행해진다. 일본은 이 점에 관해서 개인 혹은 기업이 대출을 한다는 발상에 익숙해져 있기 때문에, 이것이 일본적인 특징이라는 생각을 하지 못하고 있는 것이다.

필자가 이 점을 새롭게 인식하게 된 것은 에가미 고우씨(江上剛)의 『異端王道』(이단왕도)라고 하는 소설을 읽었을 때이다. 이 가운데 다음과 같은 설명이 있다.

“non-recourse loan이란 미국에서는 일반적인 형태의 융자방법인데, 이는 융자한 대상의 자산으로부터만 회수할 수 있는 계약이다. 예를 들어 5천만 엔의 가치가 있다고 은행이 판단한 주택을 담보로하여 5천만 엔을 빌렸다고 하자. 그 주택의 가치가 3천만 엔으로 줄어들 경우, 이를 처분해도 3천만 엔 밖에 회수되지 않지만, 미국은행의 경우는 그것으로 채권채무관계는 종료한다. 동일한 조건에서 일본의 경우라면 나머지 2천만 엔을 보증인 등이 다른 자산을 처분하여 변제할 때까지 변제관계가 청산되지 않는다. 이것이 recourse loan이다" 『週刊東洋經濟』(2004.2.21)

은행의 수익구조와 관련해서도 일본의 은행에는 다음과 같은 특징이 있다.

첫째, 수익률이 낮다. 예를 들어 일본의 은행 수익률은 1970년 전후에는 3% 정도였으나, 80년대 이후부터는 지속적으로 하락하였다. 즉 일본은 95년부터 99년간 평균 수익률이 0.42%인데 비해 미국은 3.32%, 독일은 1.64%였다. 자본수익률(ROA) 역시 마찬가지로 일본이 0.42%로, 미국의 1.86%, 독일의 0.61% 보다 상대적으로 훨씬 낮다[5].

이는 다음과 같은 이유에 기인한다.

① 성장률 저하와 더불어 자금수요가 줄어들었으나, 은행은 호송선단으로 공급과잉 상태(over banking)가 되었다.

② 우체국, 주택금융공고, 중소기업금융공고 등의 공적금융기관이 경쟁상대로 존재해 왔다.

③ 신용리스크에 따라 대출금리에 차등을 두지 않았던 점 등의 이유에 의한다.

---

5) 이 부분의 기술은 川本裕子「銀行經營自立のための收益力强化の方向」『金融システムと行政の將來ビジョン』(2002.7)에 근거하였다.

둘째, 예금 및 대출구조이다. 일본의 은행은 기업에 대한 융자비율이 높다. 영미은행이 대출잔액의 반 정도가 개인에 대한 대출인 것과는 대조적이다. 구미에서는 보통 수표를 이용하기 때문에 이자가 없는 당좌예금의 비율이 높지만, 일본에서는 당좌예금의 비율이 낮다. 기업에 대한 대출은 개인에 대한 대출보다도 수익률이 낮다.

셋째, 은행 이익에서 차지하는 이자수입의 비율이 높다. 일본의 은행은 오로지 전통적인 대출업무를 통해 수익을 올리고 있는데, 이 점은 계좌관리, 수표결제, 투자신탁이나 보험판매 등 수수료 수입을 늘리고 있는 구미은행과는 대조적이다.

(3) 일본형 특징과 상호 보완성의 관계

은행의 일본형 특징을 '상호 보완성'과 관련하여 재정리해 보자.

상호 보완성으로서 우선 중요한 점은 다른 경제사회시스템과의 보완성이다. 은행의 일본형 특징은 은행부문만으로 성립하는 것이 아니라, 은행 · 금융을 둘러싼 여러 가지 시스템과 보완적인 관계가 있기 때문에 지속해 온 것이다.

예를 들어 은행과 기업과의 장기적 거래관계는 일본형 고용관행과 관련이 있다. 종신고용적인 일본형 고용하에서는 기업의 존속은 무엇보다도 중요한 의미를 갖고 있다. 메인뱅크가 기업에 대한 보험기능을 제공하는 역할과 기업의 기업지배구조라고 하는 점에서도 일본형의 기업경영에서는 교과서적인 주식시장을 통한 거버넌스는 기능하기 어려웠기 때문에 메인뱅크에 의한 모니터링이 중요하였다.

이는 경제환경과도 보완적이다. 즉, 메인뱅크를 중심으로 한 은행융자는 기업의 왕성한 자금수요를 충족하고 경쟁적인 설비투자 및 기술혁신의 진전을 가져왔고 경제성장을 실현시켰다.

한편, 고도경제성장 기간 동안에는 자금수요가 확실히 증가하기 때문에 은행은 안정적인 융자처를 확보할 수 있고, 이것이 기업이익의 최대화를 가져오면서 메인뱅크제도가 합리적인 선택이 된 것이다. 또한 성장이 지속되면 토지가격이 상승하고 이에 대한 기대도 아울러 따라오기 때문에 토지가격은 하락하지 않는다. 이때문에 토지신화가 생기고 토지를 담보로 하는 것은 은행에 있어서 효율적인 모니터링 비용을 절약하는 수단이 되었다. 경제가 성장하고 융자규모가 확대되고 있는 한 금리 차이가 거의 존재하지 않더라도 어느 정도의 수익이 확보 가능하다.

은행의 일본형 특징도 상호 보완성을 갖고 있다. 예를 들면 담보주의에 의한 대출과 기업단위에서의 대출은 상호 보완적이다. 토지 등의 담보는 기업의 보유자산이며, 기업단위의 대출과 일치하고 있다. 메인뱅크 중심의 융자와 기업중심의 대출, 이자수입 중심의 수익구조도 또한 보완적이다. 기업에 대한 융자가 은행업무의 중심이 되면 당연히 이자수입이 많아지고 개인 융자 등의 일반적인 영업에는 신경을 쓰지 못하게 된다.

은행의 일본형 특징은 은행이 직면하고 있는 과제와도 보완성을 갖고 있다. 예를 들어 버블의 생성과 그 후의 부실채권 문제는 은행의 일본형 특징과 상호 관계를 갖고 있다. 1980년대 버블 발생 때에는 대기업의 은행이탈이 진행되는 가운데 메인뱅크가 기업의 모니터링을 충분히 다하지 못했던 공백의 거버넌스를 경험한 적이 있다. 또한 중소기업에 대한 융자를 서둘러 확대하면서 은행은 감시비용(monitoring cost)을 절약하기 위하여 토지담보 융자에 전력을 쏟았다. 이러한 것이 버블 발생을 금융면에서 촉진시킨 원인을 제공한 것이다.

4. 일본의 은행은 재생하는가

지금까지 살펴보았듯이 일본형 은행구조는 해결하기 곤란할 정도의 많은 문제에 직면해 왔으며, 이는 일본형 은행구조가 이제는 적합하지 않다는 것을 의미한다. 이에 대한 근거는 다음과 같이 두 가지로 나누어 볼 수 있다.

(1) 성장의 감속

1980년대 이후 경제성장이 감속하면서 기업의 설비투자 수요가 더 이상 증가하지 않게 되는 한편, 금융자산이 축적되면서 일본경제는 자금부족 상태에서 오히려 자금잉여상태로 전환되었다. 이 때문에 기업은 반드시 안정적인 자금제공처를 확보할 필요성이 없어졌다. 특히 대기업에서는 금융자유화의 진전으로 사채 등의 조달수단도 증대하였기 때문에 은행으로부터의 융자에 의존하는 정도가 점점 줄어들어 갔다. 그런 과정에서 은행의 일본형 특징은 성장률이 높고, 자금수요가 왕성하였던 캐치업 시대에 가장 적합한 제도였다고 할 수 있다.

(2) 산업구조의 변화와 기술혁신

제조업 중심으로 캐치업 단계에 있던 때는 기업의 설비투자수요가 안정적으로 확대되었기 때문에 은행도 기업과 안정적인 거래관계를 맺고, 융자규모를 확대시켜 나가는 것이 최선의 전략이었다. 그러나 캐치업성장이 끝나자 신규산업은 서비스업, 정보산업 등 다양한 분야에서 불확실성이 높아졌다. 그렇게 되면 은행도 특정 기업과 안정적인 거래관계를 유지하는 것만으로는 충분히 대응할 수 없기 때문에 리스크를 평가하면서 탄력적으로 거래처를 개척해야 한다.

이제 일본의 은행은 이러한 환경변화에 대응하여 국제경쟁력을 회복하는 것이 불가능하게 될까? 이 점에 대해 많은 금융전문가들은 금융업은 성장산업이며, 일본의 은행이 노력만 한다면 국제적인 경쟁에서 이길 수 있다는 지적을 많이 한다. 그러나 이러한 금융전문가의 생각은 예측이 아닌 단순한 소망에 불과하다는 느낌을 떨칠수가 없다.

한 가지 예를 들어보자. 2002년 7월에 발표한 금융청의 '금융시스템과 행정의 장래비전' 에는 다음과 같은 구절이 있다.

> '외환자유화 이후 정보통신기술의 혁신이 비약적으로 발전하고 있는 가운데, 각국은 금융시스템에 대한 접근이 용이해지면서 금융시스템 상호 간의 경쟁도 심화되고 있다. 그러므로 우선 자금운용 및 조달시장은 반드시 국내에 없어도 상관없을 것이다. 그러나 국내에서 거액의 금융자산이 생기고 그것을 활용하고 싶다는 요구에 대응하기 위해서는 일본의 금융시스템, 그중에서도 특히 일반 국민이 편리하고 효율적으로 이용할 수 있도록 경쟁력을 갖추어야 하고, 바라건대 나아가 전 세계인이 이를 이용하였으면 한다.'

대부분의 일본인들은 위의 글을 읽고 이를 당연한 것으로 받아들일지 모르겠지만, 한편으로 생각해 보면 일본에서 축적된 금융자산은 일본시장에서 이용하는 것이지, 전 세계 사람들이 모두 이용하길 바란다는 것은 희망에 불과하다고 본다. 일본 이외의 타 국가에 대해서는 자국에서 생성된 금융자산을 타국 시장에서 이용하라고 말하는 것과 같기 때문이다. 이렇게 되면 기본적으로는 모든 것을 자국에서 만들려고 하는 중상주의적인 발상과 같은 것이 된다. 앞으로 금융업은 발전산업이 될 가능성이 충분하다고 본다.

일본인들은 스스로를 판단할 때 금융산업이 어울리지 않을 것이라고 생각한다. 금융산업은 중국계나 앵글로색슨계가 체질에 맞는 분야일 것이라는 고정관념에 빠져 있는 경우도 있다. 그러나 그렇게 해서 스스로의 발전 가능성을 막아버리는 것은 유해무익한 것에 불과하다.

앞으로 일본이 새로운 금융비즈니스 모델을 확립하고 세계를 선도하기 위한 금융기술 혁신을 만들어 나간다면 이것이야말로 경제를 선도하는 산업이 될 것이며 전 세계 사람들이 일본의 금융시장을 이용하게 될 가능성이 높다. 그러나 이같은 논의는 사실 대부분의 산업에도 성립한다. 예를 들어 앞으로 일본의 IT 산업이나 영화산업이 세계를 선도하게 될 신제품을 만들어 낸다면 이는 곧바로 선도산업이 될 것이다. 이와 관련된 산업에 종사하는 사람들은 누구라도 그 산업을 선도산업으로 이끌어 가고 싶어하기 때문이다.

그러나 일본의 모든 산업이 선도산업이 될 수는 없다. 그것은 글로벌 시장에서 경쟁에 살아남는 것이 가능한가 어떤가에 의한 결과로 정해지기 때문이다. 오늘날, 일본의 은행이 이러한 경쟁에서 살아남기 위한 분위기가 형성되어 있다고는 자신할 수 없다. 그 경우 자금의 운용 · 조달을 위한 시장은 반드시 국내에 없어도 상관없다고 하는 태도가 필요하며 이러한 금융서비스를 이용할 경우 소비자에게 이익이 된다는 의식이 전제가 되어야 할 것이다.

그러한 점에서 일본의 은행은 이제 변혁을 요구받고 있다. 그러나 변혁한다고 해서 성장산업이 되거나 세계를 선도할 수 있거나 하는 것은 아니다. 그렇게 하기 위해서는 뼈를 깎는 듯한 기업의 노력이 필요하다.

03 변혁에 쫓기는 정책금융

1. 일본의 공적금융

일본의 금융시스템의 특징 중 하나가 공적금융의 비중이 크다는 것이다. 공적금융에 대해서는 가계의 잉여자금을 받아들이는 부분(우체국 예금, 간이보험 등 소위 입구(入口))과, 그것이 중간부문(주로 자금운용부)을 통해 정부관계 금융기관으로부터 융자를 받거나 공사 · 공단에서 융자받는 부분(出口) 등으로 나눌 수 있다. 내각부(內閣府)가 경제재정고문자문회의에 제출한 자료(2002. 9)에 의하면 2001년도 말에 가계자산에 차지하는 우체국 예금, 간이보험의 시장점유율은 33% 정도(入口), 금융기관의 융자 잔액에 차지하는 공적금융기관 부문의 시장점유율은 21% 정도(중간), 대출액 전체(주택 제외)에 차지하는 정부금융기관 8개 기관의 시장점유율은 16%(출구)였다.

일본 금융시스템의 재생과 활성화를 위해서는 이러한 공적금융을 재정리할 필요가 있다. 민간금융기관은 앞으로 개인주택금융, 중소기업금융, 프로젝트 · 파이낸스 등의 분야에 사업을 전개할 필요가 있으나, 공적금융의 경우에는 오히려 이를 방해하는 입장에 놓여 있다. 이제 공적금융 중심의 일본 금융시스템과 2005년 시점에서 개혁을 둘러싼 논의가 본격적으로 정책금융을 어떻게 바꾸고 있는지에 대해서 생각해 보자.

공적기관이 실시하고 있는 정책금융 가운데 개혁논의가 본격화된 것은 국민생활금융공고, 농림어업금융공고, 중소기업금융공고, 국제협력은행, 일본정책투자은행, 상공조합중앙금고 등 8개 기관이다. 이들 기관이 실시하고 있는 정책금융의 규모가 명목 GDP에 차지하는 비율은 2000년도 말에 19.1%, 중소기업을 위한 신용보증을 더하면 27.2%가 된다. 이는 다른 선진국과 비교해 볼 때 상당히 높은 편이다. 중소기업을 위한 신용보증을 포함하면 미국은 5.7%, 영국이 5.8%, 독일 17.0%, 프랑스 9.1% 등이다(영국은 2001년 3월 말 시점이며 그 외는 2000년 말). 그러나 그 규모는 최근 크게 증가하고 있다. 정책금융의 대출잔액이 경제 전체의 대출잔액(개인용 주택자금 제외)에서 차지하는 비율은 1989년도 말에 10.5%였으나, 2001년도 말에는 15.9%로 높아졌다(이상은 2002년도 8월 경제재정자문회의의 자료에 의함).

더불어 이렇게 중소기업에 대한 정책금융의 비율이 높아지는 현상은 일본형 금융의 특징이 영향을 주고 있다. 전술한 바와 같이 일본형 금융의 특징은 은행을 통한 간접금융 형태였기 때문에 기업의 측면에서 볼 때 은행융자에 의존하려는 경향이 강한 것은 오히려 중소기업이다. 좋은 신용평가를 받기 쉽고 사채, 주식 등의 직접금융에 의한 자금조달의 길이 열려 있는 대기업에 비해, 중소기업은 아무래도 은행 융자에 의존하기 마련이다. 버블붕괴 후 부실채권이 증가하고 은행이 융자에 신중을 기하게 되면서 이에 대한 영향을 받기 쉬운 곳 역시 중소기업이다. 그렇게 되면 정책적으로도 신용보증이나 중소기업에 대한 금융기관의 융자가 증가하면서 정책금융의 비율이 높아지게 된다.

이번에는 정책금융에 관한 논의를 검토해 보자. 우선 2002년도 말에 경제재정자문회의에 제출된 정책금융에 대한 기본방침에서 다음과 같은 논의가 있었다.

① 8개 공적기관의 융자잔액의 명목GDP 비 반감을 목표로 한다.
② 2004년도까지는 금융원활화를 위해 정책금융을 적극적으로 활용하고 그 후 2007년도까지의 준비기간을 거쳐 2008년도부터 새로운 체제로 이행한다.
③ 정책금융의 존재 의의에 대해서는 정책적 조성에 의해 고도의 공익성이 있는지(정책적으로 개입할 충분한 이유가 있는지), 리스크 평가 등이 곤란한지 어떤지(민간에서는 할 수 없는 이유가 있는지) 등 두 가지 기준으로 평가한다는 것이 정해져 있다.

그 후 여러 번의 논의를 거쳐 2005년 11월에 경제재정자문회의에서 새로운 기본방침이 결정되었다. 즉 정책금융은 중소영세기업 · 개인의 자금조달지원, 해외자원확보 · 국제협력확보를 위한 금융, 엔(円) 차관 등 이렇게 세 가지 기능에 한정하고 그 이외는 불허한다는 내용과, 2008년도에 대출 잔액의 GDP 비를 반감하는 내용이다.

2. 정책금융은 왜 필요한가

그러나 이러한 방침에 근거한 정책금융에 대한 논의를 보면 일반국민, 기업, 정치가 각각이 문제점을 잘못 파악한 듯하다.

여기서 우선 바탕이 되는 기본 논지를 정리해 보자. 금융 역시 자원배분의 기본은 시장메커니즘의 힘에 의지하게 된다. 간단히 말해서 민간의 자유활동에 의지하여 방임해 두는 것이 최상의 방침이다. 자금을 필요로 하고 있는 경제주체가 있을때 시장에 방임해 두더라도 민간금융기관은 항상 수익의 기회를 찾기 때문에 자금을 필요로 하는 경제주체에 자금을 제공한다. 물론 리스크에 해당하는 만큼의 금리는 받지만, 금리가 너무 높으면 다른 금융기관에 융자처를 빼앗겨 민간금융기관끼리 경쟁을 통해 금리와 융자규모가 정해진다. 일반적으로 이렇게 하여 작동하는 금융시장의 메커니즘이야말로 사회적으로 최적의 자금배분이 되는 것이다.

한편, 시장메커니즘에 맡겨두면 제대로 가능하지 않을 때도 있다. 그것이 경제재정자문회의에서 지적하는 두 가지 기준이다. 하나는 외부성의 존재이다(자문회의의 기준에서는 공공성이 된다). 자금을 제공받아 행해지는 경제활동의 결과 발생한 이익이 당 사업주체만으로 한정되지 않는 경우는, 융자에 의한 수익성이 충분히 평가되지 않기 때문에 사회적으로 과소평가되기 마련이다. 전형적인 예가 공해방지투자이다. 대기오염을 막기 위한 공해방지투자는 기업에도 어느 정도의 이익이 되겠지만, 그보다는 일반 주민 전체가 깨끗한 공기를 마실 수 있는 이익이 발생한다. 그러나 민간융자에서는 기업의 이익만 투자효과로 카운트하기 때문에 공적자금으로 융자를 조성하는 것이 합리적이다. 단, 그러한 경우에도 정책수단으로서는 정부계 기관이 직접융자를 행하는 것외에 보조금을 지급하는 수단도 있기 때문에 어떠한 수단이 가장 효율적인가는 생각할 필요가 있다.

또 한 가지는 시장에서는 리스크를 바르게 평가하기가 어렵다는 것이다. 통상 대출자는 대부자에 대한 정보를 정확히 알지 못하기 때문에 양자 사이에는 정보의 비대칭성이 존재한다. 예를 들어 중소기업의 경우를 생각해 보자. 세상에는 발전성이 높은 잠재적인 중소기업도 있고, 현재는 위험한 상황에 놓여 있으나 일시적으로 자금을 공급받게 되면 재건이 가능한 중소기업도 있을 것이다. 이때 정보의 비대칭성에 의해 금융기관이 그러한 정보를 충분히 갖고 있지 않다면 대출자가 대출을 거부하거나 높은 금리를 요구할 가능성은 충분히 있다. 이러한 경우에는 민간금융기관보다 대부자에게 유리한 조건으로 융자를 해주거나 공적으로 신용보증을 첨가하는 것이 유효한 수단이 된다.

또한 리스크가 너무 커서 시장에서는 평가가 불가능한 경우도 생각해야 한다. 원자력발전, 석유자원개발 등은 거액의 자금을 필요로 하기 때문에 민간금융기관은 그에 따른 리스크를 부담하기 힘들다. 정부는 이론적으로는 과세권(課稅權)이 있기 때문에 무한한 리스크를 부담하는 것이 가능하지만, 이러한 경우에도 정책금융이 필요하다.

단, 필자 자신은 리스크 평가와 관련하여 정책금융을 합리화하는 논의에는 그다지 찬성할 수 없다. 우선 정보의 비대칭성에 의해 민간금융기관을 통해 융자를 얻기 힘들 경우 정책금융에 의해 개선될 가능성은 정부가 리스크 평가를 바르게 해야 한다는 조건이 필요하다. 그러나 정부는 민간금융기관이 당해 기업의 발전성을 낮게 평가하였다라고 단정지을만한 근거가 무엇인지 확실한 정보를 시장에 알려줄 필요가 있다. 여기에서 정부와 민간 사이에 정보의 비대칭성의 정도가 같다고 한다면(필자는 민간이 정부보다 경제실태를 보다 잘 알고 있기 때문에 정부의 정보 비대칭성이 크지 않을까 생각한다) 정책금융기관은 민간금융기관 이상으로 상당한 리스크를 부담하게 된다. 결국은 정부금융기관의 채산성 악화라고 하는 형태로 국민 전체에 영향을 미칠 것이다.

민간금융기관은 리스크가 너무 크다는 논리도 의심이 간다. 이 점에서 많은 사람들은 국가는 어떠한 리스크에도 견딜 수 있을 것이라고 생각하고 있다. 또한 국가는 그러한 리스크를 받아들여야만 한다고 생각한다. 민간이 받아들일 수 없을 정도의 리스크가 있다고 하는 것은 결국 국가에서 해결해야 할 문제이다. 상당한 리스크인지 아닌지는 별개로 하더라도 리스크를 받아들여야 할지 어떨지는 그 리스크와 비교하여 어느 정도의 편익이 국민 전체에 있을지에 대한 판단기준이 되어야 한다. 따라서 리스크 평가가 곤란하다는 이유로 정책금융이 필요한 것은 아니다.

3. 정책금융을 둘러싼 논의

그렇다면 이상과 같은 정책금융의 필요성에 대한 기본적인 생각과 달리 이를 둘러싼 논의에는 몇 가지 의문점이 남는다.

첫째, 일반적인 논의로서 공공성이란 무엇인가에 대한 범위를 너무 크게 확대하는 경우가 있다. 예를 들어 보통 가계에서는 누구나가 장기고정, 저금리로 주택자금을 빌리고 싶어 하고, 중소기업은 무담보, 저금리로 융자를 받고 싶어한다. 그렇다고 주택자금을 융자하기 위해 주택금융공고가 필요하다거나 중소기업에게 무담보 저금리를 융자해줄 정부계열의 금융기관이 필요하다고 주장하는 것은 아니다.

그러나 주택융자, 중소기업 융자가 공공성이 있다고는 말할 수 없다. 주택에도 중소기업에도 외부성(externalities)이 부족하기 때문이다. 그럼에도 불구하고 많은 사람들이 주택이나 중소기업 융자와 관련하여 공적관여를 인정하는 것은 공공성에 대한 인식이 다르기 때문이다. 즉, 대부분은 사람들이 폭넓게 이익을 향수(享受)하거나, 혹은 방치해 둘 경우 이익을 누릴 수 없는 사람들이 있다면 이를 줄이도록 하는 것이 공공성의 역할이라고 생각하는 경우가 있다. 이러한 애매한 공공성에 대한 기준을 전제로 정책개입을 인정해 버리면 과대한 정책금융을 소모하게 된다.

둘째, 대부분의 사람들은 정책적으로 중소기업에 대해 특별한 배려를 해 주는 것을 당연한 것으로 생각하고 있지만, 반드시 그렇게 해야 할 이유는 없다. 대기업과 중소기업을 구별하는 그 자체가 우습기까지 하다. 많은 사람들은 중소기업이 대기업보다 약하기 때문에 정책적으로 배려하는 것을 당연한 것으로 생각할지 모르겠지만 중소기업에도 강한 기업은 있으며 반대로 대기업에도 약한 기업은 많다. 가령 정보의 비대칭성이 존재한다고 가정해도 중소기업에만 작용되는 것은 아니다.

셋째, 거시적인 정책금융은 민간기업을 압박한다고 비판하지만, 이는 잘못된 표현일 수 있다. 만일 외부성이나 정보의 비대칭성으로 정책금융이 필요하다면 그것이 민간금융을 압박하는 것은 당연한 것이다. 즉, 민간기업을 압박하는 것 자체가 나쁜 것이 아니라 불필요한 정책금융이 행해지는 그것이 나쁜 것이다.

4. 일본 금융시스템의 변화의 방향

마지막으로 일본 금융시스템이 장기적으로 어떠한 방향으로 나아가야 할지에 대해서 생각해 보자. 다른 분야와 마찬가지로 금융 역시 지금까지 직면해 온 여러 과제에 개선의 징후가 보이기 시작하였으며 이후로도 구조변혁은 계속될 것이다.

개선해야 할 점으로 우선 지적할 수 있는 것은 디플레이션으로부터의 탈각이다. 2005년 11월에는 소비자물가(생선식품을 제외한 종합)의 전년비율이 플러스로 전환을 하였으며 여러 곳에서 디플레이션으로부터의 탈각이 분명히 나타나고 있다.

부실채권처리도 눈에 띨 정도로 해결의 실마리를 찾고 있다. 전국은행의 리스크 관리채권 잔액은 2002년 3월의 42.0조 엔을 정점으로 감소하고 있으며 2005년 3월에는 17.5조 엔이 되었다. 같은 시점에서의 주요은행의 부실채권 비율은 2.93%로, 정부의 금융재생프로그램이 목표로 했던 4%보다 낮아 목표는 달성되었다.

지속적인 감소를 보여 온 은행대출은 간신히 증가로 전환되었다. 일본은행에서는 1999년 10월 이후 대출채권상각요인, 대출채권유동화요인 등을 조정한 은행대출계수를 공표하고 있는데, 2005년 8월에는 이러한 특수요인 조정 후의 은행대출의 전년비가 계수공표 이래 처음으로 플러스 0.2%가 되었다.

지금까지 언급하였듯이 일본의 금융제도는 해결하기 어려운 난관에 직면해 있으나, 이것은 디플레이션, 부실채권, 일본형 금융제도의 구조변혁 등 세 가지 과제가 복잡하게 얽혀 있기 때문이다. 이 중 디플레이션과 부실채권은 어느 정도 시정되었기 때문에 문제는 금융시스템의 개혁이다. 금융변화 그 자체의 구체적인 모습을 예측하는 것은 어려운 일이기 때문에 여기에서는 기본적인 변화의 방향을 다른 시스템과의 보완성과 관련해서 생각하기로 하자.

첫째, 일본형 금융의 가장 큰 특징중의 하나인 메인뱅크 시스템이 가까운 장래에 완전히 없어지는 일은 없겠지만, 오늘날 그 기능은 상당히 약해지고 있는 것은 사실이며 기업과의 주식 상호보유도 해소되고 있는 중이다. 대기업에서는 최근까지 안정적인 자금조달수단으로 이용해 왔던 은행과의 관계가 약화되고 있으며 기업과 은행 쌍방이 재무체질을 개선하고 있는 가운데 고정적인 주식 상호보유가 약화되고 있는 중이다.

메인뱅크시스템의 기능이 축소되면 메인뱅크가 지금까지 담당해 왔던 기업경영 감시 등의 기업통치구조기능도 또한 축소될 것이다. 그렇게 되면 메인뱅크제도에 대신하여 새로운 일본형 기업통치구조의 기능을 만들어나갈 필요가 있다. 그것은 분명 자본시장을 통한 거버넌스를 살리는 것이다. 기업은 자본수익률, 주가, 기관투자가, 신용평가 등을 염두해 두고 경영을 행하는 인센티브가 강해질 것이다.

둘째, 가계와 금융과의 관계도 바뀔 것이다. 오늘날 일본의 가계는 안전자산에 극도로 편중된 자산운용을 하고 있으나, 그 이유는 버블 후유증, 디플레이션 등으로부터 영향을 받았기 때문이다. 장기적으로는 안전자산 중심에서 계속하여 리스크자산의 비중을 높여갈 것이다. 고위험 고소득(high risk high return)으로 진행되지는 않더라도 중위험 중소득(middle risk middle return)으로 변모할 가능성이 높다.

은행도 가계를 단지 예금을 확보하기 위한 대상으로서가 아니라 금융서비스 제공처로 생각할 것이다. 이는 가계측면에서 볼 때 예금을 운용하는 것 이외에 보다 다양한 서비스를 받게 되는 의미도 있다.

현재 일본에서는 총체적으로 금융부문이 정체된 상태이기는 하지만, 소비자금융업계는 의외로 높은 수익을 올리고 있다. 이것은 소비자에 대한 융자 분야가 금융서비스의 유력한 시장이라는 것을 의미하는 것이다. 또한 자본시장을 통한 자금조달과 가계를 연결시키는 방법으로 투자신탁 판매, 투자 컨설팅 등의 금융서비스도 성장할 것이다. 원래 투자신탁이란 자본시장에서 자산을 운용하고 싶지만, 융자처에 대한 상세한 정보를 갖고 있지 않기 때문에 자금 대출자(가계)와 자금 사용자(기업)와의 정보의 비대칭성을 보충하는 고안에서 나온 것이었다. 그러나 일본에서는 지금까지 자금이 대출자의 이익 최대화를 위한 투자신탁 서비스로 제공된 것이 아니기 때문에 가계의 신뢰를 얻지는 못했다. 금융기관 측이 가계에 대한 금융서비스를 제공하는 것이 주요한 수익원이라는 의식을 갖게 된다면 앞서 언급했던 결점들이 지속적으로 시정되어 갈 것이다.

한편, 이러한 움직임은 고용시스템의 변혁과 상호 보완성을 유지하면서 진행되고 있다. 즉, 지금까지의 일본형 고용관행 하에서 진행되어 왔던 연공임금, 종신고용 등은 어떤 의미에서는 자산운용에 대해 개개인이 고민할 필요가 없는 시스템이었다. 적령기가 되어 결혼한 후 교육, 주택 등의 필요경비가 늘어나면 근속년수도 같이 증가하기 때문에 소득도 증가한다. 퇴직할 때에는 퇴직금이 나오기 때문에 노후에도 어느 정도 대응할 수 있다. 그러나 앞으로 일본형 고용이 붕괴될 경우

젊었을 때 어떤 식으로 자산운용을 해왔느냐가 노후의 생활을 결정하게 될 것이다. 그렇다면 누구라도 인생전반에 걸쳐 어떻게 자산운용을 행할 것인가를 진지하게 생각하게 되어 투자신탁형 금융상품, 금융기관이 제공하는 컨설팅기능 등에 눈을 돌리게 될 것이다.

셋째, 정부와 금융과의 관계도 변할 것이다. 전술한 논의에서 알 수 있듯이 정책금융의 비중은 계속하여 줄어들고 있다. 이는 공적부문의 변혁과 보완성을 가지면서 진행할 것이다. 다른 시스템과 마찬가지로 일본의 공적부문에도 좋은 특징이 있다. 정책금융의 변화는 그 분야만 독립적으로 행해지는 것이 아니라 공적부문 전체가 변하고 있는 가운데 상호 관련성을 가지면서 진행되는 것이다.

5

구조변동의 최종주자

– 본격적인 공공부문의 개혁 –

1. 공공부문에도 존재하였던 일본형 특징
2. 공공부문 개혁의 행방
3. 경제정책의 구조개혁

제5장은 공공부문의 구조변동에 대한 내용이다. 구조개혁의 움직임이 일본 전지역에 본격적인 영향을 미치고 있는 가운데 공공부문 역시 구조변동에서 예외가 될 수는 없다.

01 공공부문에도 존재하였던 일본형 특징

1. 관(官) 의존 · 중앙정부 의존형 정책운용

공공부문의 개혁이라고 할 때 일반적으로 대중매체에서는 다음과 같은 문제들을 제시하고 있다.

'낙하산 인사(天下り)를 없애라'
'관료지배를 타파해야 한다'
'족의원(族議員)[1]의 존재가 문제다'
'공무원의 윤리관이 결여되어 있다'

이렇듯 소위 선악(善惡)의 가치판단으로서의 개혁론, 혹은 좋지 않은 부분을 개혁해야 한다는 내용이 압도적으로 많고, 또 대부분의 일본인들도 이와 동일한 의식을 강하게 갖고 있다. 그러나 제 5장에서는 다른 방법으로 접근을 시도해 보고자 한다.

---

1) 족의원(族議員)에 대해서는 p168의 설명 참조.

이는 지금까지 각 분야에 대해 서술해 왔던 구조변동론과 관련된 기본 패턴을 그대로 일본의 공공부문에 적용시키는 것이다. 즉, 일본의 공공부문에는 일본에만 존재하고 있는 독특한 특징이 있어, 지금까지는 그것이 유효하게 기능해 왔는데 이제는 기존의 시스템이 지금까지의 경제 · 사회 · 환경에 제대로 적응해 왔기 때문이다. 그러나 최근에는 경제 · 사회 · 환경이 변하고 있는 가운데, 그 유효성이 약해졌을 뿐만 아니라 오히려 그것이 발전의 장해가 되고 있으며, 따라서 공공부문의 개혁, 즉 구조개혁이 요구되고 있다.

한편 지금까지 기능해 왔던 공공부문에 관한 일본형 특징으로 어떤 특별한 것들이 존재하는지에 대한 정설이 따로 있던 것이 아니기 때문에 일본형의 특징으로서 이하 논하는 것은 어디까지나 필자 개인의 생각을 정리한 것임을 미리 밝혀둔다.

첫째, 경제사회 전체에 관료 의존적, 특히 중앙정부 의존적 발상이 강했다는 것이다. 즉, 민(民)이 관(官)에 의존하는 경향이 강하며, 또한 관(官)에서는 지방정부가 중앙정부에 의존하는 경향이 존재한다.

전후 고도경제성장 과정에서 정부는 장래의 비전을 제시하면서 경제사회의 발전을 선도해 왔다. 전후 경제계획, 국토개발계획이 시대적 요청에 어떻게 대응해 왔는지에 대해 체계적으로 조사한 자료에 의하면[2], 결론적으로 각각의 시대에 계획했던 것들은 시대적 요청을 민감

2) 中村隆英 · 西川俊作 · 香西泰編(1985)『戦後日本の經濟システム』東京大學出版會

하게 받아들여 앞으로 이루어질 것을 미리 예측하였던 것을 알 수 있다. 예를 들어 경제계획에서는 1960년에 제정된 소득배증계획이 고도성장을 선도해 왔던 것은 잘 알려져 있는 사실이다. 당시 아무도 고도성장을 예측하지 못했던 시대에 소득을 두 배로 증가시키겠다는 비전은 고도성장을 제대로 예견하였을 뿐만 아니라 동시에 국민들에게 커다란 목표를 제공함으로써 고도성장을 실현하는데 크게 공헌하였다고 생각할 수 있다.

그 이외에도 하나 하나 계획의 내용을 체크해 보면 다음과 같다.

- 1965년 : 「중기경제계획」 ⇒ 사회보장의 충실
- 1973년 : 「경제사회발전계획」 ⇒ 풍부한 환경 창조
- 1983년 : 「1980년대 경제사회의 발전과 지침」 ⇒ 정보화 · 소프트화 산업의 발전

위에서 제시한 정책들은 상당한 선견지명이 있었다고 할 수 있다. 산업구조의 관점에서 볼 때에도 역시 소득배증계획을 통해 중화학공업화에의 전망을, 76년의 「쇼와 50년대 전기 경제사회계획」을 통해 기계산업 등의 지식집약형 산업중심의 성장을 전망하고 있다. 이 역시 사실에 근거하여 바르게 전망하고 판단하였다는 것을 증명하는 것이다.

지역개발 역시 지금까지 8~10년마다 책정되어 온 '전국종합개발계획'이 시대마다 국토개발방향을 이끌어 왔다.

- 1962년 : 제1차 전국종합개발계획 ⇒ 소득배증계획과 더불어 태평양벨트지대 구상이 생기고, 신산업도시, 공업정비특별지역의 지정을 둘러싸고 격심한 유치전쟁이 전개되었다.
- 1969년 : 제2차 전국종합개발계획 ⇒ 지역격차의 시정을 목표로 대규모 프로젝트의 추진이 명성을 떨쳤다.
- 1977년 : 제3차 전국종합개발계획 ⇒ 인구의 수도권 · 대도시 집중에 대응하여 인구 · 산업의 지방분산이 메인테마가 되었다.

개개의 관료상(官僚像)에 관한 점 역시 필자 자신이 공무원 생활을 시작했던 1960년대 말부터 70년대에 걸쳐 '공무원 개개인은 이 나라의 미래를 짊어지고 간다', '공무원은 솔선수범하여 정책을 입안하고 실질적으로 국가를 선도해 나간다'고 하는 의식이 강했던, 소위 말하는 국사타입(國士タイプ; 자신을 돌보지 않고 나라일을 걱정하고 행동하는 인물. 옮긴이)의 공무원이 많았다. 이러한 공무원이 입안하고 선도했던 비전과 정책을 대부분의 국민들과 기업, 지방정부는 신뢰하고 따라주었다.

일본에서는 이러한 관료 의존적인 풍조가 아직도 남아있으나, 시대의 큰 흐름으로 볼 때 그러한 풍조는 점점 희미해져 가고 있다. 또한 국가가 주도하는 경제계획은 더 이상 추진하지 않고 있다. 계획이라는 단어가 시대에 뒤떨어지는 느낌마저 들 뿐 아니라 전국종합개발계획에 대해서도 국민적 열의가 희미해지고 있기 때문이다. 계획뿐만이 아니라 개발이라고 하는 단어 역시 시대에 맞지 않는다. 전국 종합개발계획의 근거법이 되었던 '국토개발법'은 2005년에 폐지되었고 대신 '국토형성법' 하에 '국토형성계획'이 책정되었다. 지금까지 국가가 장기적인 비전을 세운 후 국민 전체를 선도하는 일본형 특징이 이제는 사라졌다는 것을 의미한다.

물론 정부에게 장기적인 정책시야는 반드시 필요하지만 그 내용은 안정적인 연금제도를 설계하거나 장기적인 규제완화 프로그램을 실행하는 등 정부 고급관료들이 해야 할 역할 뿐이며 종래형의 비전 입안과는 질적으로 상당히 다르다.

한편 국사타입의 공무원도 이제는 현저히 줄어들었다. 이는 한편으로 나라의 장래를 걱정하는 공무원이 줄어들었다는 의미도 포함되기 때문에 안타깝기도 하지만, 반드시 그렇다고만은 할 수 없다. 예를 들어 필자 자신이 공무원이었을 때부터 '나는 국가 공무원으로서 나라의 장래에 대하여 책임감을 갖고 있다', '공무원이니까 국가에 봉사해야 한다' 라는 생각은 좀 어처구니 없다고 느꼈다. 어떤 특정한 분야에서 전문가로서 일을 하고, 그러다 보니 어쩌다 그 고용주가 국가였다는 정도가 아니겠는가?

이는 국가공무원 뿐만이 아니라 일반 사기업 역시 마찬가지일 것이다. 예를 들어 필자의 경우 경제분석가(economist)로서 국가경제와 경기(景氣)를 분석하고, 백서(白書)를 종합하는 일이 주업무였으나, 그러한 전문가로서의 업무는 민간이나 학계에도 많이 있다. 프로로서 의미있는 분석을 행하고, 알기 쉬운 보고서를 작성하는 과정은 관료든 민간이든 마찬가지이다.

중앙정부 주도형의 흐름이 시대의 요청에 맞지 않게 된 것은 캐치업의 종료와 관계가 있다. 선진국들을 따라잡기 위한 캐치업 시대에는 선례(model)가 있기 때문에 그에 대한 목표를 세우기 쉬웠고 자원을 중앙집약적으로 특정 분야에 집중시킬 필요가 있었다. 이와 같은 시대에는 중앙정부가 비전을 명시하고 이에 따라 자원을 배분하는 것이 유효한 수단이었지만, 이제는 그러한 시대가 아니다.

2. 금융부문 – 정치와의 장기적 상호 의존관계

둘째, 공공부문과 민간기업부문, 그리고 정치 등이 일종의 장기적인 상호 의존관계를 유지해 왔다.

우선, 정부부문과 민간기업의 관계에 대해서는 정부가 소위 '업법(業法)'을 만들어 업계의 행동을 감독하고, 기업은 '업계단체(業界團體)'를 만들면서 이것이 정부와 정치와의 관계에서 창구역할을 해 온 것이다. 정부 측에서는 이러한 관계를 이용하여 퇴직 후 재취직할 수 있는 곳을 확보하는, 다시 말하면 낙하산 인사(天下り)가 가능하였다. 재취직처로서 직접 감독업계의 기업에 자리를 얻는 경우도 있으며, 민간기업의 자금거출로 공익단체를 만들어 취직하는 경우도 있다.

한편, 민간기업은 정부와 항상 긴밀한 연락을 취함으로써 업계의 실정을 미리 알아내 조세특별조치 등 업계의 발전에 도움되는 정책을 끌어낼 수가 있었다.

이러한 장기적인 관계는 일본 정부와 기업관계를 특징짓고 있다. 표면적으로 보면 일본의 공공부문은 외국과 비교하여 그다지 규모가 큰 것은 아니다. 중앙 · 지방정부를 합한 일반정부로 볼 경우 공무원의 인건비 등 최종소비지출의 GDP 비율은 17.7%(2002년)로서 이것은 미국(15.26%)보다는 높지만, 영국(20.1%), 독일(19.2%), 프랑스(23.9%), 스웨덴

(28.1%) 등 대부분 선진국보다는 낮다. 인구 1천명당 공무원(방위를 제외하고)을 보더라도 일본이 36명으로 미국(72명), 영국(52명), 프랑스(86명), 독일(56명)과 비교해 상당히 적은 숫자이다.

그러나 정부부문과 민간기업의 중간분야를 보면 이야기가 달라진다. 지금까지는 관청주도형의 공사, 공단, 재단법인, 사단법인 등 반관반민적(半官半民的)인 특징을 보였지만, 이제는 NPO, 자원봉사 활동(volunteer) 등이 최근 크게 늘어나고 있으며 이러한 조직 · 활동은 소위 민간측에서 활발한 활동을 한 결과이다. 이러한 특징이 나타난 것도 전술한 바와 같은 배경이 있기 때문이다.

공공부문과 정치 역시 상호 의존적이었다. 앞서 지적하였듯이 일본 중앙정부의 관료기구는 강력한 정책입안기능을 가지고 있다. 〈그림 5-1〉에서 나타나듯이 정책을 현실화시키기 위해서는 다음과 같은 절차(process)가 필요하다.

그림 5-1 관료와 정치가의 상호의존관계

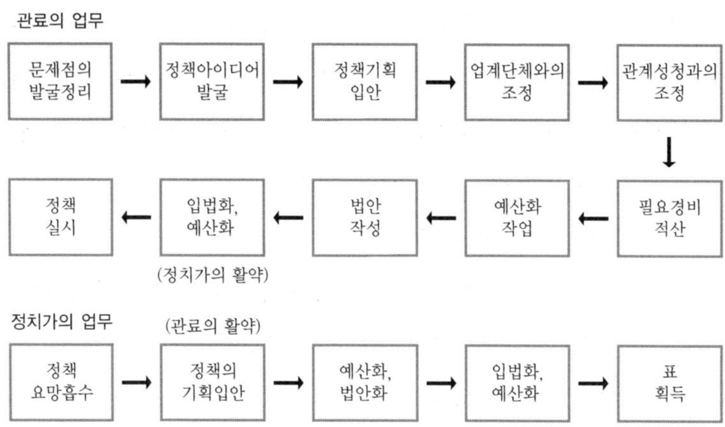

실태조사와 문제점 정리 → 기본적인 정책 아이디어 발굴 → 외국의 실례조사 → 기획 · 입안 → 정책 효과에 대한 시뮬레이션 → 업계 단체와의 의견조정 → 관련있는 제도와의 정합성 체크 → 관련성청과의 조정 → 필요경비의 적산 → 예산화를 위한 자료작성 → 법안작성 → 입법화 → 정책실시(법률시행, 예산집행)

일본의 관료기구는 이러한 프로세스의 대부분을 실질적으로 집행해 왔다. 유일하게 도움을 청할 수밖에 없는 것이 입법화와 예산화이다. 이 부분은 국회를 통과하지 못하면 실행할 수 없기 때문에 정치적인 프로세스에 의지하지 않으면 안된다. 이 단계에서 관료기구는 국회의원에게 자신들의 정책적인 생각, 법안 · 예산안의 내용 등을 자세히 설명하고 이해를 요청하게 되는데, 이것이 소위 말하는 네마와시(根回し; 사전공작. 옮긴이)라고 한다.

이때 대리인으로 등장하는 것이 족의원(族議員)이다. 족의원이라고 하면 왠지 나쁜 인상을 갖게 되지만 이는 어떤 특정 정책분야에 관하여 상세한 지식을 갖고 있는 의원을 일컫는 긍정적인 의미도 있다. 정당에는 정책적 과제마다 부회(部會)가 있으며 족의원은 이러한 부회에 소속되어 실질적으로 부회의 의사결정을 좌우한다. 이렇게 말하면 이 또한 나쁜 인상을 심어주게 될지 모르나, 전 국회의원이 모든 정책적 과제를 동등하게 검토하는 것은 극히 비효율적이고 무리가 있기 때문에 전문적인 인재를 육성하고 분업체제에서 정책적 검토를 행하는 것은 합리적인 것이라고 할 수 있다.

각성청(各省廳)과 족의원은 장기적인 상호 의존관계를 형성하고 있는데, 각성청은 족의원의 힘을 빌림으로써 자신들이 의도하고 있는 법안, 예산안을 실현할 수 있다. 법안의 성립과정의 마지막 단계에는 야당과의 엄격한 흥정이 필요하고, 예산안의 마지막에도 재무성과 여당과의 정치적인 절충이 존재한다. 이러한 상황에서는 아무래도 정치적인 힘을 빌릴 필요가 있기 때문이다.

한편, 정치가(政治家) 역시 관료로부터 정보를 제공받으면서 특정 정책과제에 대한 전문지식을 몸에 익히는 것이 가능하다. 조사하고 싶은 것이 있을때 이를 설명하러 온 관료에게 주문하면 금방 대답을 해 주기도 한다.

지금까지 일본은 이렇게 행정(관료), 민간기업, 정치 등 삼자(三者)가 이익을 향유하고 상호 의존적인 관계를 장기적으로 쌓아오면서 정책과제를 원활히 처리해 왔던 것이 사실이다. 그러나 이러한 상호 의존관계가 항상 지속적인 기능을 해 온 것은 아니다. 그 배경으로 생각할 수 있는 것이 다음의 세 가지를 들 수 있다.

첫째, 정책과제가 복잡하다 보니 우선순위를 정하는 것이 어려워졌다. 종래형의 시스템에서 주로 취해 왔던 정책과제는 목표가 상당히 명료하였다. 선진국을 따라가는 과정에서 필연적으로 생기는 무역·자본의 자유화에 대응해야 하고, 오일쇼크를 극복해야 하는 과제는 잘 알고 있으나 어떻게 대처해야 할지 몰랐던 것이다. 이 경우는 정치적인 결단보다는 관료의 능력이 보다 요구된다. 그러나 최근 직면하고 있는 정책과제는 부실채권의 조기처리를 우선해야 할지, 금융시스템의 안정을 중시해야 할지, 연금 급부를 삭감해야 할지, 부담을 증가시켜야 할지, 재정재건을 서둘러야 할지, 아니면 경기에 부응하여 적자를 용인해야 할지, 또는 디플레이션으로부터 벗어나기 위해 금융정책으로 대응해야 할지, 재정도 같이 움직여야 할지 등등 정책과제의 설정 그 자체에 트레이드오프(trade off)가 있거나, 우선순위를 정하지 않으면 안 되는 것들이 증가하고 있다.

둘째, 공공부문 그 자체가 개혁의 대상이 되었다. 개혁의 흐름은 공공분야에도 지속적으로 영향을 미치고 있으며, 규제개혁, 지방재정개혁, NPM(new public management)의 도입에 의한 행정시스템의 합리화 등의 과제가 혼재되어 있다. 그러나 관료시스템 자체가 스스로 합리화될 것을 기대하는 것은 어려운 문제이다. 아무래도 기존의 권한, 업무, 예산을 줄이고 싶지 않다는 의식이 작용하기 때문이다. 그렇기 때문에 관료시스템의 외부에서 개혁플랜이 제시되고 관료가 아닌 리더십 하에서 실행될 필요가 있다.

셋째, 성장률이 저하하고 플러스 섬(plus sum)적인 상황이 상실되었다. 캐치업 과정에서 성장률이 높은 때에는 자원배분을 바꿀 때에도 늘리는 방법에 차이를 두는 것으로 실현이 가능하였다. 이럴 경우 불만은 적다. 그러나 1990년대 이후 성장률이 하락하고 게다가 국가와 지방의 재정적자는 늘어났다. 특정분야에 자원을 배분하기 위해서는 그 양만큼 어딘가에서 삭감하지 않으면 안 되는데 삭감당하는 측은 당연히 저항하기 때문에 조정이 필요하다. 이러한 조정도 기존의 상하관계인 관료기구에서는 제대로 기능하지 않는다. 자기의 성청내에서의 재배분이라면 모를까 자신이 소관하고 있는 성청의 사업을 확대하고 싶다고 상대방 성청의 예산을 깎아 달라고 말할 수는 없기 때문이다. 이는 기존의 정치시스템에서도 해결하기 어려운 문제인데, 근본적으로 족의원들 사이에서도 우선순위를 정해야 하기 때문이다.

3. 뿌리깊은 조직편견(constituency bias)

이상과 같은 일본의 공공부문의 특징은 다른 분야의 일본형 특징과도 보완성을 갖고 있다. 예를 들어 관료가 낙하산 인사(天下り)에 강한 애착을 갖고 있는 것은 종신고용 관행과 밀접한 관련이 있다. 조직이 종업원의 장기적인 고용을 보장하는 종신고용제도는 민간기업도 마찬가지이다. 민간기업이 종신고용 관행을 유지한다면 관료도 이러한 관행을 기대하게 된다. 민간기업이 관련회사 등에 재취업을 알선하는데 열심인 것 역시 마찬가지이다. 물론 종신고용 관행 자체가 사라진다면 낙하산 인사 역시 자연적으로 없어질 가능성은 있지만, 예를 들어 낙하산 인사(天下り)를 규제한다고 해서 그 자체가 없어지지는 않을 것이다.

업법(業法)에 의한 정부의 감시는 일본형 기업지배구조의 일환이기도 하다. 일본에서는 영미형에서 나타나는 자본시장 중심의 기업 거버넌스는 존재하지 않지만 대신 일본만의 독특한 메인뱅크제도, 종신고용제도, 정부의 감시 등과 같은 기업지배구조가 나타나고 있다.

나아가 일본형 시스템 내에서의 공공부문의 특징은 조직편견

(Constituency Bias)이 크다는 점이다[3]. 조직편견이란 예를 들어 어떤 특정 조직에 속하게 되면 의식하든 하지 않든 관계없이 개인의 생각이 자신이 소속되어 있는 조직에 존속하고, 조직이 유리한 방향으로 흘러가도록 하는 경향을 말한다. 이는 어떤 의미에서 당연한 것으로 조직 안에서 오래도록 소속되어 있으면 해당 분야에 대한 지식이 축적되기 때문에 자신이 소속되어 있는 조직에 문제가 발생하여도 얼마든지 반론할 재료를 가질 수 있게 되며 또한 본인은 스스로 객관적이고 공정한 생각을 한다고 하지만 잠재의식 하에서는 누구든지 자신이 소속되어 있는 조직이 없어지거나 불리하게 되는 것을 원치 않기 때문에 알게 모르게 조직의 논리를 적용하게 된다. 이것이 조직편견이다.

일본의 공공부문에서는 이러한 조직편견이 특히 심하다. 이에는 다음과 같은 두 가지 요인이 작용하기 때문이다.

① 종신고용 관행으로 인해 조직의 운명이 자신의 운명이라는 운명공동체 의식이 강하다.

② 특정 조직 내에서 오랫동안 OJT(On the Job Training)을 받아 왔기 때문에 특정 조직에 특화된 인재가 형성된다.

이러한 조직편견이 클수록 성청 간(省聽間)의 탄력적인 자원의 재배분이나 기존의 권한 축소 · 분산은 어려워진다. 또한 상호 강한 편견을 갖고 있는 동료끼리 부딪히기 때문에 성청 간의 조정에 막대한 에너지를 소비하게 되는 것이다. 언급하였던 경제 · 사회정세의 변화 가운데

---

3) Martin Feldstein(1997), "The Council of Economic Advisers: From Stabilization to Resource Allocation", American Economic Review, May

이러한 편견의 존재는 앞으로 점점 큰 문제가 될 것이다. 이 문제에 대처하기 위해 공공부문 내에서의 조직편견을 없앨 것과 편견이 없는 주체가 책임있는 의사결정을 행할 수 있는 시스템이 요구될 것이다.

02 공공부문 개혁의 행방

1. 공공부문의 개혁

공공부문의 개혁은 다음과 같은 네 가지 배경을 통해 지속적으로 진행되고 있다.

첫째, 전 세계적으로 시장메커니즘에 대한 신뢰감이 강해지고 있다. 1960년대부터 70년대를 혼합경제의 시기라고 하는데, 이때는 정부가 경제주체로서 적극적인 역할을 해야 한다는 분위기가 지배적이었다. 이는 시장의 실패가 강하게 의식되었기 때문이다. 즉, 자유방임에서는 경기변동 및 대기업의 독점행위, 빈부격차의 확대 등이 발생한다. 여기에서 정부는 재정지출을 통해 경기변동을 축소시키거나(케인즈 주의), 공적관여에 강한 경영체(국유기업이나 공단 등)를 만들거나, 실업급부, 사회보장 등 소득재분배정책을 실시하였는데, 이는 소련을 중심으로 하는 사회주의 체제에 대한 대항수단이기도 하였다.

그러나 1970년대 말 이후 소련의 사회주의 경제의 파탄 및 1991년에 소련의 붕괴로 사회주의에 대한 환상이 깨졌다는 것과 그 원인이 정부의 실패에 있음이 확실해지면서 흐름이 역전되었다. 케인즈형 재정정책은 이론뿐만이 아니라 실제적으로도 효과가 크지 않다. 혹 효과가 있더라도 이는 단기적이며 경기변동을 없앨 수는 없다. 오히려 금융정책으로 대응하는 것이 낫다. 공공관여에 강한 경영체는 효율화가 진행되기 어렵고, 자원을 비효율적으로 사용할 가능성이 있으며 소득재분배, 약자보호에 신경을 쓰다 보면 도덕적 해이(moral hazard)가 발생하여 오히려 상태를 악화시킨다. 그리고 그 집약적인 현상이 재정적자로 나타났다. 이러한 흐름 가운데 영국에서는 대처 정권, 미국에서는 레이건 정권이 등장하면서 민영화 및 규제완화의 흐름이 본격적으로 진행되었다.

둘째, 앞에서 언급하였듯이 더 이상 재정적자에 직면한 현실을 그냥 보고만 있을 수 있는 상황이 아니라는 인식이다. 일본의 재정적자가 도저히 유지 불가능한 수준에 달하면서 이대로 방치한다면 결국 파산할 것이라는 인식이 확산되었다.

셋째, 모델이 너무나 많다. NPM(New Public Management), PFI (Private Financial Initiative), 민영화 등에 대해서는 구미(歐米)에서는 이미 시행착오의 경험을 갖고 있는 모델이다. 이러한 구미의 최선의 예(best practice)와 일본의 현실과는 상당한 차이가 있다. 이 차이를 줄여 나가는 것만으로도 일본의 공공부문에 대한 개혁은 상당히 진행될 것이다.

넷째, 시대의 흐름에 적응해 갈 필요가 있다. 케치업(catch-up) 시대에는 공공서비스든 사회자본건설이든 공공부문의 활동은 대부분 필요한 것으로 여겨졌다. 일반 국민들도 지식이 짧고 여유가 없었기 때문에 공공부문과 관련된 것은 공무원과 정치가에게 맡겨야 한다는 인식이 강했다. 그러나 어느 정도 공공서비스 및 사회자본이 정비되면서 생각지도 못한 곳까지 공공부문의 범위가 확대되었고 이에 따라 의견

대립도 생기면서 일본에서도 정부의 실패가 나타났다. 한편, 국민들은 인터넷 등을 통해 풍부한 정보를 접하면서 관(官)과 민(民)의 정보격차가 줄어들었고, 이에 따라 공공부문의 운영에 대하여 엄격한 눈으로 감시하게 되면서 공공부문에 대한 설명책임과 투명성이 요구되었다. 공공부문에 시장원리나 민간행동원리를 도입하려는 움직임은 설명책임이나 투명성을 높이기 위한 좋은 예이다.

2. 공공부문 개혁의 흐름

공공부문의 개혁에는 두 가지 흐름이 있다. 하나는 규제개혁이고, 다른 하나는 넓은 의미에서의 NPM의 추진이다.

(1) 규제개혁

일본에서는 1980년대 중반 이후 지속적인 규제완화가 있었다. 제1차 행혁심(행정혁신심의회, 1987년), 제2차 행혁심(1990년), 행정개혁위원회(1993년), 규제개혁위원회(1998년), 종합규제개혁회의(2003년) 등의 조직을 통해 소매, 유통, 정보 · 통신, 금융, 에너지, 농산물, 토지 · 주택, 고용, 의료 · 복지 등 폭넓은 분야에 대해 천여개 항목이 넘는 규제를 수정하기에 이르렀다.

이러한 규제개혁의 흐름은 그 대상이 광범위해지면서 공공부문에 대한 성역을 점점 축소해 가는 절차(process)라고도 할 수 있다. 예를 들어 최근까지 규제대상에서 제외되었던 사회적 규제도 개혁의 대상이 된 것이다. 지금까지 일본에서는 규제를 경제적 규제와 사회적 규제로 나누어 왔다. 경제적 규제란 전력, 통신 등의 자연독점산업이나 특정산업의 육성, 쇠퇴산업의 보호 등을 목적으로 가격규제나 참입규제를 행한 것이다. 한편, 사회적 규제란 소비자 및 노동자의 안전, 건강확보, 환경보전, 재해방지, 문화재보호 등을 목적으로 특정분야에서의 영업활동의 제한, 안전 확보를 위한 검사 · 검정, 전문적 서비스를 제공하기 위한 자격제도 등에 대한 규제를 행하는 것이다. 이러한 구별을 한 후 제2차 행혁심(1990년)에서 '경제적 규제는 원칙적으로 자유롭게, 사회적 규제는 필요 최소한으로' 라는 방침을 세웠다.

이 때문에 당초 규제개혁에 관한 논의는 오로지 경제적 규제를 중심으로 행해졌지만 최근에는 의료, 교육, 복지, 노동 등의 사회적 규제에 관한 논의도 진행되고 있다. 문제는 건강이나 안전을 희생해도 되는지에 대해 반대의견도 만만치 않아 개혁에 대한 움직임도 정체되고 있는 느낌이다.

(2) NPM

NPM(New Public Management, 신공공관리)이란 1980년대 중반 이후, 영국, 뉴질랜드 등의 앵글로색슨계 국가를 중심으로 행정운영의 효율화를 목적으로 형성되어 온 방식이다. 이는 처음부터 이론체계가 있던 것이 아니라 시행착오의 결과 자연적으로 나타난 것이다. NPM의 기본적인 요점은 정부의 활동에 될 수 있는 한 민간의 행동원리를 접목시키는 것이다[4].

4) 이 부분에 대한 기술은 內閣府 『2003年版經濟財政白書』의 제 3장 제3절 「高齡化 · 人口減少に對應した公的部門の構築」을 참조한 것이다.

그렇다면 왜 민간의 행동원리를 활용하는 것이 중요한가? 이 점은 공적부문과 민간기업을 비교하면 알 수 있다. 공적부문을 서비스산업의 일종이라고 생각해 보자. 택배를 통한 우송서비스, 그리고 소매업을 통한 생산자와 소비자와의 관계를 연결시켜 주는 서비스처럼, 예를 들어 공적부문은 상하수도에 관한 서비스나 도서관 운영을 통한 서적을 대출해 주는 공공서비스를 생산할 수 있다.

그러나 양자의 차이는 분명하다. 전자의 민간기업은 경쟁상대가 있고 경쟁에 지면 도태되지만, 공공부문은 공공서비스를 독점적으로 생산하고 경쟁상대가 없기 때문에 절대로 도산할 염려가 없다. 따라서 공공부문의 운영에 민간의 행동원리를 도입할 경우 다음과 같은 장점을 발휘할 수 있다.

① 경영 효율화

민간기업은 항상 코스트 절약과 합리적인 경영을 위해 노력하지만, 공공부문 경영은 독점으로 인해 도산하는 일은 없기 때문에 적극적으로 경비를 삭감할만한 인센티브가 없다. 따라서 민간기업의 행동원리가 공공부문에 도입되면 합리적인 운영을 통해 보다 적은 경비로 서비스를 제공할 수 있다.

② 수요자의 높은 서비스 만족도

민간기업은 서비스를 제공하고 고객은 기업이 제공하는 서비스를 받는다. 고객을 잃게 되면 사업을 지속할 수 없기 때문에 각 기업은 고객 만족도를 높이기 위해 상호 경쟁체제를 갖춘다. 그러나 공공부문은 복지서비스를 제공하는 것만으로 만족해 할 뿐 상대가 고객이라는 인식이 부족하기 때문에 서비스의 질을 높이기 위해 적극적인 행동을 하지 않는다. 민간기업의 행동원리를 도입한다면 공공서비스의 질이 높아져 소비자 만족도는 향상될 것이다.

③ 경영책임에 대한 명확화

민간기업에서는 경영이 악화될 경우 당연히 경영자가 그에 대한 책임을 지지만, 반대로 경영업적이 호조를 보일 경우 그 결과가 경영자의 공적(功績)이 된다. 그러나 공공부문은 조직 전체적으로 업무를 보고 각 지위마다 권한과 책임이 불명확하기 때문에 결과에 대한 성적을 엄격히 체크하기 힘들다. 만일 공기업에 민간기업의 행동원리가 도입된다면 설명책임, 결과책임이 명확해지기 때문에 효율적인 경영에 대한 동기를 부여할 것이다.

이러한 민간기업의 행동원리를 공기업에 도입하기 위한 구체적인 수단으로 행정 서비스 제공, 업무의 민간개방, 공공사업에서의 PFI 기법 활용 등이 언급되고 있다. 그러나 본격적인 실시는 일부 선진적인 자치체에 한정되어 있을 뿐, 구미(歐美)에 비해 일본은 아직 상당히 뒤처져 있다.

3. 규제개혁에 필요한 의식개혁

그렇다면 규제개혁이나 NPM 등 앞으로 이를 더욱 촉진하기 위해서는 무엇을 어떻게 해야 할까? 무엇보다 경제사회를 구성하는 사람들(소비자, 생산자, 정치자 등)의 의식전환이 필요하다. 이하에서는 그중에서도 특히 중요하다고 여기는 세 가지를 지적하고자 한다.

(1) 규제개혁

의식개혁이란 규제개혁에 대한 개념이다. 오랜 시간 많은 에너지를 소비해 왔음에도 불구하고 아직도 규제개혁에 대한 문제점과 과제는 남아 있다. 상당히 진전되어 있다는 느낌은 있지만 그 속도가 느리고 언제 완성될지 절망적인 생각마저 든다. 이러한 규제개혁의 속도가 지연되는 원인은 다음과 같은 세 가지 형태의 대립양상이 존재하고 있기 때문이다.

제 1단계 : 총론과 각론의 대립

경제 활성화를 위해서는 규제개혁을 추진할 필요가 있다는 논의에 반대하는 사람은 없을 것이다. 그럼에도 불구하고 현실적으로 규제개혁이 진전되지 않는 이유는 구체적인 각론으로 들어가면 논의가 중단되거나 진전되지 못하기 때문이다. 규제개혁을 둘러싸고는 총론과 각론 사이에 상당한 간격이 있는데다 이를 극복한다는 것이 쉽지만은 않기 때문이다.

제 2단계 : 관(官)과 민(民)의 대립

종합규제개혁회의 논의를 통해 다음과 같은 사항이 지적되고 있다. 다양한 분야에 걸쳐 민간측 위원을 중심으로 규제개혁을 주장할 경우 규제를 소관하고 있는 관청이 '실현의 곤란성'을 지적하여 결국 갈등을 빚게 된다.

제 3단계 : 기존 참입자와 신규 참입자의 대립

규제가 존재하는 곳에는 이미 그 분야에서 활동하고 있는 경제주체가 기득권을 갖고 있다. 이때 규제개혁이 실현되면 이미 참입해 있던 주체는 그러한 기득권을 잃게 되고 신규 참입자가 새로운 이익에 대한 기회를 얻게 되기 때문에 이해대립이 자연스럽게 발생한다.

규제개혁에 대한 논의는 이러한 삼중 대립을 극복하지 않으면 안 되며 그렇게 될 경우 개혁의 속도는 지연되기 쉽다. 따라서 규제개혁의 속도를 촉진하고 경제를 활성화 시키기 위해서는 규제개혁을 하나의 이념으로서 실시하는 것이 아니라 득과 실을 계산해서 실시해야 한다. 규제개혁은 자유로운 시장 메커니즘에 의해 자원배분이 일어나고 민간에 의한 창의와 연구를 활용하여 작은 정부를 만들어 가는 것이다. 그러나 이러한 이념만으로 규제개혁을 실시하기에는 무리가 따른다. 자유로운 시장 메커니즘의 환경 하에서는 약육강식이라고 공격받고, 작은 정부 하에서는 최근 발생했던 금융기관의 파산과 관련하여 공적자금을 투입하는 등 큰 정부를 목표로 하려는 것은 아닌가 하고 공격한다.

그러나 잘 생각해보면 이념을 실현시키기 위해 규제개혁을 실행하는 것이 결코 아니라는 것을 알 수 있다. 규제개혁은 그것이 국민 전체에게 이익이 되기 때문에 행하는 것이며, 공적부문을 개혁한다는 것은 전요소생산성의 향상을 통하여 장기적으로 본 잠재성장력을 높이는 것이다. 이를 통해 국민 전체가 이익을 얻게 되기 때문이다. 이때 규제개혁에 대해서는 누구나가 이익을 얻는 것이 아니라는 인식이 필요하다. 개혁에는 아픔이 따르기 마련이지만 누군가가 개혁이 필요하다는 목표를 갖고 추진한다면 실현될 것이다. 즉 개혁에는 그에 따른 편익과 부작용도 존재하지만 민간경제 전체로 볼 때 편익이 더 크다고 판단하기 때문에 개혁을 추진하려는 것이다.

제 2단계, 제 3단계의 대립에 대해서도 이념적 대립이 아닌, 경제적 이해의 대립으로 이해해야 한다. 즉, 규제개혁을 진행하려고 하는 사람들은 구조개혁과 관련된 이념에 찬성하기 때문에 이를 추진한다기보다는 규제개혁에 의한 상당한 편익이 있기 때문에 추진하는 것이며, 반대하는 사람들 역시 표면적으로는 '약자보호', '건강 및 안전성' 등의 이념적인 이유를 내세우는 듯 하지만 실질적으로는 자신들의 기득권이 없어질까 두렵기 때문에 반대하고 있는 것이다.

(2) 공공서비스에 대한 인식전환

의식개혁이란 '공공서비스를 어떻게 생각하는가'와 관련하여 인식을 전환하는 것이라고 할 수 있다. 이 점에 대해서 경제학자들(economist)의 인식은 일반인과는 실제로 상당한 차이가 존재하고 있으며 다음과 같이 두 가지로 나누어 설명할 수 있다. 첫째, '공공서비스란 무엇인가'에 대한 의식개혁이며, 다른 하나는 '공공서비스를 누가 제공하는가'라고 하는 점에 대한 의식개혁이다.

우선 '공공서비스는 무엇인가'에 대해 생각해보자. 대부분의 사람들은 막연하게 '공공서비스는 국민 전체에게 평등하게 제공해야 하는 것으로 이는 국민이 생활하는데 반드시 필요한 서비스' 라는 생각을 가지고 있다. 예를 들어 포장도로, 상하수도, 전화나 우편 등은 누구나가 평등하게 제공받아야 할 서비스이기 때문에 공공부문이 전 국민에게 서비스를 제공해야 한다고 생각하는 것이다.

그러나 경제학자들의 생각은 다르다. 왜냐하면 지금과 같은 정의가 실상과는 많이 다르기 때문이다. 예를 들어 최저한의 의식주는 인간이 살아가는데 있어 가장 기본적인 것이지만, 의복과 식량까지 공공부문이 배급하고 있는 것은 아니다. 주택도 대부분은 자신들이 준비하고 있다. 따라서 공공부문이 특정 서비스를 제공해야 하는 이유를 경제학자들은 다음의 네 가지의 이유를 통해 설명하고 있다.

① **비경합성** : 한 사람이 소비하더라도 다른 사람의 소비가 줄지 않는다. 경찰에 의한 치안이 전형적인 예이다. 경찰은 자신들이 담당하고 있는 지역 전체의 치안을 제공하고 있기 때문에 그 지역에 속해 있는 사람은 누구나 경찰이 제공하는 서비스를 평등하게 향수(享受)할 수 있다. 주민수가 늘어도 안전의 수준은 동일하다. 혼잡하지 않은 도로 역시 마찬가지이다. 통행하는 차가 늘어나도 도로를 달리는 서비스의 수준이 떨어지는 것이 아니다.

② **배제불가능성** : 누가 소비했는가를 특정하는 것이 불가능하다. 일반도로나 공원은 누가 사용했는가를 특정하여 요금을 징수하는 것이 불가능하다. 무리하게 징수한다면 가능할수도 있겠지만 그

렇게 할 경우 막대한 비용이 발생하기 때문에 사실상 불가능하다. 여기서 제 1, 제 2의 특징을 갖는 서비스를 민간에게 맡길 경우 무임승차(free ride)가 발생하기 때문에 충분한 서비스가 제공되지 않는다.

③ 외부경제 및 외부불경제 : 경제행동의 영향이 거래 당사자 이외에도 영향을 미친다. 예를 들어 교육이라고 하는 서비스는 그 서비스를 제공받는 학생들뿐만 아니라 사회 전체에도 광범위한 이익을 발생시킨다(외부경제의 예). 이렇게 교육을 받은 사람들이 읽기, 쓰기가 가능하기 때문에 우리가 살고 있는 사회가 효율적으로 운영되고 있는 것이다. 반대로 공장에서 발생하는 공해는 공장과 관계없는 사람들에게도 악영향을 끼친다(외부불경제의 예). 만일 이러한 경제활동을 시장메커니즘에 맡겨 놓으면 외부경제는 과소공급, 외부불경제는 과대공급이 되기 쉽다. 교육이나 공해에 규제가 있는 것은 바로 이러한 이유 때문이다.

④ **규모의 경제성** : 독점적으로 서비스를 공급하는 것이 현저히 효율적일 때가 있다. 예를 들어 상하수도 서비스를 공급하기 위해서는 상하수도관을 묻지 않으면 안 되지만 같은 지역에서 복수의 공급자가 서비스를 제공한다면 근접한 지역에 상하수도관이 겹겹이 중복될 가능성이 있어 불필요한 중복투자가 발생하게 된다. 이 경우에는 단독 공급자가 독점적으로 서비스를 제공하는 것이 사회적으로 효율적이다. 전력이나 가스가 규제산업인 이유가 바

로 이 때문이다.

일반적으로 경제학자는 이상과 같이 공공서비스의 범위를 막연하게 의식하지 않고 더 한정적으로 생각하고 있다. 예를 들어 우체국 예금이나 중소기업에 대한 융자는 위와 같은 공공서비스의 정의에는 포함되지 않는다. 그리고 공공부문의 효율화와 관련하여 공공서비스의 범위를 경제학자들이 생각하는 범위로 한정하려고 하는 것이 하나의 흐름이 되어 있는 듯하다. 작은 정부, 규제개혁에의 길을 진행하기 위해서는 이러한 경제학자적인 공공서비스의 개념을 당연한 것으로 생각할 필요가 있다.

나아가 이러한 서비스를 누가 제공하는가에 대해서도 의식개혁이 진행중이다. 즉, 지금까지 '공공서비스'는 공공기관에 근무하는 공무원이 제공하는 것을 당연하다고 생각해 왔다. 그러나 전술한 바와 같이 NPM과 관련하여 공공서비스를 민간기업에게 위탁하려는 움직임이 왕성했는데, 이는 '공적 책임 하에서 수요자에 대한 서비스를 제공'하는 기능과 '실제의 서비스를 제공'하는 기능을 분화시키려고 하는 것이다.

이러한 움직임은 어쩌면 당연한 것이며 최근까지도 이렇게 행해왔다. 예를 들어 도로에 관한 서비스를 제공하는 것은 공적 책임으로 행해지지만, 실제로 도로건설은 민간 건설업자에 의해 이루어진다. 문제는 어디에 어떠한 도로를 어느 정도의 비용을 들여 만들지에 대해서까지 공공부문에서 의사결정을 할 필요는 없다고 본다. 실제로 서비스를 제공하는 것은 민간기업으로 충분하기 때문이다. 이러한 원리를 응용하면 현재 제공되고 있는 공공서비스의 상당한 부분은 민간위탁이 가능하다. NPM과 관련된 공공서비스에 대하여 책임은 공적기관이 지고 운영은 민간이 하는 형태가 앞으로는 더욱 증가할 것으로 전망한다.

(3) 주변과의 조화

우선 요구되는 것은 주변 분야와 일체가 되어 개혁을 진행해야 할 필요성을 인식하는 것이다. 규제개혁이나 NPM의 추진은 그 부분만을 추진하려고 해도 좀처럼 진행되기 힘들다. 경제사회를 구성하는 여러 제도에는 상호 보완성이 있어 주변과 관련있는 제도, 관행 등이 변하지 않으면 공적부분도 변하기 힘들기 때문이다.

여기에서 중요한 개념은 이동성(Mobility)을 높여야 한다는 것이다. 이동성에도 여러 가지 측면의 이동성이 있겠으나 그 중 하나가 인적 이동성이다. 지금까지 일본에서는 인적 이동이 적었다. 이는 전통적으로 일본인들이 자신의 토지 위에 집을 세우려는 생각이 강했다는 점과 종신고용 관행으로 인해 기업을 옮기기 힘들다는 점 등에 영향을 받은 것이다. 만일 이러한 전통과 관행들이 개정되어 사람들이 라이프사이클에 맞추어 지역을 옮겨 산다거나 거주지 선택폭이 자유로워 지고 각 지방 공공단체의 재정 및 세제상의 재량 폭이 넓어져서, 자치체가 독자적인 시책을 자유롭게 행할 수 있게 된다면, 세제의 차별성 및 공공서비스의 질에 대한 차별을 시민들이 인지하게 될 것이다. 그렇게 되면 지방자치체는 경쟁적으로 코스트절감식 서비스를 향상하지 않으면 안 된다. 세 부담은 높고, 서비스의 질이 나쁘면 주민들은 자신들의 지역에서 타 지역으로 이동할 가능성이 높아질 것이 분명하다.

또한 노동시장이 유연해지고 공무원과 민간인 사이에서도 인재의 이동성이 높아지면서 규제개혁, 관업의 민간개방 등에 대한 관료 측의 저항도 적어지게 될 것이다.

공공부문의 개혁은 그 자체가 구조개혁을 총정리한다는 중요한 의미를 갖고 있으나, 경제사회 전체의 구조개혁을 먼저 진행해 나가는 것이 공공부문의 개혁을 진행하기 쉽게 만들 수 있다는 점을 기억해 두자.

4. 공공부문 개혁에 대한 질문

일본경제는 전후(戰後) 몇 가지의 공적분야, 공적규제의 개혁을 비교적 제대로 수행해 왔다고 할 수 있다. 예를 들어 종전 직후의 일본경제는 물자 · 물가 · 자금 · 무역 통제 등 비상사태적인 경제운영을 중지하고, 새로운 시장메커니즘을 발휘하기 위한 정비가 필요하게 되었다. 이러한 구조개혁을 추진한 것은 점령군 주도 하에 진행되어 온 경제개혁(재벌해체와 독점금지법의 제정, 농지개혁, 노동3법의 제정 등)과 닷지라인(dodge line : 초균형 예산의 편성, 가격조정보급금의 억제, 부흥금융금고의 융자정지, 단일통화율의 설정) 등에 의해서였다.

1950년대 중반 이후의 고도성장기로부터 80년대 후반에 걸쳐서는 무역 · 자본 · 금융의 자유화가 요구되었다. 그것은 ① 60년대 전반에 걸쳐 무역자유화의 진전, ② 60년대 후반의 자본자유화의 진전, ③ 80년대에 들어와 금융자유화 등의 단계를 거치면서 진전해 왔다.

이러한 구조개혁이 비교적 원활하게 진행되어 온 것은 다음과 같은 두 가지 이유에서 찾을 수 있다.

(1) 순조로웠던 거시경제

패전 이후 구조변화와 관련한 움직임이 일어나고 이에 따른 비용이 발생할 즈음에 한국전쟁에 의한 특수가 일본경기를 호황으로 전환시켰다. 무역 · 자본의 자유화에 따른 조정비용은 고도성장의 과정에서 훌륭하게 흡수되었다.

(2) 외압의 존재

점령군의 힘, 구미로부터의 자유화 압력, 선진국에 진입하지 않으면 안 된다고 하는 강한 정신력 등에 의해 개혁이 추진되어 왔다.

그러나 1990년대 이후의 구조개혁은 거시경제가 쇠퇴하는 가운데 진행되었다. 그만큼 구조개혁이 어려웠던 시기였다. 또한 버블 후의 구조개혁은 외압에 의지하기 어려웠던 상황이었으며, 국내에서는 개혁과 관련하여 계속되는 논의에 의해 진행될 수밖에 없는 분위기였다. 그러나 오히려 이러한 분위기로 인해 개혁의 속도가 늦추어졌고 지속적으로 개혁을 위한 논의가 반복되었다. 이에 일본은 전후 처음으로 외압에 의지하지 않고 스스로의 힘으로 공공부문, 공공규제를 변혁할 수 있을까에 대한 의문을 갖게 되었다.

03 경제정책의 구조개혁

이제 관점을 바꾸어 생각해 보도록 하자. 경제정책의 운영 그 자체에도 구조개혁은 필요하다. 지금까지 반복해 설명해 왔듯이 일본의 기업경영, 고용, 금융, 교육, 행재정에는 '일본형'이라고 말할 수 있는 특징이 존재해 왔고, 그것이 성장률 저하, 글로벌화 진전, 저출산 · 고령화 등이 진행되는 가운데 변화를 요구받고 있다. 이는 경제정책을 운영하는데 있어서도 그대로 적용될 것으로 판단된다. 필자 자신이 오랜 기간 경제정책을 입안하는 현장에 있었던 경험을 근거로 열거해 보면, 지금까지 일본의 경제정책에는 다음과 같은 '일본형'이라고 말할 수 있는 특징이 존재해왔다고 말할 수 있다.

1. 뿌리깊은 관(官) 의존형의 발상

첫째, 관(官) 의존형 발상이 뿌리 깊다. 예를 들어 경기판단의 경우 일본에서는 내각부(구 경제계획청)가 매월 '월례경제보고(月例經濟報告)'라고 하는 문서를 발표하는데, 이 문서에는 경기 현상에 대한 판단이 나타나 있고 이것이 일본 경기를 판단하는 기준이 되어, 그 한마디 한마디가 대단한 주목을 받는다. 경기후퇴나 경기과열이 있을 때는 더욱 주목도가 높아진다. 월례경제보고에 호경기를 인정하는 문장, 예를 들어 '경기는 대략 바닥을 쳤다고 본다'와 같은 표현이 나오면, 일제히 '정부가 바닥을 선언했다'라고 하는 보도가 나온다. 경기의 움직임을 어떻게 평가하는가 하는 점도 마찬가지이다. GDP통계가 4분기마다 공표될 때마다 '이대로 추이하면, 정부의 경제동향의 성장률은 달성 가능'이라는 내용의 기사가 나온다.

즉, 대부분의 일본인들은 정부의 공식적인 경제전망을 경기 판단의 기준으로 보는 경우가 많고, 정부의 경기회복선언이 나오면 그제서야 '경기는 좋아진다'라고 안심하는 한편, 정부의 성장전망이 달성되면 '경기는 순조롭게 추이되고 있다' 라고 판단해 왔다. 물론 '월례경제보고의 판단이 항상 옳은 것만은 아니다', '정부전망이 너무 낮다'라고 하는 이론(異論)도 존재할 수는 있겠지만, 이와 같이 정부가 판단의 대상이 되기 쉬운 것도 정부의존을 뒤집는 현상이라고 말할 수 있다.

일본 프로야구 팬들의 약 80% 정도가 도쿄 자이언트의 팬이다. 그 중에는 안티팬인 '네거티브 거인 팬'도 있는데 이 팬클럽 역시 언제든지 자이언트 의존형의 프로야구를 즐기는 현상을 보이고 있다. 정부의 공식 보도 역시 이와 마찬가지이다.

어쨌든 정부의 경기판단, 경제전망은 아무래도 밝은 측면을 강조하려는 경향이 있기 때문에 판단기준으로 사용하기에는 문제가 있다. 정부는 경제운영에 책임을 갖고 있기 때문에, '경기가 나쁘다' 등과 같은 비관적인 방향을 지적하기 힘들다. '그렇다면 무언가 대책을 세워야 한다', '정부가 경제운영을 그렇게 밖에 하지 못하기 때문에 그런 결과가 나왔다' 등의 비판을 듣고 싶지 않기 때문이다.

필자 자신은 정부가 아닌, 민간에서 발표하는 경기판단을 더 중시해야 한다고 생각한다. 예를 들어 미국경제를 말할 때에는 경제의 선행에 대한 표준적인 견해를 알기 위한 자료로서 가끔 블루칩과 관련하여 조사가 인용된다. 이것은 전문가를 대상으로 장래를 예측할 수 있는 설문조사를 통해 그 평균치를 매월 공표하는 보고서이다. 일본에는 이 블루칩 조사의 일본판을 목표로 하여 『ESP for cast』라고 하는 조사가 있다. 필자는 이 조사의 기획과 설계에 직접 참가하였는데, 이는 경제기획협회가 일본의 대표적인 경제분석가 388명에게 매월 설문 조사를 통해 주요지표의 예측치를 조사한 것이다.

그러나 지금까지 민간이 실시한 전망이 하나의 기준으로 사용되지 못했던 것은 민간의 전망을 집계하여 정기적으로 전달해 주는 조사가 존재하지 않았기 때문이다. 『ESP for cast』와 같은 조사가 일본에서도 정착해 나간다면 앞으로 이와 같은 민간 컨센서스가 경기판단을 위한 하나의 기준이 될 것으로 전망한다.

2. 패키지형의 정책결정

둘째는 패키지형의 정책결정을 중시해 온 것이다. 먼저 무역, 자본의 자유화에 대응하기 위한 정책패키지이다. 「무역 · 외환자유화 계획대강」(1960년), 「무역 · 외환자유화 촉진계획」(1961년)이 있었고, 그 후에도 엔 절상압력에 대응하기 위한 「종합적 대외경제정책」(1971년), 「대외경제긴급대책」(1972년), 대외불균형 시정, 경제마찰에 대응하기 위한 「종합경제대책; 내수확대와 시장개방」(1983년), 「대외경제대책」(1984년),

「시장접근 개선을 위한 액션프로그램」(1985년) 등 일본에서는 경제와 관련된 정책과제에 직면할 때마다 관계성청의 대책을 하나로 모아서 이를 패키지로 종합하여 공표하였다.

이를 일방적으로 단정한 것이 90년대의 경기대책이다. 정부와 일본은행은 92년 3월「긴급경제대책」(宮澤內閣)을 시작으로 93년「긴급경제대책」(細川內閣), 95년의「긴급엔고 · 경제대책」(村山內閣), 97년의「21세기를 여는 긴급경제대책」(橋本內閣), 98년「긴급경제대책」(小淵內閣), 2000년「일본재생을 위한 신 발전정책」(森內閣) 등 10여회에 걸쳐 경기부양을 위한 정책패키지를 만들었다.

표 5-1 정책패키지

연도	내용 (정책패키지)	비고
1960년	무역 · 외환자유화 계획 대강	
1961년	무역 · 외환자유화 촉진계획	
1971년	종합적 대외경제정책	제1차 엔 대책
1972년	대외경제긴급대책	제2차 엔 대책
1983년	종합경제대책; 내수확대와 시장개방	
1984년	대외경제대책	
1985년	시장접근개선을 위한 액션프로그램	
연도	내용 (정책패키지)	내각
1992	긴급경제대책	宮澤內閣 (미야자와내각)
1993	긴급경제대책	細川內閣 (호소카와내각)

1995	긴급엔고 · 경제대책	村山内閣 (무라야마내각)
1997	21세기를 여는 긴급경제대책	橋本内閣 (하시모토내각)
1998	긴급경제대책	小渕内閣 (오부치내각)
2000	일본재생을 위한 신 발전정책	森内閣 (모리내각)

일본의 행정은 어떤 문제가 발생하면 '기본법'이 제정되고 기본법에 근거하여 정책을 만드는 '대강(大綱)'이 각의 결정되는 일이 종종 있으며, 여기서 말하는 대강도 일종의 패키지인 경우가 많다.

필자는 이것이 각 성청의 시책이 상하관계에 있기 때문에 정책적 우선순위(priority)를 정착시키기 힘들었던 것이 아닌가 한다. 이에 대한 대책으로 소관성청이 제시한 것(예를 들어 규제완화)과 역으로 소관성청의 예산이 증가하는 경우(예를 들어 보정예산에 의한 공공사업의 증대)가 있다. 특정 성청만이 대책을 강구하라고 하면 '왜 우리들만 희생해야 하나'라고 반발하는 한편, 역으로 예산이 삭감될 경우에는 '왜 저 성청만 특혜를 주는가' 등의 논의가 일어나면서 좀처럼 정책이 종합되지 않는다. 게다가 족의원을 걸고 넘어지면 점점 이야기가 정리되기 힘들다.

이러한 패키지에 의한 경제정책형성은 종합적이어서 우선순위를 정하기 힘들뿐만 아니라 이를 남발할 경우 정책에 대한 신뢰성이 떨어지게 된다. 따라서 앞으로는 하향식 정책에 우선순위를 두고 이에 근거하여 각 성청이 테크노크라트(technocrat) 집단으로서 정책의 보충과 실행순서를 정리하는 방향으로 진행될 것이다.

한편 고이즈미 내각(小泉内閣)이 구성된 이래 경제재정자문회의에서 매년 기본방침을 정한 후, 우선순위를 정한 정책의 방향성을 제시하는 방법이 정착되고 있다. 이는 새로운 방식이라는 점에서는 높이 평가할 수 있으나 이 방식이 완전히 공식화된 것은 아니고 그 때마다 총리, 자문회의 담당대신, 자문회의 위원의 개성에 의존하는 경향이 강하다. 이 방식이 일본의 경제운영방식으로써 정착하기에 앞서 오랜 시간 축적이 필요하다.

3. 재정중심의 정책운영

셋째, 정부에 대한 기대가 크기 때문에 재정출동을 동반한 정책이 이루어지기 쉽다. 전술한 바와 같이 1990년대 이후 반복적으로 정부가 패키지형의 경기대책을 내세워 왔던 것은 정책적으로 조치할 경우 경기가 호전될 것이라는 기대가 컸기 때문이다. 그리고 이러한 기대가 크면 어떻게든 정부는 공공투자의 증액, 감세 등의 재정출동을 전제로 한 정책을 취하기 쉽게 된다. 이것이 정부가 사용할 수 있는 유일한 정책수단이기 때문이다.

경기대책으로서 재정을 활용하는 것에 대해서 경제학자들 간에는 예전부터 부정적인 견해가 많았다. 그것은 ① 경기변동에는 금융으로 대응하고 재정은 중기적으로 건전한 조화를 유지하는 것이 선진국의 표준적인 경제운영이 된다는 것, ② 만딜 플레밍 효과(재정적자가 장기금리의 상승을 통해 엔고를 초래한다는 효과) 등에 의해 재정의 경기자극효과가 작다는 생각(금융완화는 엔저를 초래하므로 효과가 크다), ③ 재정적자의 확대는 장래 증세에 대한 우려를 낳고, 이러한 면에서도 경기자극효과가 제한되는 것, ④ 정치적으로도 감세나 세출 확대는 용이하지만, 증세나 세출 삭감은 어려운 비대칭성이 존재한다는 것 등이 그것이다. 1990년대에 재정출동이 반복되었음에도 불구하고 경기는 좋아지지 않고 재정적자가 되었던 경험은 이러한 경제학자들의 우려가 정확했다는 것을 뒷받침한다.

고이즈미 내각(小泉内閣) 이후, 재정을 경기대책으로 사용하는 것이 아니라 금융정책을 중심으로 대처하는 방향이 정착되고 있다. 다소 늦은 감은 있으나 앞으로도 이러한 방향을 유지하는 것이 필요하다.

6 중앙의존에서 자립으로

– 변화의 파도에 노출된 지역개발 –

1. 지역 만들기에 대한 일본형 특징
2. 공공사업
3. 지역 만들기의 변화

중앙정부의 주도 하에 국토개발을 해 왔던 일본은 지역개발이라는 과제를 통해 중앙정부에서 지방정부로 그 주도권이 이전되고 있는 중이다. 여기에는 지방정부뿐만이 아니라 지역주민, 지방기업, NPO 등의 다양한 주체가 참가하여 시장메커니즘을 활용함으로써 일본 사회의 구조변동과 관련된 활동을 진행하고 있다.

01 지역 만들기에 대한 일본형 특징

1. 일본형 국토개발, 지역 만들기의 특징

일본을 어떤 식으로 만들어 나갈지에 대한 국토개발, 이를 위한 유력한 수단 중 하나인 사회자본정비에 대해서도 역시 구조개혁이 요구되고 있다. 전후 일본형 국토개발, 지역 만들기는 대체적으로 다음과 같은 단계를 거친다.

(1) 제 1기

시기적으로는 1950년대 후반 고도성장의 전반기가 제 1기에 해당한다. 선도산업(leading industry)이었던 중화학공업은 케이힌(京浜), 주쿄(中京), 한신(阪神), 기타큐슈(北九州) 등 4대 공업지대에 집중되었고 이때 농촌에서 도시로의 대량 인구이동이 있었다[1].(옮긴이)

---

1) 케이힌(京浜)공업지대 : 도쿄(東京), 가와사키(川崎), 요코하마(横浜)로 연결되는 임해공업지대로 도쿄도(東京都)와 가나가와현(神奈川懸)에 속해 있다. 중화학공업, 특히 전기 · 자동차 · 정밀기기공업 등의 비율이 높다.

주쿄(中京)공업지대 : 나고야시(名古屋市)를 중심으로 아이치현(愛知懸), 기후현(岐阜懸), 미에현(三重懸)의 3개현에 걸친 일본 유수의 공업지대이다. 자동차공업 · 석유화학공업 · 직물 · 요업 등이 번성하고 있다.

고도성장과 관련하여 농촌에서 도시로의 인구이동은 상호 보완성이 존재한다. 우선 도시지역의 공업발전은 도시와 농촌의 소득격차를 벌려 놓았고 이것이 농촌에 존재하고 있던 잉여노동력이 도시지역으로 유입되는 원인이 되었다. 한편, 농촌의 잉여노동력이 도시로 유입되어 노동력화한다는 것은 새로운 노동력이 경제에 유입된다는 것으로도 해석할 수 있으며, 이를 통해 일본은 고도성장을 이루었다고 할 수 있다. 최근 중국의 경제성장과정을 살펴보면 농촌에서 도시로의 노동력 유입이 저임금노동력의 공급원으로서 고도성장을 지탱해 온 것과 마찬가지이다.

(2) 제 2기

제 2기는 1960년대부터 70년대에 걸친 고도성장의 후반기에 해당한다. 이 기간동안에는 중화학공업화가 진행되고 임해형(臨海型) 컴비너트가 건설되었다. 이것이 신칸센(新幹線)이나 고속도로와 연결되어 태평양 벨트지대가 형성된 것이다[2]. 도시와 농촌과의 소득격차, 도시지역

한신(阪神)공업지대 : 오사카시(大阪市), 고베시(神戸市)를 중핵으로 오사카부(大阪府), 효고현(兵庫懸)의 오사카 연안지역 및 내륙에 걸친 공업지대이다. 이 공업지대는 특히 기계 · 금속공업의 비율이 높고 섬유공업도 많다.(옮긴이)

기타큐슈(北九州)공업지대 : 기타큐슈시(北九州市) 일대에 걸친 공업지대로 주변의 야마구치현(山口懸)의 시모노세키시(下關市), 후쿠오카시(福岡市)를 포함한 공업지대를 일컫기도 한다. 이 공업지대는 중화학공업이 주를 이루고 있다.

2) 미나미관동지방(南關東)을 시작으로 긴키중앙부(錦旗中央部), 나아가 세토나이(瀨戸內)를 거쳐 기타큐슈(北九州)에 이르는 지대를 말한다. 일본의 주요공업 · 주요도시가 집중되어 있고 인구밀도 역시 높다. 또한 교통기관이 잘 정비되어 있으며 산업 역시 일본 내에서 선진지역에 해당한다.(옮긴이)

으로의 인구이동은 여전히 컸지만 고도성장시대의 전반기만큼은 아니었다.

본격적인 국토개발정책이 시작된 것도 이때이며, 주요한 목적은 임해형 중화학공업을 지방으로 분산시키는 것이었다. 1962년에는 최초의 '전국종합개발계획' 이 책정되어 이때 등장했던 거점개발에 맞추어 신산업도시, 공업정비특별지역 등이 정비되었다. 1969년에는 '선진국종합개발계획' 이 책정되어 신칸센, 고속도로 등의 네트워크 정비, 대규모 프로젝트가 추진되었다.

1970년대에 들어와 도시지역으로의 과밀현상에 따른 여러 문제가 두드러지게 나타났다. 지가상승, 교통혼잡, 무질서한 대도시 주변 지역에의 스프롤(sprawl) 현상(도시부 택지가 무질서하고 무계획적으로 퍼져나가는 현상), 대기오염, 수질오염, 소음, 폐기물, 환경문제 등이 그것이다. 한편, 인구가 유출된 지방부에서는 과소문제가 심각해졌다. 이러한 가운데 1977년 책정된 '제3차 전국종합개발계획' 에서는 '정주권 구상(定住圈構想)' 이 나오면서 과소와 과밀의 균형확보를 목표로 하였다.

(3) 제 3기

제 3기는 1980년대 이후의 안정성장에서 버블에 이르기까지의 기간이다. 이 시기는 재차 지역 간의 소득격차가 확대되고 도시지역으로의 인구집중이 발생했다. 그러나 이 시기의 집중은 ① 제조업이 아닌 서비스업 중심의 집중, ② 오사카, 나고야권은 오히려 침체되고 도쿄일극중심 등이 특징이라고 할 수 있다. 그리고 도시지역에서는 80년대 후반 버블경제가 한창일 때 토지가격이 급등하는 현상이 발생하였다.

(4) 제 4기

제 4기는 버블붕괴 이후의 시기로서, 이 시기는 1998년 제5차 전국종합개발계획인 '21세기 국토 그랜드 디자인'이 책정되었다. 이 그랜드 디자인에서는 '1극 1축형(一極一軸型)'의 국토에서 '다축형 국토(多軸型國土)'로의 전환을 목표로 하였다.

2. 1980년대까지의 일본형 국토 만들기 모델

이러한 가운데 일본의 지역개발, 국토 만들기에는 소위 '일본형'이라고 할 수 있는 특징이 준비되었다. 그것은 대략 다음과 같은 것들이다.

첫째, 집중을 억제하고 분산을 촉진하는 발상이다. 구체적으로는 ① 발전산업의 기점이 되는 지역을 전국에 분산하기 위한 시책(신산업도시, 공업정비특별지역, 기술지배사회(technopolis), 거점도시 정비), ② 기존의 대도시로의 집중에 페널티를 부과하고 주변지역으로의 이전을 조성하기 위한 시책(공장 등 제한법), ③ 낙후된 지역에 여러 우대조치를 구사하기 위한 시책(이도(離島), 반도(半島), 과소지역(過疎地域) 등 소위 핸디캡 지역의 진흥), ④ 도쿄의 수도기능을 타 도시로 옮기기 위한 수도기능 이전구상 등이 그것이다.

둘째, 국가가 방침을 세우고 지방이 이를 실시하는 국가 주도적인 색채가 강하다. 국토 만들기에 대한 기본적인 방침은 전국종합개발계획에 나타나 있으며 이에 근거하여 국가시책이 계속적으로 입안되어 왔다. 지방은 지역을 지정받아 조성조치를 획득하기 위해 중앙정부에 진정(陳情)을 전개해 왔다.

셋째, 공공투자가 정책목적달성을 위한 유력한 수단이었다.

그러나 1990년대 이후 이러한 일본형 지역개발모델의 한계가 하나씩 드러났다. 이 가운데 공공투자에 대해서는 제 2절에서 자세히 논하기로 하고 본절에서는 앞의 두 가지에 대해서 생각해 보자.

3. 집중억제 · 분산촉진형 정책의 한계

집중을 억제하고 분산을 추진한다는 것은 사실 시대에 뒤처진 발상이다. 이에는 다음과 같은 배경이 있다.

(1) 글로벌화와 산업구조의 변화

제조업이 선도산업이었던 시대에는 공장을 대도시권에서 지방으로 분산시키는 방법이 유효하였다. 사실 1980년대까지의 공업분산정책은 어느 정도의 성과도 올렸고 제조업 생산액에 차지하는 3대 도시권의 비율은 저하하기 시작하였다. 그러나 서비스 경제화가 진행되고 도시형 서비스 산업, 디자인, 소프트웨어 산업 등이 선도산업으로 바뀌면서 분산정책은 그 유효성을 상실하였다. 도시형 서비스 산업은 도시지역에 있어야만 발전하기 때문이다.

오늘날 제조업 입지와 관련하여 국내의 대도시 권역에 입지할 것인가 지방에 입지할 것인가에 대한 논의는 문제가 안 된다. 왜냐하면 중국을 시작으로 하여 아시아 지역과의 경합이 이제는 심각한 문제로 제시 되기 때문이다.

(2) 집중억제에 대한 인식전환

최근 재차 도쿄권역으로 인구가 집중되고 있는데, 이를 반드시 시정해야만 하는 문제로 볼 수는 없다. 2002년에는 도쿄권역으로의 순 유입자(유입자-유출자)가 12만 명이나 되는 등 증가하고는 있지만, 이는 1987년 16만 명이 유입되었던 도쿄의 버블기 때에 비하면 걱정할 만큼의 높은 수준이 아니다. 게다가 이는 단순히 유입자의 증가라고만 볼 수 없다. 1984~87년에는 70%가 도쿄권역으로의 유입의 증가에 의한 집중이었으나, 1998~2001년은 90%가 유출의 감소에 의한 집중이기 때문이다.

이는 도쿄권역의 토지가격이 상대적으로 저하되다 보니 지방에서 도시로의 이주가 진행되었지만, 이와는 반대로 도심인구는 그다지 시외로 빠져 나가지 않았기 때문이다. 또한 80~87년의 도쿄집중기에는 도쿄권역과 지방권역과의 일인당 현민(縣民) 소득격차가 확대되었으나 96~99년도에는 오히려 축소되었다. 즉 최근의 도쿄 집중은 그에 의해 지방 인구가 감소하거나 소득수준이 상대적으로 저하하는 것이 아니다. 다시 말하면 무리하게 시정해야 할 것은 아니라는 것이다.

(3) 바람직한 집중

오히려 집중이 바람직한 측면도 있다. 예를 들어 IT 관련산업이다. IT혁명이 진행되는 가운데 정보의 생산, 발신 등이 대도시, 특히 도쿄권역으로 집중되는 경향이 강하다. 단순히 도쿄권역이란 의미 이외에 특정 서비스산업에 대해서는 상당히 한정된 지역에 집중되는 움직임도 있다. 세계를 선도하고 있는 일본의 애니메이션 제작과 관련된 사무실은 중앙선로(中央線路: JR 중앙본선의 전차구간인 도쿄역(東京驛)에서 다카오역(高尾驛)까지의 53.1km 구간을 말한다. 옮긴이) 부근에 집중해 있다. 이는 IT사회에서는 사람들의 직접적인 접촉에 의한 정보교환이 중요하다는 것을 의미하는 현상이기도 하고, 소프트산업에서는 관련 전문가가 집중하면 집중할수록 생산성이 높아진다고 하는 '집적의 이익'이 크기 때문이기도 하다.

일본의 IT산업은 일본 국내에 머무는 내수용 산업의 발전이 아니라 전 세계를 상대로 생산성을 경쟁해 나가지 않으면 안 된다. 이럴때 혹시나 일본 정부가 정책적으로 도시로의 집중을 억제한다면 모처럼 잘 자라고 있는 성장산업의 싹을 잘라버리는 것과 같은 결과를 초래할 것이다.

4. 국가와 지방이 주종관계가 되는 발상의 한계

국가가 국토개발 및 지역만들기에 대한 기본방침을 세우고 지방은 그에 따라 예산획득 및 중앙정부에 대한 진정(陳情)을 반복하면서 정책을 실행해 나가는 방법이 이제는 통용되지 않고 있다.

종래형의 정책은 전국 일률형, 혹은 산포형이었다. 예를 들어 발전거점을 전국에 분산적으로 형성하려고 하는 시책이나 핸디캡 지역대책은 우선 지역지정부터 시작된다. 지정을 받으면 보조금, 세제 등에서 여러 가지 우대조치를 얻을 수 있기 때문에 각 지역은 유치전쟁, 지정경쟁을 전개하게 되고 그러다 보니 당연히 지역의 뜻을 전달하기 위해 정치가도 개입하게 된다. 전체의 파이에 대해 지역지정의 몫이 작을수록 이러한 유치전쟁은 진흙탕싸움으로 변하기 때문에 선택에서 배제된 지역은 결국 불만이 남는다. 그러면 정책적으로 지정지역을 늘리기 위한 움직임이 나타나고, 결국 중앙정부의 지나친 배려에 의해 전국이 일률적으로 개발될 수밖에 없는 상황이 전개된다.

한편, 전국종합개발계획 그 자체도 그다지 주목받지 못했다. 필자는 2001년 1월부터 2003년 7월까지 전국종합개발계획을 만드는 부국(部局)의 책임자(국토교통성의 국토계획국장)로서 근무한 경험이 있는데, 재임기간 중 지방의 여러분들로부터 구체적으로 개발계획의 내용을 작성한 후 만들어 달라는 적극적인 요구는 거의 없었을 뿐 아니라 전국종합개발계획이라고 하는 제도 자체가 이제는 전환기에 직면해 있다는 느낌을 강하게 받았다. 즉 국가주도형의 국토만들기가 한계에 달했다는 것은 다음과 같은 배경이 있다.

(1) 캐치업의 종료

캐치업 시대에는 지향해야 할 목표, 이를 위한 산업구조의 형태가 비교적 명확하였기 때문에 중앙정부 및 관료가 목표를 정하고 적절한 유도조치를 구사하면 지방정부가 이에 따라서 시책을 실시하는 방법이 효율적이었으나, 캐치업 시대가 종료된 후에는 이러한 구조에 한계가 보이기 시작했다. 캐치업성장이 끝나고 일본이 전 세계 산업의 선두에 나서게 되면서 정부가 특정 산업을 지정하여 유치하거나 진흥하기 어려워졌기 때문이다. 또한 캐치업시대에는 전국적으로 일률적인 서비스를 보급하는 것이 큰 문제가 되지 않았지만 어느 정도의 서비스가 보급된 후에는 제대로 기능하지 않는다. 일정 수준 이상의 지역 서비스를 어느 정도 제공해야 하는가는 각각의 지방정부와 주민의 의사에 의해 선택되는 것이 적당하기 때문이다.

(2) 강력한 재정제약

성장률이 높았던 시기는 성장의 성과를 지방에 재분배하는 재정정책이 가능하고 유효하였지만, 1990년대 이후 경제가 정체했던 시기에는 거액의 재정적자가 발생하면서 중앙정부로부터의 지방 보조금이나 사회자본정비 등의 재정조치도 줄여야만 했다. 필연적으로 국가에만 의존하던 시대가 지나갔다는 것을 의미한다.

02 공공사업

제 1절에서는 일본형 국토 만들기의 큰 특징 중 하나가 공공투자를 정책목표 달성을 위한 유력한 수단으로 이용해 온 것이라고 언급하였다. 그러나 공공투자 또한 구조개혁이 요구된다.

1. 공공투자의 일본형 특징

공공투자에 대해서도 본서에서 전개해 온 것과 마찬가지의 논의가 성립한다. 즉, 공공투자 역시 일본형의 특징이 있는데, 이것이 시대의 변화에 적합하지 않게 되면서 공공투자에서도 새로운 성장 모델이 요구되고 있다.

공공투자의 일본형 특징으로서는 다음의 세 가지를 지적할 수 있다.

첫째, 공공투자가 경제활동에서 차지하는 비율이 높다.

명목GDP에 차지하는 공공투자(공적고정자본형성)는 경기대책으로 공공사업을 활용해 온 적도 있어 1990년대 전반에 현저히 상승하였고 정점에 달했던 96년에는 8.4%나 되었다. 2000년도 들어와 공공사업을 억제해 왔기 때문에 이 비율은 2004년도 접어들어 5.1%까지 저하하였다. 그러나 이는 영국의 1.3%, 미국의 2.5%, 독일 1.6%, 프랑스 3.1%

등과 비교해 볼 때 아직은 높은 수준이다(일본을 제외하고 2002년도 데이터). GDP에 차지하는 공공투자의 비율이 높다는 것은 그에 대응하는 산업면에서는 건설업의 비율이 높다는 것과 마찬가지다.

나아가 일인당 소득수준이 낮은 지역일수록 일인당 공공투자 수준이 높은 경향을 보이는 등 지역에 따라 차이가 심하다. 즉, 일본경제는 전체적으로 공공투자에 의존하는 정도가 높지만 그 중에서도 특히 지방정부의 공공투자 의존도가 높다.

둘째, 공공투자란 사회자본을 정비한다고 하는 본래의 정책 이외의 면에서도 도움이 된다는 것이다. 예를 들어 경기대책을 살펴보면, 정부는 1990년대 일본경제가 정체하고 있던 가운데 반복적으로 경기대책을 구사해 왔으나 그 주요 내용은 공공투자의 확대였다.

지역진흥에도 공공투자가 활용되었다. 과소지(過疎地), 이도(離島), 산촌(山村) 등의 핸디캡 지역에 대해서는 각각 진흥법이 정해져 있으나, 그 가운데에는 공공투자에 대한 보조율의 증액이 중요한 정책수단으로 자리잡고 있다.

공공투자는 소득재분배의 수단이기도 했다. 전술한 바와 같이 일인당 소득수준이 낮은 지역일수록 공공투자 수준이 높고, 핸디캡지역의 공공투자를 우대하는 정책 등 지방에서는 도시에 비해 상대적으로 많은 공공투자를 실시하고 있으며, 이는 재정을 통해 도시에서 소득을 흡수하여 그것이 지방과 핸디캡 지역에 재분배된다는 것을 의미한다.

셋째, 공급측면보다는 지출면의 효과를 기대한다는 점이다. '무엇을 위해 공공투자를 행하는가' 라는 질문에 많은 사람들은 도로나 항만 등 사회자본을 정비하기 위한 것이라고 대답하겠지만 공공투자에는 또 다른 효과가 있다. 즉 지출 면에서 자금이 줄어든다는 것이다.

전술한 경기대책으로서의 공공투자는 공공투자의 지출 면의 효과를 기대한 것이다. 일본에서는 공공투자를 1조엔 늘리면 GDP가 1조 2천억 엔 증가한다는 식의 논의가 자주 거론되고 있다. 이는 1조 엔의 공공투자를 늘리면 1조 엔의 지출이 늘어나게 되고 그렇게 되면 그 지출을 받아들인 경제주체가 다시 지출을 늘리기 때문에 1조 엔 이상의 GDP가 증가한다는 논리이다. 공공투자에는 사회자본을 늘려 공급 면에서 성장률을 높이는 효과도 있으나 보통은 그러한 측면은 논의하지 않는다. 공공투자와 관련된 논의가 지출면에 상당히 편중되어 있다는 것을 의미하는 대목이다.

지역진흥, 소득재분배의 수단으로서의 공공투자도 주로 지출면에 근거하고 있다. 이도(離島)나 산촌(山村)에서는 자유시장 메커니즘에 의존해서는 고용흡수력이 있는 산업입지를 기대할 수 없다. 따라서 토목·건설업과 관련된 공공사업을 실시하여 강제적으로 고용을 늘리도록 요구받는 것이다.

중요한 것은 이들 세 가지 특징이 상호 보완성을 갖고 있으면서 형성되어 왔다는 점이다. 즉 일본에서는 캐치업 과정에서 풍부한 국내저축을 활용하여 사회자본정비를 진행해 온 결과, GDP 비율에 차지하는 공공투자 비율은 상승하였다. 이리하여 수준높은 공공투자가 매년 행해진다면 이를 다른 정책수단으로도 활용하기 위한 목소리가 강해지게 마련이다.

공공투자는 경기대책, 핸디캡 지역대책, 소득분배정책으로도 사용되는 등 일석삼조의 정책이 된 것이다. 이는 또한 사회자본의 공급 면

보다도 지출 면에 기대한다는 의미이기도 하다.

그러나 지출 면의 효과를 지속적으로 발휘하기 위해서는 자금흐름 면에서의 공공투자를 유지하지 않으면 안된다. 또한 다른 정책수단에 편입되어 버리면 공공투자를 줄인다는 것이 그렇게 간단한 것만은 아니다. 공공투자를 줄일 경우 '경기가 침체되면 어떻게 될 것인가', '핸디캡 지역이나 지방은 포기하는 것은 아닌가' 등에 관한 논의가 나오기 마련이다. 그렇게 되면 공공투자에 대한 GDP 비율도 좀처럼 줄어들지 않게 된다.

2. 일본형 공공투자의 한계

이상과 같은 특징을 가진 일본형 공공투자는 이제는 유지 불가능하게 되었다. 이에는 다음과 같은 배경이 있다.

첫째, 재정제약의 상승이다. 주지하다시피 일본의 재정상태는 선진국 중 최악이다. 재정을 재건하기 위해서는 당연히 공공투자는 억제의 대상이 된다. 문제는 그것을 어느 정도의 규모로 조절해야 하는가에 달려 있다. 여기에서 국토교통성의 국토계획국이 행한 계산을 소개하면 다음과 같다.

우선 고이즈미 내각(小泉内閣)은 2010년 초두까지 프라이머리밸런스(세입 · 세출 양면에서 국채관계비를 뺀 재정수지)를 거의 제로 상태로 만들 것을 목표로 하였다. 이를 위해서는 공공투자도 상당히 억제할 필요가 있는데 이는 다른 경비의 책정과도 관련이 있기 때문에 구체적으로 그것이 어느 정도인가를 정하는 것은 어렵다. 여기에서 민간기관의 계산을 살펴보자. 예를 들어 경단련(經團連)에서는 2002년도부터 2011년도까지는 매년 실질 5% 삭감, 그 후는 보합상태라는 전제를 달아놓고 있기 때문에 여기에서는 이를 사용하기로 한다. 그럴 경우 2001~2025년도의 누적투자액은 620조 엔이 될 것이고 이것이 어느 정도의 크기인가를 알기 위해서 과거 25년간(1976~2000년도)의 누적투자액을 계산해 보면 790조 엔이 된다. 즉 앞으로 25년간은 과거 25년간의 80% 정도의 투자밖에 할 수 없다는 계산이 나온다.

문제는 여기에서 멈추지 않는다. 이미 사회자본 스톡 규모가 상당히 커졌기 때문에 지금부터는 유지 및 갱신투자의 비중이 커지게 된다. 대용연수가 지난 사회자본은 모두 건설 당시와 동일한 금액으로 환산한 후 유지 및 갱신투자를 계산해 보면 지금부터 25년간 400조 엔이 된다. 전체적으로 투자는 620조 엔이 되기 때문에 여기에서 유지 및 갱신투자를 제외하면 신규투자는 220조 엔이 된다. 과거 25년은 아직 사회자본 스톡 수준이 낮았기 때문에 유지 및 갱신투자는 80조 엔 정도였으며, 총투자의 대부분인 710조 엔을 신규투자에 충당하는 것이 가능하였다. 즉 신규투자를 위한 재원을 척도로 계산할 경우 앞으로의 25년은 과거 25년의 30%밖에 사용할 수 없다는 것이다.

둘째, 공공투자의 확대를 경기대책, 핸디캡 지역대책, 소득재분배대책 등으로 활용하는 것도 어려워졌다. 전술한 바와 같이 재정제약에서 공공투자의 확대 그 자체가 어려워졌기 때문에 다른 정책으로 활용할 수 없는 것은 당연한 것이다. 지금까지는 공공투자가 우연히 증가하는 국면이었기 때문에 공공투자라고 하는 하나의 수단으로 경기대책과 지역정책을 동시에 실현할 수 있었으나 앞으로는 공공사업에 의존하지 않는 경기대책, 지역정책이 요구된다.

셋째, 재정제약과 더불어 사회자본 정비수준이 상당한 수준에 달하였기 때문에 공공투자의 GDP 비율을 줄여야 한다는 주장이 강해졌다. 이와 관련해서는 다음에 자세히 다루도록 하자.

3. 공공투자의 GDP 비율을 둘러싼 논의

공공투자의 GDP 비율을 주요 선진국 수준으로 내려야 한다는 논의가 강해지는 이유는 다음과 같은 것들이 지적되었기 때문이다.

① 수준 높은 공공투자가 재정지출을 압력해 왔다.
② 아무리 공공투자가 필요하더라도 이를 위하여 너무 많은 자원을 투입하였다.
③ 수준 높은 공공투자가 건설업과 관련되면서 일본은 토건국가(土建國家)가 되어 버렸고 비생산적인 분야에 자원을 투입하는 결과를 초래하였다.

물론 이와는 반대로 높은 수준의 공공투자를 옹호하는 논의도 있다.

① 일본은 구미와 비교해 사회자본정비 등 공공투자에 대해 시기적으로 늦게 출발하였기 때문에 캐치업 과정에서는 공공투자의 수준이 외국보다 높은 것은 당연한 것이다.
② 일본의 도시공원, 하수도 등 사회자본정비수준을 구미와 비교하

면 아직도 늦은 편이다.

③ 일본은 국토가 좁고 지형도 복잡하며, 게다가 지진 등의 재해가 많기 때문에 공공사업의 비용이 타 외국보다 높다.

이렇듯 공공투자에 대해 반론을 제기하는 의견도 있으나 필자는 이러한 반론에는 그다지 찬성하지 않는다.

우선 캐치업론은 21세기인 오늘날에는 더이상 성립하지 않는다. 경제 전체가 캐치업 과정에 있을 때는 성장률도 높고 민간자본에 비해 사회자본이 상대적으로 뒤떨어지는 경향이 있지만 국내 저축, 재정 면에서 여유가 있기 때문에 저축을 공공부문이 끌어 올려 사회자본정비로 돌리는 것도 어느 정도 합리적이었다. 1994년에 결정된 정부의 공공투자 기본계획은 1995년도부터 2007년도까지의 장기적인 사회자본 정비방침을 나타낸 것이지만, 이는 21세기 초반까지는 급격한 인구증가율과 높은 저축률, 그리고 투자여력도 상당했던 시대적인 배경이 있었기 때문이다.

한편 사회자본의 정비수준은 타 선진국에 비해 뒤떨어졌다고 하는 논의가 아직도 지속되고 있다. 확실히 일인당 도시공원면적, 전선의 지중화율, 국제공항의 활주로 길이 등 일본이 뒤쳐진 면은 있지만 다음과 같은 이유에 의해 이러한 국제비교에 근거하여 공공투자 수준을 유지하려고 하는 것은 부적당하다고 본다.

① 뒤처져 있는 지표를 들으면 끝이 없다 ⇨ 모든 분야에서 앞서 나간다면 좋겠지만 그럴경우 사회자본은 분명 과잉상태가 될 것

이다.

② 입장에 따라서 찾는 데이터가 다르기 때문에 객관적인 비교는 무리가 따른다 ⇨ 예산을 확보한 후 사회자본을 정비하고 싶어한다면 상당한 에너지를 소비하면서 지표를 찾을 것이다. 반대로 이것으로 충분하다고 생각한다면 예를 들어 국토면적당 포장도로 연장은 주요국 중 가장 길다고 하는 지표를 찾으면 된다. 물론 이런 식으로 비교하는 것은 곤란하다.

③ 국제비교는 기술적으로도 어려운 방법이다 ⇨ 예를 들어 하수도 보급률에는 합병정화조 등의 수세식은 포함되지 않을뿐만 아니라 도시공원에는 황거(皇居) 및 신주쿠교엔(新宿御苑, 환경성 관리) 등이 포함되어 있지 않다. 또한 근방에 풍부한 자연이 있는 도시에도 도시공원이 필요한지 등은 생각해 볼 문제이다.

④ 비용을 무시하고 있다 ⇨ 국제적으로 뒤처져 있다고 해서 비용을 무시하고 정비를 해야 한다는 논의는 있을 수 없다. 가령 뒤처져 있다는 것이 사실이라 하더라도 우리는 비용과 편익을 비교하여 생각해야 한다.

국토조건이 좋지 않다고 해서 사회자본정비에 높은 비용이 발생하는 것을 당연한 듯 받아들이는 분위기도 올바른 것은 아니다. 분명 일본이 지진이 많이 발생하기 때문에 튼튼한 구조로 설계하는 것은 사실이지만, 그것은 사회자본에 한정되지 않는다. 일반주택도 공장도 마찬가지이기 때문이다. 일본의 주택투자, 기업설비투자의 GDP 비율은 높은 반면, 주택투자는 높지 않다. 설비투자는 높지만, 그 이유는 자본효율이 낮기 때문에 그런 것이지, 재해때문이라는 논의는 들어본 적이 없다.

물론 GDP 비율을 낮추기만 한다고 해서 문제가 해결되는 것은 아니다. 공공투자의 GDP 비율이 높은 이유는 전술한 바와 같이 정책목표를 달성하기 위해 공공투자를 하고, 고비용의 공사가 지속되며 국민이 저축한 자금이 민간부문에 충분히 투자되지 않았기 때문이다. 이러한 여러 문제를 방치한 채 공공투자만 감액한다면 경제는 축소균형에 빠지게 될 것이다.

03 지역 만들기의 변화

과거 국토 만들기 모델이 이제는 한계에 부딪히기 시작하면서 신시대에 어울리는 새로운 국토만들기 모델이 요구되고 있다. 그것은 어떠한 것일까? 우선 최근 추진되고 있는 구조개혁특구의 경험을 정리하고 이후 지역정책의 방향을 고려하여 중요한 포인트라고 할 수 있는 공간적 · 사회적 이동(mobility)의 증대, 공공투자의 개혁, 지역정책에 있어서 공평성과 효율성의 양립 등에 대해 논하도록 하자.

1. 구조개혁특구의 이념과 현실

구조개혁특구는 각 지역으로부터 규제완화와 관련된 아이디어를 모집하여 그 지역부터 규제완화를 실현해 가도록 하는 것이다. 이 특구제도의 목적은 두 가지가 있다.

첫째, 소위 규제개혁을 실험하는 것이다. 규제개혁에 대한 논의는 총론은 찬성, 각론은 반대가 되어 찬성파, 반대파의 논의가 서로 자기에게 유리한 이론만 내세워 결말이 나지 않는 논쟁이 되기 쉽다. 따라서 지역한정으로 규제개혁을 실제로 해보는 것이다. 반대파가 말하는 폐해가 나타나지 않는다면 실험은 성공적이고 따라서 이러한 규제개혁을 모델로 삼아 전국 규모로 전개하면 될 것이다.

둘째, 지역 활성화이다. 각 지역이 스스로 아이디어를 만들어 지역자원을 살려 활성화를 꾀할 때, 규제의 존재가 제약이 되는 경우가 있다. 특구의 실현에 의해 그 제약을 없애고 지역경제를 활성화시킨다고 하는 의미이다.

지역개발이라는 관점에서 보면, 이 특구구상은 지금까지 존재하지 않았던 몇 가지의 특징을 갖고 있다.

첫째, 중앙정부주도가 아닌 지역 스스로의 주체적인 발상에 근거하고 있는 것이다. 지금까지의 지역개발은 신산업도시 지정, 버블시기의 리조트법, 최근의 IT와 관련한 텔레토피아 구상 등 국가가 특정지역을 지정하여 촉진책을 구사하려고 시도했던 것들이지만, 지금의 특구 구상은 어떠한 특구로 만들어 나갈 것인가에 대한 국가로부터의 구체적인 방침은 없고, 지역이 스스로 구상을 마련하고 움직여야 한다는 것이 다르다.

둘째, 재정적인 뒷받침이 없다는 것이다. 지금까지 지역개발은 사회자본정비, 보조금, 세제의 특별조치, 정부계 금융기관에 의한 저금리 융자 등의 경제적 인센티브가 있었다. 그러나 재정적인 여유가 없다는 이유를 포함하여 지금의 특구 구상에서는 처음부터 국가에 의한 세 감면이나 보조금 교부 등 종래형의 재정조치는 강구하지 않겠다는 것이 명백해졌다.

특구 모집은 2002년 7월부터 시작되었으나, 지금까지 8회에 걸쳐 총 2천 876건의 구상이 모집되었고, 약 6천 항목의 많은 규제개혁에 관한 요망이 나왔다. 이러한 제안을 통해 누계 709건이 특구로서의 인정을 받았다.

그렇다면 이 특구 구상은 현실적으로 어느 정도의 성과를 올리고 있을까? 말 할 필요도 없이 특구는 지금 막 태동하는 단계이기 때문에 지역진흥, 신수요 창출 등의 구체적인 성과를 평가할 때까지는 이르지 않았으나, 다음과 같은 성과물이 나타나고 있다.

첫째, 특구와 관련하여 이미 전국적으로 규제가 완화되었다는 것이다. 예를 들어 지금까지 농업과 관련된 업종은 주식회사로서 참가하는 것이 법적으로 인정되지 않았으나, 이번에 인정된 특구에서는 개별심사를 받아 실현성이 높은 경우에는 참가할 수 있게 되었다. 따라서 앞으로 다른 지역도 동일한 특구신청을 하면 주식회사의 참가가 가능해진다. 즉 지금까지의 전면금지가 개별조사 등의 조건하에서 참입허가로 변한 것이다. 이는 이미 실험 단계를 거쳐 실질적인 규제완화로 연결되었다는 것을 의미한다.

둘째, 특구가 일종의 고충처리창구가 되었다는 것이다. 지금까지는 지방이 규제개혁에 대한 제안을 해도 개별 성청(省廳)이 대응하면서 대부분 이를 거부하였다. 지방은 아예 처음부터 자신들이 제안하는 내용이 받아들이지 않을 것이라고 미리 짐작하여 이러한 제안 자체를 하지도 않았다. 그러나 지금의 특구에서는 창구를 통일하였고 지방이 요청하는 규제개혁 제안에 대해 각성청의 회답을 홈페이지에 공개하게 되면서 각 성(省)도 이를 반대하는 구실을 만들면서까지 제안을 거부할 수 없게 되었다. 지방도 역시 제안을 하면 그에 대한 응답이 있다는 것을 알게 되면서 점점 적극적으로 제안을 하게 되는 호순환이 생기는 것이다.

이상과 같은 특구의 효과는 특구제도가 제안되었던 시점에서는 명확하게 인식되지 않았던 것이다. 새로운 실험을 시행해 봤더니 생각지도 않은 곳에서 의외로 효과를 발휘한 것이다. 이를 통해 일본에 규제가 얼마나 많았는지, 지방으로부터의 제안이 얼마나 실현되기 어려운지를 우리들에게 새롭게 시사해 주고 있다.

2. 공간적 · 사회적 이동의 증대

제 1절에서 언급하였듯이 과거의 국토 만들기 모델이 이제는 한계에 직면하였기 때문에 신시대에 어울리는 새로운 국토 만들기 모델이 검토되고 있으며, 다음과 같은 흐름을 보일 것으로 예상된다.

① 전국 일률적인 개발이 아닌, 각 지역이 지역자원을 살려 상호 경쟁할 것이다.

② 지방정부, 지역주민, 지방기업은 NPO 등의 다양한 주체로 활동할 것이다.

③ 민간의 활력이나 시장메커니즘을 보다 많이 활용할 것이다.

④ 글로벌 시각을 중시할 것이다.

이하에서는 중요하다고 생각되는 공간적 · 사회적 이동의 증대 등에 대해 논하고자 한다. 공간적 이동의 증대란 물리적으로 사람들이 움직이기 쉬운 환경을 정비하는 것이며, 사회적 이동의 증대란 사람들이 지역, 직업, 주택 등에 구속되지 않으면서 재기(再起)에 용이한 사회구조를 만드는 것이다.

(1) 공간적 이동

공간적 이동의 중요성이 높아지고 있는 이유는 인구감소 때문이다. 국립사회보장 · 인구문제연구소가 2002년 1월에 공표하였던 '일본의 장래인구추계'에 의하면 일본의 인구는 2006년의 1억 2천 774만 명을 피크로 감소하기 시작하여 2050년에는 1억 59만 명까지 감소할 것으로 예상하고 있다. 문제는 지역별로 어떤 변화가 있을지에 대해 예상해야 한다는 것이다. 여기에서는 이동이라는 관점에서 중추 · 중핵도시(인구 약 30만 명 이상의 도시)에서 한 시간 권역 및 한 시간 권역 외로 분리하여 추계한 장래 전망을 소개하고자 한다.

이 결과에 의하면 2000년부터 이후 50년에 걸쳐 일본 전체 인구는 약 20% 감소할 것으로 예상되지만, 지방권이면서 중추 · 중핵도시에서 1시간 권역 외의 지역은 40%에서 60%의 인구가 감소할 것이라는 결과를 얻었다. 이렇게 인구가 감소하면 규모의 경제가 작용하기 힘들기 때문에 민간규모에서는 서비스산업도 입지가 좁아지게 되면서 생활은 불편하게 되는, 불편한 생활로 인해 인구는 더욱 감소하게 되는 악순환이 반복된다. 이러한 지역이 2050년에 이르면 인구의 약 4~7% 지역에 해당한다.

한편, 사회자본, 사회적 서비스를 제공하는 재원은 앞으로 점점 한정될 것이다. 그렇게 되면 사람을 고정하여 서비스를 제공하는 것이 아닌, 사람 그 자체가 움직일 수 있도록 하는 발상이 생긴다. 구체적으로는 교통수단을 정비하거나 인적교류를 활성화하거나 이주를 보조하거나 하는 것들을 생각할 수 있다. 이것이 공간적 이동을 높일 수 있는 방법이다.

(2) 사회적 이동

현재 각 방면에서 진행되고 있는 구조개혁은 사회적 이동을 높이기 위한 것이다. 구체적으로는 다음과 같다.

① 토지신화가 붕괴되다보니 토지 소유주에게 의존할 필요가 없게 된다.
② 고용에 대한 유동성이 높아지면서 기업 · 직업에 대한 선택이 쉬워진다.
③ 산업구조 · 기업의 경영구조의 변화에 의해 산업이나 기업의 교체가 지속적으로 나타나게 된다.
④ 규제완화의 진전에 의해 농업부문 등 참입장벽이 높아진 분야에 인적자원, 경영자원이 이동하기 쉬워진다.

이러한 사회적 이동이 높아지는 것은 국토 만들기에 있어서도 중요하다.

① 과소지로부터 도시권역으로 이주하거나 반대로 도시생활자가 지방에서 노후를 보낼 수 있는 환경을 만든다.
② 경영자원이나 노동력의 이동이 쉬워지기 때문에 지역에의 자원집적(클러스터 형성)이 용이해진다.
③ 산업 · 기업이 교체되는 서비스 속도가 빨라지면서 경제발전에 뒤떨어진 지역에서도 회생 가능성이 항상 남아있게 된다.

3. 신시대의 공공투자가 지향하는 방향

지금부터는 공공투자가 어떠한 방향으로 진행해 나아가야 할지에 대해 생각해 보기로 하자. 이는 앞으로 여러 번의 시행착오를 통해 찾아낼 수밖에 없겠지만, 현 시점에서 생각할 수 있는 것은 다음과 같은 것들이 있다.

첫째, 경기에 좌우되지 않는 안정적인 사회자본정비를 목표로 한다. 재정제약의 유무에 관계 없이 경기대책을 위해 공공투자를 사용하는 것은 그만두어야 한다고 본다. 왜냐하면 사회자본정비란 본래 장기적이고 안정적으로 정비해야 하는 것이고, 또한 1990년대의 경험에서도 알 수 있듯이 경기대책으로 활용했던 공공투자의 효과가 한정적이었다는 것, 그리고 안이하게 공공투자에 의지해 왔던 것이 정책적인 모럴헤저드(moral hazard)를 발생시켰기 때문이다.

둘째, 정책목표와 정책수단의 할당을 재정리 하는 것이다. 사회자본의 정비, 디플레이션 저지, 핸디캡 지역에 대한 대응 등 달성해야 할 세 가지의 정책목표가 있다.

한편 정책목표가 세 가지라면 정책수단도 기본적으로 세 가지 있어야 할 것인데, 지금까지는 공공투자의 증가가 무조건 옳다고 생각하여 한 가지 정책수단으로 세 가지 정책목표를 달성하려고 해왔다. 즉, 본래 디플레이션 대책, 핸디캡 지역대책 등을 심각하게 고민하지 않은 것이다. 이것이 정책적인 모럴 헤저드(moral hazard)이다. 공공투자는 사회자본정비를 위해 행하는 대원칙을 새롭게 확인하고 이와는 별개로 디플레이션 저지를 위한 정책, 핸디캡지역을 위한 정책을 준비해야 하는 것이다.

셋째, 공공투자에 대한 결과를 평가한다. 공공투자가 어떻게 행해지고 있는가를 평가하기 위해서는 어느 정도의 자원과 재원을 투입했는지의 인풋 평가(예를 들어 공공투자를 몇 조엔 실시하였나), 그 투자에 의해 어느 정도의 사회자본이 정비되었는가 등의 아웃풋 평가(예를 들어 고속도로가 몇 km 완성되었나), 그 투자가 완성됨으로 인해 어느 정도 편리성이 향상되었나 등의 아웃컴 평가(예를 들어 교통정체가 어느 정도 해소되었나) 등 세 가지를 평가해야 한다.

지금까지 평가의 중심은 인풋이었다. 몇 조 엔의 예산을 획득하였고, 앞으로 몇 조 엔의 사업을 실시할 계획이 있는가가 관심의 표적이었다. 이는 지출 면에서의 효과를 중시해 왔던 습관이 있었기 때문이기도 하다.

그러나 이제부터는 아웃컴 평가도 중시해야 한다. 사회자본을 정비하는 본래의 목적은 그 사회자본에 의해 어떠한 서비스가 제공되는가이며, 이를 평가하는 것이 아웃컴 평가이기 때문이다. 이러한 인식은 오늘날 상당히 널리 공유되어 공공사업을 실시하는 관청에서도 아웃컴 지표의 충실에 힘을 쏟기 시작했다.

단, 이 점에 대해서는 애매한 점이 몇 가지 있다. 예를 들어 경제재정자문회의 등에 있어서 공공사업 장기계획에 대한 논의를 보면, 공공사업 총액을 포함시키는 것을 그만두고 아웃컴 목표만으로 해야 한다는 분위기가 대세를 이루고 있다. 그러나 인풋을 포기하고 아웃컴만으로 한다는 것에는 몇 가지 문제가 발생한다. 예를 들어 장기적으로 도심의 정체지점을 어느 정도 해소하려는 아웃컴 목표를 생각해 보자.

이것만으로는 국민이 제대로 평가할 수가 없다. 이를 위해 어느 정도의 비용이 발생할지 모르기 때문이다. 즉, 인풋에서 아웃풋이 아닌 인풋에 더해 아웃풋도 하지 않으면 안 된다.

넷째, 민간활력, 시장메커니즘의 활용이다. 사회자본의 정비를 진행하고 싶은데 재원은 한정되어 있는 상황을 타파하기 위해서는 사업을 민간에 맡기거나 시장메커니즘을 작용시켜 비용을 삭감하는 수밖에 없다.

이 점에서는 제5장에서도 언급하였던 NPM(New Public Management)을 활용하는 것이 좋은 방법이다. 공공사업의 분야에서는 PFI(Private Financial Initiative)가 대표적인 예이다[3]. 이는 영국의 대처수상(Thatcher) 시대였던 1992년에 도입한 것으로 공공재의 제공을 민간 분야에서 주체했던 것으로 민간활력을 이용한 사회간접자본 정비기법이라고 할 수 있다. 이에는 도로, 교량, 학교, 문화시설, 발전시설, 정보통신시스템, 폐기물처리설비 등 공공사업의 20~30%를 이 방식으로 처리하고 있으며, 1999년에는 일본에서도 PFI법을 시행하면서 지방자치단체에서 많이 활용하고 있다. 물론 여기에도 여러 가지 형태가 있지만, 유료가교 등 독립채산이 가능한 것은 건설 · 운영을 전면적으로 민간에 맡

3) PFI(Private Finance Initiative)란 민자유치 내지 민간위탁의 한 형태로서 공공부문(국가, 지방자치단체 등)이 제공해 온 공공서비스를 민간 자금으로 설계(design), 시공(build), 운영 및 유지관리(operate)하고 민간 주도로, 기술, 지식, 경영 노하우 등을 활용하는 것을 말한다. 이렇듯 PFI는 시장원리를 도입하여 국가나 지방자치단체가 직접 시행하는 것보다 효율적이고 효과적으로 업무처리를 하고, 비용을 절감할 뿐만 아니라, 양질의 공공서비스를 제공할 수 있는 방식이다.(옮긴이)

기거나, 지하철과 같이 일부 밖에 채산을 얻지 못하는 것은 정부가 사업비의 일부를 부담하고 건설업의 운영은 민간에 맡기는 등 다양하게 나타나고 있다. 어쨌든 사업이 민간주체에 맡겨질 때에는 경쟁체제가 갖추어지기 때문에 비용은 축소될 것이며, 건설 자체가 공공사업이 아닌 민간설비투자가 되기 때문에 공공사업의 GDP 비율도 저하하는 효과를 얻을 수 있다.

이러한 기본방향에 따라 이후 새로운 공공사업의 일본형 모델이 형성될 것이다.

4. 지역정책에 있어서의 공평성과 효율성의 양립

일본의 지역정책을 둘러싼 비판은 다양하다. 한편에서는 주먹구구식 지역개발의 원흉이라고 할 수 있는 국토균형발전을 이제는 지역 성장력을 끌어 올리기 위한 정책으로 수정할 필요가 있다는 논의가 있고, 한편에서는 특히 경기가 좋다고 하는 것은 일부 지역의 이야기일 뿐 전혀 경기회복의 혜택을 받지 못하는 지역에 힘을 쏟아야 한다는 목소리도 강하다. 분명 2002년 이후 경기회복이 본격화하고 있는 가운데 지역적인 편차는 존재하고 있다. 주부(中部), 주고쿠(中國) 지역은 생산신장률이 높고 현지의 경기도 호전되고 있으나, 홋카이도(北海道) 및 시코쿠(四國)지역의 경우는 생산신장률 및 경기분위기가 침체되어 있다. 이는 지역마다 산업기반이 다르기 때문이다. 즉, 주부나 주고쿠 지역은 수출관련산업이 입지해 있는 지역이고 홋카이도나 시코쿠는 공공사업에 대한 의존도가 높은 지역이다. 한편에서는 수출에 의해 경기가 회복되고 있고 한편에서는 공공투자가 억제되고 있기 때문에 이러한 차가 나타나는 것은 당연한 것일지도 모른다. 소위 홋카이도, 시코쿠지역의 부진은 공공사업 의존형의 지역진흥이 한계에 달했다는 상징적인 현상이라고 하는 측면도 있다. 이러한 다양한 논의를 포함하여 지역정책에 대한 구조개혁을 얼마나 진행해야 하는가에 대해 생각해 보도록 하자.

우선 기본적으로 지역정책에는 두 가지 중요한 목표가 있다. 하나는 후진지역을 도와 소득격차를 축소시키는(공평성 추구) 것이고, 다른 하나는 지역이 갖고 있는 잠재력을 모두 발휘하여 경제 전체의 성장을 선도하는(효율성의 추구) 것이다. 이 두 가지는 서로 다른 목표이며 때로는 상반되는 결과를 얻기도 한다. 물론 격차의 시정이 그대로 성장력의 상승으로 이어진다면 일석이조가 되겠지만, 잠재력의 부족으로 후진지역이 되는 경우가 많기 때문에 좀처럼 그렇게 되기는 힘들다.

이 점을 정책론의 입장에서 정책할당과 관련하여 응용할 경우 평등성과 효율성이라고 하는 두 가지 정책과제로 인해 정책수단 역시 두 가지가 필요하다. 즉, 공평성을 염두에 둔 국토균형발전이라고 하는 목표를 앞으로는 정책할당이라는 개념에 의해 두 종류의 지역정책을 준비해야만 할 것이다.

그렇다면 어떠한 수단을 준비해야만 하는가? 가령 EU의 지역정책을 참고할 수 있다. 지금까지 EU의 지역개발중심은 소득수준이 낮은 지역에 대한 구조조정기금을 할당하는 정책을 펼쳐왔다. 이 제도에서는 기본적으로 소득수준이 EU 평균의 75% 이하의 지역에 중점적으로 개발자금을 제공함으로써 지역간 격차를 시정하려고 하였다.

그러나 최근에는 보다 성장지향적인 새로운 정책이 중시되고 있다. 그 발단은 2000년 3월의 리스본 유럽이사회였다. 이 이사회에서는 보다 질이 높고 보다 많은 고용과 강력한 사회적 구속력을 동반하여 지속 가능한 성장을 할 수 있도록 세계에서 가장 경쟁력있고, 활력을 가진, 지식을 기반으로 하는 경제를 구축하려는 리스본전략이 합의되었다. 이 리스본전략을 실현하기 위해 EU 위원회는 2005년 2월에 새로운 전략을 입안하였으며, 그 중에는 성장을 위한 혁신 항목이 있다. 예를 들어 '연구개발비를 명목 GDP의 3%로 높인다', '지역센터 · 대학 · 기업을 연결하는 혁신 축(innovation poles)을 형성한다' 등의 목표가 포함되어 있다.

이상과 같은 EU의 경험은 일본의 지역정책에 대해서도 시사하는 바가 크다. 일본에서는 역대 전국종합개발계획에 있어서 국토균형발전이라고 하는 정책목표를 들 수 있고, 공평성을 추구하는 지역정책이 주류가 되어 왔다. 구체적인 수단으로 사회자본의 정비, 핸디캡 지역대책, 지방의 분산정책 등이었다. 그러나 지금은 이러한 방향이 재인식되고 있어, 지역의 독자적인 자원을 살린 활성화정책, 클러스터 등 집적의 이익을 살린 활성화정책으로 전환되고 있다. 이는 어떤 의미에서는 EU와 비슷하다고 할 수 있다.

그렇다면 일본의 지역정책도 효율성을 추구한 지적자원을 활용한 지역정책과 공평성을 추구한 격차시정책의 두 가지로 가야 하는 것은 아닐까? 그러나 일본에서는 이러한 정리가 애매모호한 것처럼 보인다. 만일 이를 체계화한다면 효율화를 목표로 하는 지역정책은 지역발상과 전략을 중심으로 분권형이면서 지적자원을 핵으로 한 집약화를 지향할 필요가 있을 것이다. 한편, 공평성을 추구하는 정책은 국가가 중심이 되어 행하고 있는 현재의 핸디캡 지역정책을 대폭적으로 합리화해야 할 것이다. 현재는 지역의 특성기준(과소지(過疎地), 이도(離島), 산촌(山村), 호설(皓雪)지역 등)으로 조성책이 강구되고 있으나, 중복되는 지역도 많기 때문에 쓸모없는 것이 많다. EU 형의 일인당 소득기준에서 대상지역을 과감히 줄여주는 것도 유효할 것이다. 국가가 중심이 되어 객관적인 기준에 근거하여 후진지역을 원조하는 공평성 추구형의 정책을 강구하는 한편 지역이 중심이 되어 지적자원을 중심으로 효율성을 추구하는 정책을 진행해야 한다. 이러한 기본적인 방향에서 지역정책의 구조개혁을 진행해야 할 것이다.

7

저출산 · 고령화와 일본의 경제사회 구조변동

1. 인구구조의 변화가 경제사회에 끼치는 영향
2. 저출산의 진전과 경제구조의 관계
3. 사회보장을 둘러싼 세대 간 대립과 민주주의의 실패

제7장에서는 다소 관점을 바꾸어 인구문제와 일본의 경제사회의 구조변동과의 관계를 다루어 보고자 한다. 인구와 경제사회의 관계는, 저출산 · 고령화가 진행될 경우 일본의 경제사회는 어떻게 변할 것인지에 대한 문제의식으로 시작되는 경우가 대부분이다. 물론 이 점이 중요하다는 것은 틀림없으나 다른 루트도 생각해 볼 필요가 있다. 특히 일본의 경제사회구조의 문제점이 저출산화에 영향을 미치고 있기 때문이다. 따라서 제7장에서는 인구구조의 변화가 일본의 경제사회에 끼치는 영향과 경제사회구조가 인구구조에 끼치는 영향에 대해 살펴보도록 하겠다.

01 인구구조의 변화가 경제사회에 끼치는 영향

1. 인구구조의 변화

일본의 인구구조는 앞으로 상당히 급격한 변모를 가져올 것이 확실하다. 국립사회보장 · 인구문제연구소가 2002년 1월에 공표한 장래인구추계에 근거하여 인구구조의 변화에 대해 살펴본 결과를 다음과 같이 세 가지로 요약할 수 있다.

첫째, 인구의 절대수준이 감소하기 시작한다. 2000년에 1억 2천 693만 명이었던 일본의 인구는 2006년 1억 2천 774만 명을 기점으로 이후 감소하고 있는 상황이다. 총인구는 2025년 1억 2천 114만명, 2050년에는 1억 59만 명이 될 것으로 예상하고 있다. 그러나 실제 인구의 변화는 2005년 시점에서 서서히 감소하기 시작하고 있어 이 예측보다 급속히 진행되고 있다는 것이 밝혀졌다[1].

둘째, 고령화의 진전이다. 65세 이상의 고령자가 전인구에서 차지하는 비율은 2000년 17.4%에서 2025년 28.7%, 2050년 35.7%로 상승

1) 2005년 12월에 발표된 국세조사의 속보치에 의하면 2005년 10월 1일 현재 일본의 총인구가 1억 2천 775만명으로 2004년 10월의 추계인구보다 약 1만 9천명 감소하였다고 발표하였다.

할 것으로 예상하고 있다.

일본의 고령화의 가장 큰 특징중의 하나는 그 속도가 빠르다는 것이다. 일본의 고령화는 세계에서도 그 예를 찾기 힘들 정도로 빠른 속도로 진행되고 있는데, 예를 들어 고령화율이 7%에서 14%에 달하기까지 프랑스는 115년, 스웨덴은 85년, 영국은 45년 걸렸으나 일본은 30년 정도이다. 또한 2010년 이후 일본의 고령화 수준은 아마 세계 최고 수준이 될 것으로 예상하고 있다.

셋째, 저출산의 진전이다. 0세에서 14세의 연소인구(年少人口)가 전체 인구에 차지하는 비율이 2000년 14.6%에서 2025년 11.6%, 2050년에는 10.8%로 저하될 것으로 예상하고 있다.

이리하여 인구 전체의 양상이 변화하는 가운데 인구의 밸런스 관계도 변화한다. 대표적인 것은 종속인구지수의 변화이다. 전통적으로 인구구분을 할 때 15~64세의 인구를 생산연령인구라고 한다. 연소인구와 노년인구의 합이 종속인구인데 종속인구를 생산연령인구로 나눈 것이 종속인구지수로, 이는 노동인구 한 사람이 몇 명을 돌보고 있는가를 나타내는 지표로 사용되고 있다. 이 종속인구지수가 2000년에는 46.9%였으나, 2025년에서 67.5%, 2050년에는 86.7%로 상승한다.

한편 이 종속인구를 연소인구와 노년인구로 나눔으로써 종속인구지수를 연소 종속인구지수와 노년 종속인구지수로 분해하는 것이 가능하다. 앞으로 저출산이 지속될 것이기 때문에 연소 종속인구지수는 어느 정도까지는 저하할 것이며 그 후는 거의 일정하게 되겠지만(2000년 21.4% → 2025년 19.5% → 2050년 20.1%), 고령화 역시 동시에 진행되기 때문에 노년 종속인구지수는 상당한 수준으로 상승할 것이다(2000년

25.5% → 25년 48.0% → 50년 66.5%). 즉, 앞으로의 노동인구는 보다 많은 고령자를 지지하지 않으면 안 되기 때문에 부담이 증가할 것이다. 현재는 3.9명당 고령자 1명을 부양하고 있지만, 2025년에는 2.1명당 한 사람, 2050년에는 1.5명당 고령자 1명을 부양해야만 하는 시대가 다가온다.

단, 이는 전통적인 인구구분에 근거한 경우이며, 현실적으로 15세부터 일하기 시작하는 사람은 별로 없지만, 65세 이상이 되어도 일할 수 있는 사람은 많기 때문에 생산연령인구를 20~69세로 정의하여 수정한다면 조금은 다를 수 있다. 종속인구지수는 2000년의 47.6%에서 2025년 64.0%, 2050년 77.1%가 된다. 상승하는 것은 틀림없으나 그 수준은 전술한 정의보다 조금 낮게 된다. 노년 종속인구지수도 2000년 17.4% → 2025년 37.6% → 2050년 50.9%가 된다. 2050년 시점에서 약 2명 당 노령자 1명을 부양하게 될 것이다.

2. 인구구조변화가 일본경제 및 사회에 끼치는 영향

이러한 급격한 인구구조의 변화는 당연히 일본의 경제 사회 전체에 상당한 영향을 끼치게 된다. 이를 세 가지 측면으로 나누어 설명하자면, 하나는 인구변화에 의해 종래형의 구조로의 변환, 둘째는 인구의 저출산 · 고령화가 경제성장에 마이너스로 작용, 세 번째가 현행 사회보장제도의 유지가 곤란하게 된다는 것 등이다.

제1의 측면에 대해서 요점만을 재확인해 두면 다음과 같다.

① 고령화가 진전되면 연공임금제를 유지하기 어렵게 된다. 고령자 비율이 상대적으로 높아지면 기업은 전체적으로 임금비용이 상승하기 때문이다.

② 기업경영도 커다란 전환을 요구받게 된다. 특히 저출산의 진전으로 젊은층의 신규채용이 곤란해지면서 예전처럼 신규채용할 때 남성중심으로, 또는 OJT(on the job training)을 실시함으로써 기업이 원하는 특수한 인재를 육성하는 표준모델은 적용할 수 없게 되어 여성이나 고령자, 혹은 중도채용자 등 다양한 인재들을 활용하는 방향으로 전환될 것이다.

③ 인구의 변화는 산업구조에도 영향을 끼친다. 단순히 말하면 저출산으로 인해 젊은층을 대상으로 형성되는 시장은 어쩔 수 없이 축소될 것이며, 반대로 고령화로 인한 고령자 시장(silver market)은 확대될 것이다. 이러한 시대적 흐름에 어떻게 제대로 대체할 것인가가 산업 · 기업의 흥망성쇠를 좌우할 것이다. 국제적으로도 일본이 고령화 사회로서 전 세계의 선두를 달리고 있는 점을 오히려 장점으로 부각시킨다면 일본이 전 세계 고령자 시장을 석권하는 선도산업으로 고령자 시장이 탄생할지도 모른다.

④ 금융 면에서의 변화도 무시할 수는 없다. 상대적으로 금융자산을 많이 보유하고 있는 고령자의 비율이 높아지는 것이 자산을 어떻게 운용할 것인가에 대한 의식수준을 높여준다. 젊은층도 능력급이 확대되면 젊은 시점에서 얻는 저축량이 상대적으로 늘어나게 되고 자산운용의 능란함과 서투름이 스스로의 노후를 좌우하게 된다. 여하튼 잉여자금을 은행에 맡기는 기존의 자산운용 방법은

변하고 있다.

⑤ 공적부문에 대해서도 점점 구조개혁에 대한 압력이 강해질 것이다. 인구구조의 변화 가운데 일본은 재정적자가 확대하고 세대 간 불평등도가 확대되어 사회보장 등의 현행 시스템 그 자체가 유지하기 어려워질 것이라는 현상이 동시에 생기기 때문이다.

전술한 세 가지 측면 가운데 세 번째의 사회보장제도를 둘러싼 문제는 제3절에서 언급하기로 하고, 여기에서는 장기적인 경제성장에 미치는 영향만을 정리해 두자. 정통 경제학자의 경우 장기적인 경제성장률은 노동력, 자본, 전요소생산성(주로 기술진보)의 세 가지에 의해 규정된다고 보고 있다. 이러한 구조를 통해 앞으로 예상되는 인구구조의 변화가 장기적인 경제성장에 끼칠 영향이 무엇인지 생각해 보자.

우선 노동력의 관점에서 볼 때 인구 감소는 노동력 인구 감소로 인해 성장률을 저하시킬 것이다. 인구 감소는 당연히 생산연령인구의 감소를 초래하지만, 일본에서는 이미 저출산이 시작되고 있으므로 생산연령인구는 감소국면에 들어갔다. 현재 통계에 의하면 2000년의 생산연령인구는 8천 600만 명이지만, 앞으로 지속적인 감소를 통해 2025년에는 7천 200만 명, 2050년에는 5천 400만 명으로 감소하게 된다. 생산연령인구가 줄어들면 당연히 성장력도 저하되겠지만, 단순히 생산연령인구가 줄어드는 만큼 성장력이 저하되는 것은 아니다. 여성이나 고령자의 노동력 비율이 어떻게 될 것인가에 의해 노동력 수는 크게 변하기 때문이다.

여기에서 노동력률을 고려한 노동력 인구를 전망해 둘 필요가 있다.

2005년 7월에 발표된 후생노동성의 '인구감소 저하에 있어서 고용 · 노동정책의 과제' 에 의하면 지금의 현상을 그대로 방치해 둘 경우 노동력 인구는 2004년의 6천 642만 명에서 2030년에는 5천 597만 명으로 감소한다. 30년간 대략 1천만 명 정도 감소한다는 것은 상당한 감소이다. 그러나 고령자나 여성 등이 노동시장에 참가할 경우 노동력 인구는 30년간 6천 109만 명으로 약 5백만 명이 감소하게 된다. 즉, 어떤 방법으로든 노력하면 노동력 인구의 감소를 약 절반으로 멈추게 할 수 있다는 것이다. 충격이 완화되는 것은 사실이지만, 그렇더라도 노동력 인구가 상당한 속도로 감소한다는 사실 자체는 변함이 없다.

다음 고령화로 인해 저축률이 줄어들면서 자본형성에 방해가 된다고 보는 면이 있다. 저축 · 소비행동을 살펴보면 일하고 있는 동안에 노후에 대한 준비를 하고 은퇴한 후에는 이를 통해 노후생활을 유지하는 것이 가장 일반적인 패턴이다. 이것이 라이프사이클 가설의 기본개념이다. 단, 개개인이 이러한 행동을 취해도 인구구조가 변하지 않으면 경제 전체의 저축 · 소비균형은 변하지 않는다. 그러나 인구구조가 변하고 근로세대와 은퇴세대의 균형이 변하면 경제 전체의 저축률도 변한다. 즉 고령화가 진전하면 저축을 통한 근로세대보다도 저축을 사용하는 고령세대가 증가하기 때문에 경제 전체로서도 저축률이 저하하는 것이다. 일본의 가계 저축률은 국제적인 기준에서 볼 때 높다고 알려져 왔으나 1990년대 후반 이후 일본의 저축률은 급격히 저하되면서 최근에는 거의 구미선진국의 평균정도에 불과할 정도로 저하되는 이유는 이미 고령화로 인한 영향일 가능성이 높다.

이리하여 국내 저축이 감소하면 투자 자원이 부족해지기 때문에 국내투자가 이루어지지 않게 되고 따라서 성장률은 저하된다. 단, 국내 저축이 감소하여도 해외로부터 자본 유입이 있다면 국내 투자는 줄어들지 않을 것이라는 생각도 가능하다. 최근 미국은 국내 저축이 상당한 저수준을 유지하면서도 활발한 국내투자가 행해지고 있어 경제 활력이 쇠퇴하지 않고 있다. 이는 해외로부터의 자본유입이 크기 때문이다.

그러나 지금까지의 추이를 보면 일본의 투자비율(GDP에 차지하는 투자비율)은 국내의 저축비율(저축의 GDP비)에 따라 함께 움직이는 경향을 보여왔기 때문에 이러한 경향이 계속된다면 역시 국내 저축의 감소는 국내투자를 감소시키는 중요한 요인으로 주목될 것이다.

따라서 인구구조의 변화는 주로 노동력 인구의 감소와 저축률의 저하, 이렇게 두 가지 요소에 근거하여 장기적인 성장률을 저하시키게 된다.

3. 성장률 저하를 막기 위한 대책

그렇다면 성장률 저하에 어떻게 대처하는 것이 좋은가? 같은 틀을 사용하여 생각한다면 대응책으로 다음의 세 가지를 생각할 수 있다.

첫째, 노동력 인구의 감소에 대응하기 위해서는 여성과 고령자를 활용하는 방법이 있다. 일본의 여성 노동 비율을 연령별로 보면, 20대 후반부터 30대 전반에 걸쳐 일단 저하하는 경향이 있다(M자형 커브). 여성의 사회참여가 활발한 구미 선진국에서는 이 M자형의 잘록한 부분이 거의 존재하지 않고 있다. 이는 일본에서는 아직도 여성을 활용할 여지가 크다는 것을 의미한다. 고령자에 대해서도 마찬가지다. 일본의 고령자는 노동의욕이 높기 때문에 조건만 맞으면 고령자들이 일할 수 있도록 일자리 창출이 가능하다. 그래도 노동력이 부족하다면 외국인 노동자를 활용하거나 또는 기계를 도입해서 한 사람 한 사람의 자본장비율을 높이는 방법을 통해 노동생산성을 높이는 수단도 있다.

둘째, 국내 저축의 감소에 대해서도 몇 가지의 대응책이 있을 수 있다. 미국과 같이 해외로부터의 자본을 적극적으로 수용하는 것도 생각할 수 있고, 투자의 자본효율을 높이는 것도 가능하다. 또한 현재와 같이 거액의 재정적자를 기록하고 있다는 의미는 이러한 국내 저축을 재정으로 소비해 버린다는 것을 의미하기 때문에 재정을 건전화하고 국내 저축을 민간부문이 더욱 활용할 수 있도록 하는 것이 필요하다.

셋째, 전요소생산성을 높임으로 노동력이나 자본 면에서의 마이너스를 보충한다는 것도 가능하다. 이를 위해서 연구개발을 위한 자원을 투입하여 기술진보를 촉진하는 것이나 경제구조를 바꾸어 자원이 보다 발전성 높은 분야로 투자될 수 있도록 하는 것 등을 생각할 수 있다.

4. 성장률 저하 방지책에 대한 의문

이상과 같은 수단을 강구함으로써 인구구조의 변화에 따른 성장률 저하를 될 수 있는 한 방지한다는 의견에 대해서 대부분은 찬성할 것이다. 그러나 이럴 경우 다음과 같은 두 가지 의문이 남는다.

첫째, 기본적인 발상에 대한 의문이다. 우선 노동력 인구가 부족하기 때문에 여성이나 고령자를 활용한다는 발상을 한번 생각해 보자.

본서에서 반복하여 지적하고 있듯이 경제와 인간과의 관계를 살펴볼 때, 경제를 위하여 인간이 존재하는 것이 아니라 인간을 위해 경제가 존재한다는 생각이 바른 생각이다. 노동력 인구가 부족한 채 이를 방치해 두면 성장률이 내려가기 때문에 여성이나 고령자를 활용해야 한다는 것은 성장을 실현시키기 위하여 사람을 동원한다는, 즉 경제를 위해 사람이 필요하다는 발상이다. 설령 성장률이 저하되더라도 일하고 싶지 않은 사람까지 일하게 할 필요는 없다고 본다.

인구구조가 변하고 성장률이 저하하면 국가경제가 곤란하기 때문에 자본의 효율을 끌어올리거나 재정적자를 줄이거나, 혹은 구조개혁에 의해 전요소생산성을 높일 필요가 있다고 하는 논의에도 의문이 든다. 인구가 증가하는 경제라면 효율성이 낮은 자본을 사용하거나 재정적자를 방치하거나, 구조개혁을 대충해도 된다는 것인가? 자본효율의 향상, 재정의 건전화, 구조개혁의 추진 등의 정책목표는 인구구조가 변해도 변하지 않아도 항상 필요한 정책목표이다. 인구가 감소한다고 해서 성장촉진을 위해 새로운 정책을 취해야 한다는 것이 아니라 항상 필요한 정책을 가장 진지하게 해야 하는 것이 아닐까 한다.

둘째, 전술한 바와 같이 어떠한 정책을 목표로 하기 전에 해야 할 일이 있다. 예를 들어 노동력 인구가 부족해지면 성장률이 저하될 염려가 있기 때문에 여성이나 고령자를 활용해야 한다는 것은 무엇을 상정(想定)하고 있는 것일까? 실업률 제로 상태를 원하는 것은 아닐까? 노동력 부족에 발목을 잡혀 성장할 수 없다고 해서 기존의 노동력을 활용한다면, 노동력 수급은 압박받게 되고 실업률은 제로가 될 것이다. 그러나 노동력 인구는 벌써 감소하기 시작하였고, 그럼에도 불구하고

1990년대를 통해 실업률은 지속적으로 상승해 왔다. 이뿐만이 아니라 한참 일을 해야 할 젊은층에서 가장 실업률이 높아지는 사태가 발생하였다. 고령자 역시 일하고 싶은데 일할 곳이 없다는 사람이 많이 존재한다.

노동력이 부족하다는 것이 확실함에도 불구하고 고수준의 실업률이 지속되고 있다는 것은 고용구조와 관련하여 해소할 수 없는 근본적인 결함이 있을 것이라는 짐작이 가능하다. 일손이 부족하다고 걱정하기보다는 현실적인 모순을 해소하기 위한 노력이 필요하다.

노동시장을 보다 유연하게 하고 기업의 니즈에 어울리는 인재를 공급할 수 있도록 교육시스템을 정비하고, 직업 재교육장을 정비하는 등의 구조개혁을 진행하지 않는다면 장래 노동력 인구가 감소할 경우 노동력 부족과 고실업률이 병존하는 최악의 사태가 발생할 염려가 충분히 존재한다.

02 저출산의 진전과 경제구조의 관계

1. 인구감소의 경제적 배경

인구구조의 변화에 대한 기본적인 배경에는 합계특수출생률이라는 것이 있다. 합계특수출생률이란 한 여성이 평균적으로 일생동안 낳을 수 있는 아이의 숫자를 일컫는다. 남성은 아이를 낳지 못하기 때문에 합계특수출생률이 약 2일 경우 장기적으로 인구규모는 불변하게 된다.

일본의 경우 2004년 시점에서 합계특수출생률은 1.29로, 2를 크게 밑돌고 있다. 이러한 결과를 통해 합계특수출생률은 앞으로도 낮은 수준이 지속될 것으로 전망하고 있으며, 2025년에는 1.38, 2050년에는 1.39 정도로 예상하고 있다. 이러한 상태가 계속된다면 젊은층의 인구가 줄어들기 때문에 고령화, 저출산이 진전하게 되는 것이다.

출생률의 저하와 관련한 경제적 배경에 대해 생각해보자. 전 세계적으로 경제가 발전하는 국가들 대부분은 출생률이 저하하고 인구는 증가하지 않는 경향을 보인다. 이는 소득수준이 상승하면 인구는 증가하지 않는다는 관계가 존재하는 것을 짐작케하는 대목으로 다음과 같이 해석할 수 있다. 우선 경제적 관점에서 볼 때 각각의 가계는 아이를 갖는 것에 대한 효용과 비용을 고려하여 아이를 갖게 되지 않을지, 혹은 갖게 된다면 몇 명의 아이를 가져야 하는지를 선택한다. 아이를 갖는 것에 대한 효용으로서 다음과 같은 것들을 생각할 수 있다.

① 성인이 된 후 노동력을 제공하여 가계소득에 공헌한다.
② 부모의 노후를 부양해 준다.
③ 아이를 키우는 것 자체가 삶의 보람이다.

한편 아이를 갖는 것에 대한 비용으로서는 부모의 자녀에 대한 수고와 교육비 등을 생각할 수 있다.

이렇게 아이를 갖는 것에 대한 비용과 편익을 경제적으로 정리해 보면, 경제가 발전하고 소득수준이 상승함에 따라 비용은 상승하고 편익은 저하한다는 생각이 자연스러운 것이다. 그 이유로 다음과 같은 것들을 생각할 수 있다.

① 교육연한이 장기화하고 취업연령이 늦어지다 보니 가계를 위하여 일한다는 것이 불가능하다.
② 핵가족화가 진행되고 가족의 연결고리가 약해지면서 아이들은 아이들, 부모는 부모라고 하는 생각이 강해져 연금 등 사회보장제도 역시 정비되므로 자녀들이 더이상 노후에 기댈 수 있는 대상이라고 생각하지 않게 된다.
③ 지금은 고학력이 당연한 시대가 되다 보니 교육비 등 아이를 양육하기 위한 비용이 높아진다.

④ 여성들의 아이를 키우기 위한 기회비용이 높아진다.

이 중 정책적으로 중요한 포인트는 네 번째이다. 경제가 발전할수록 남녀의 기회균등화, 여성의 사회참가가 늘어나기 때문에 덩달아 소득도 늘어난다. 그러나 가정에 들어와 아이들 돌보는 것에 전념하게 되면 이러한 사회참가의 기회, 그에 따라 얻을 수 있는 소득이 없어지게 된다. 이는 여성에 있어서 커다란 기회비용이 된다.

2. 인구고령화의 요인

(1) 사망률 저하에 의한 평균수명의 신장

일본에 있어 고령화가 급속도로 진전된 요인은 경제성장에 의한 생활수준의 향상과 더불어 보건위생의 향상과 의료기술의 발전, 그리고 사회보장제도를 비롯한 사회복지서비스의 충실 등에 의한 사망률의 저하라고 할 수 있다.

일본인의 평균 수명은 1947년 남녀 공히 50세를 넘었고, 1951년에는 60세, 1971년에는 70세를 넘어, 2000년에는 남성 78.3세 여성 85.2세로 세계 최장수국이 되었다. 평균수명이 1% 증가하면 노인인구는 0.2% 증가한다고 한다. 따라서 2025년에는 65세 이상의 고령자가 3천 473만 명으로 급증하여, 고령화율은 28.7%로 일본은 세계 제일의 "초고령 사회"가 될 것으로 예측되고 있다.

(2) 출생률 저하로 인한 연소인구의 감소

고령화가 급속히 진행되는 또 하나의 요인은 출산율의 급격한 저하이다. 한 여성(15세~49세)이 일생 동안 몇 명의 아이를 낳는가를 나타내는 비율인 합계특수출생률과 관련하여 생각해야 할 것은 한 나라의 인구가 현상을 유지하기 위해서는 합계특수출산률이 2.1%를 유지해야 한다는 것이다.

일본의 합계특수출산률은 1947년 4.54, 1970년 2.13이었으나 1980년대 들어와 1.75, 그리고 2003년에는 1.29로 밑돌았으며, 2004년에도 1.29에 불과하였다. 이를 구미제국과 비교하면, 미국의 2.04(2003년) 스웨덴 1.71(2003년), 영국 1.71(2003년), 프랑스 1.89(2003년), 독일 1.34(2003년) 등 대부분의 선진국보다 낮으며, 일본은 이탈리아의 1.29(2003년)와 비슷한 낮은 국가에 속한다.

합계특수출산률의 저하 원인은 젊은 세대의 만혼화(晩婚化)와 그에 따른 만산화(晩産化)를 비롯하여, 젊은 부부의 생활비, 주택비, 자녀양육비 등의 경제적 사정과 육아 돌보기의 어려움 등 경제적 · 사회적 문제가 출생률 저하의 주된 요인이라고 할 수 있다.

3. 저출산과 경제구조의 관계

그러나 이와 같은 일반적인 논의만으로 일본의 최근의 저출산 경향을 설명할 수는 없다. 선진국 가운데 일본만이, 특히 저출산의 진전이 눈에 띄기 때문이다. 주요 선진국의 출생률을 비교하면 (표 7-1) 일본의 2002년의 1.32는 독일의 1.40, 이탈리아 1.26과 함께 가장 낮은 레벨의 그룹에 속한다. 또 하나의 특징은 일본의 저하속도가 최근 들어와 빠르게 진행하고 있다는 것이다. 1985년부터 2002년의 저하폭을 보면 일본이 0.42포인트로 압도적으로 큰데, 이는 일본의 경제사회에만 작용하고 있는 무언가 특별한 요인이 있을 것이라 짐작을 할 수 있다.

표 7-1 주요선진국의 합계특수출산율의 수준과 변화

국명	1985년	2002년	85~2002년의 변화율
일본	1.76	1.32	-0.44
미국	1.84	2.01	+0.17
프랑스	1.83	1.88	+0.05
독일	1.37	1.40	+0.03
이탈리아	1.42	1.26	-0.16
스웨덴	1.74	1.65	-0.09

자료: 내각부 "少子化社會白書" "高齡社會白書" 등 필자에 의해 요약

그렇다면 그 요인이란 무엇인가? 단기적 요인과 장기적 요인으로 나누어 볼 수 있는데, 우선 단기적인 요인은 1990년대에 있어 경제정체와 젊은층의 고용불안이다. 90년대 경제가 정체하는 가운데 많은 젊은 이들이 그들의 장래에 대한 불안이 높아졌다.

일반적으로 자신의 아이들이 우리들보다도 평화롭고 풍부한 삶을 살 수 있다고 생각할 때에 안심하고 아이를 낳아 기를 수 있는데, 90년대에는 일본경제가 전반적으로 자신감을 상실하였던 시대였기 때문에 미래에 대한 밝은 기대가 어려웠다. 또한 일본에서는 결혼하면 아이를

갖는 것이 당연하다는 사회적 인식 때문에 결혼세대인 젊은층의 생활 기반이 불안정할 경우, 결혼 그 자체가 불가능해지고 필연적으로 자녀 수도 줄어들게 된다. 90년대에는 기업의 구조조정이 강해지는 가운데 신규채용을 줄여 젊은층의 실업률이 급상승하였던 시대적 배경때문에 저출산이 지속된 것이다.

장기적인 요인으로서는 고용 관행이 중요하다. 지금 기업에서 일하고 있는 여성이 아이를 키우기 위해 퇴직할 경우, 기회비용(opportunity cost)이 어느 정도 발생할지를 생각해 보자. 이 기회비용은 여성이 그대로 일을 계속할 경우 얻을 수 있는 생애소득과, 아이 때문에 퇴직할 경우의 생애소득을 비교하여 계산한 것이다(逸失額).

2005년도판 경제생활백서(國民生活白書)의 결과를 보면 다음과 같다. 우선 대졸 여성이 취업을 한 후 육아휴가를 얻어 그 후 직장에 복귀한 경우의 일실액(逸失額)은 1천 909만 엔이다(케이스 1). 다음 일단 퇴직하여 아이 돌보기에 전념하고 아이들이 6세가 되었을 때 재취직한다면 일실액(逸失額)은 9천 937만원이 된다(케이스 2). 같은 방법으로 아이들이 6세가 되어 이번에는 파트타임으로 일한다면 일실액(逸失額)은 2억 2천 732만 엔이다(케이스 3).

이들 각각의 케이스를 분리하여 생각하면 예전의 장기고용, 연공임금형의 일본형 고용관행이 여성의 아이 돌보기의 기회비용을 상승시키는 방향으로 작용하고 있는 것을 알 수 있다 첫째, 장기고용 하에서는 일단 퇴직한 여성이 다시 같은 직장에 복귀할 수 있는 길이 좁다. 즉, 케이스 2보다도 케이스 3이 될 경향이 강하다는 것이다. 둘째, 연공임금 하에서는 정사원과 파트직 사원과의 임금격차가 심하다. 정사원은 근속년수가 추가되기 때문에 파트 사원보다 고임금을 받는다. 이 때문에 일본은 주요 선진국 가운데 정사원과 파트사원의 임금격차가 가장 큰 나라가 되었다. 내각부의 "일본경제(日本經濟) 2004"에 의하면 풀 타임 노동자를 100으로 할 때 파트 노동자의 임금은 50.3%로 일본이 비교국 13개국 가운데 가장 차이가 심하다(독일: 83.2). 즉 케이스 3이 되었을 때의 기회비용이 극히 커지게 된다.

이는 일본의 고용관행이 여성의 사회 참여에 대한 사회 전체의 흐름과 부적합하게 되어 있는 것을 의미한다. 이것이 바로 저출산의 배경이다. 이를 다른 방법으로 예를 든다면 고용관행과 사회와의 부적합이 근본적인 병의 원인이기 때문에 저출산 현상은 그 결과에 대한 반응으로 열이 발생하는 것이라고 할 수 있다. 그렇기 때문에 해열제를 먹는 것만으로는 병을 고칠 수 없다. 종래형의 고용관행이 변화하고 여성이 탄력적으로 참가할 수 있는 고용시장이 형성되어 연공임금이 완화되고 동일 노동, 동일 임금에 가까워지면 여성의 아이돌보기에 대한 기회비용은 저하할 것이고 저출산 역시 멈출 것으로 기대할 수 있다.

본서에서는 일본 경제사회의 종래형 구조를 시대의 변화에 맞추어 변혁해야 한다는 것을 주장해 왔다. 이러한 구조변혁을 통해 일본의 저출산 현상을 막을 수 있는 대책을 강구할 수 있는 것이다.

03 사회보장을 둘러싼 세대 간 대립과 민주주의의 실패

마지막으로 인구구조의 변화가 사회보장제도에 미치는 영향에 대해 생각해 보자. 일본의 연금, 의료시스템은 기본적으로는 노동세대가 고령세대에 필요한 비용을 지불하는 부과방식으로 되어 있다. 이러한 방식은 경제가 성장하거나 인구가 증가하고 있을 때에는 극히 유효하게 기능하지만, 일단 인구가 감소하고 고령화가 진전되면 커다란 문제에 직면하게 된다. 지불을 받는 고령 세대층이 근로세대에 비해 상대적으로 증가하기 때문에 시스템을 그대로 방치해 놓을 경우 근로세대의 부담이 점점 커지게 되기 때문이다.

여기에서 연금, 의료시스템에 대한 개혁이 논의되는데, 이 점에 대해서는 이미 많은 논의가 있었고 본서의 주제와는 관련이 적기 때문에 자세히는 다루지 않을 것이다. 따라서 제3절에서는 이러한 세대간의 불균형이 정치적 의사결정시스템의 구조적 문제점을 나타내고 있다는 것을 논하고자 한다.

1. 왜 개혁은 뒤로 미뤄지는 걸까

우선 다음 문장을 읽어보자.

"오늘날 사회보장 구조는 미래의 고령사회에 충분히 대응할 수 있는 제도가 아니다. 예를 들어 후생연금에 대한 장래를 전망해 볼 때(중략) …, 보험료 수준은 2015년 이후 34% 정도 높이지 않으면 수지가 맞지 않는다. 어찌되었든 현행의 연금제도를 그대로 유지할 경우 현재 세대는 미래 세대의 장래를 책임지기 위해 굉장한 부담을 갖게 된다."

이것은 1982년 "경제심의회 장기전망위원회"의 보고 내용 중 일부이다. 즉, 연금 문제는 과거 20여년 이전부터 알고 있었다. 그럼에도 불구하고 발본적인 연금개혁이 이루어지지 않았다. 이것이야말로 문제이다.

연금제도는 한 사람의 인생의 노후를 준비하기 위해서 필요한 것이지만 민간보험의 경우 인플레이션이나 버블 등의 경제적 쇼크에 대응하기 힘들다는 문제가 있다. 이것이 바로 시장의 실패이다.

따라서 정부가 공적 연금제도를 정비해야 하는데 정부가 연금을 정비하는 과정에서 여러 가지 문제가 발생한다. 예를 들어 일본의 관료 및 대신들의 임기는 대략 1~2년만에 끝나기 때문에 자신의 임기중에 문제가 표면화하지 않도록 조심하게 된다. 문제를 빨리 해결해야 할 인센티브가 없기 때문이다. 이 때문에 연금제도의 발본적인 개정은 계속해서 뒤로 밀리게 되고, 결국 정부의 실패를 초래한다. 현 시점에서도 정부의 실패는 계속되고 있다. 예를 들어 사회보험청과 국세청이 통합해야 할 발본적인 제도 개정안이 필요한데도 일부 관료들은 이에 대한 대책을 세우지 못하고 있다. 이러한 통합이 국민들에게 이익을 가져다 줌에도 불구하고 하지 못하는 이유는 그렇게 될 경우 각각의 성청에는 상당한 조정비용을 강요받기 때문이다.

나아가 민주주의의 프로세스에도 문제가 있다. 연금문제는 고령세대와 근로세대, 현세대와 장래세대 등의 세대 간 수익과 부담문제가 있지만, 현행의 민주주의 프로세스에서는 고령세대의 이해가 반영되기 쉬운 편견(bias)이 있다. 그 이유로서는 다음과 같은 점을 들 수 있다.

첫째, 지역에 따라 투표의 무게가 다르다. 즉 현재의 선거구 할당에서는 인구비로 볼 때 지방이 보다 많은 대표자를 배출하게 되는 구조로 되어 있다. 그러나 현재의 인구구성을 보면 도시보다는 지방이 고령자의 비율이 높기 때문에 고령자가 보다 많은 대표자를 선출할 수 있는 구조이다.

둘째, 연령별로 본 투표의 기회비용의 차이이다. 우리는 왜 선거를 포기하는가? 이러한 문제에 대해 경제학적인 해답은 '투표에 의해 얻을 수 있는 이익' 과 '투표나 후보자의 선거에 시간을 소비할 때의 기회비용' 과의 차이를 들 수 있다.

현재의 투표 시스템을 생각해 보자. 현재 일본에서는 일요일 하루만을 투표일로 정하고 있는데, 이 방식에 의한 기회비용을 생각해 보면 분명 근로자층이 은퇴한 고령자층보다 기회비용이 높을 것이다. 근로자층 가운데는 경제적 이익을 추구하기 위해 일요일도 일하고 싶어할 수도 있다. 혹은 반대로 모처럼의 일요일은 쉬고 싶거나 놀러가고 싶은 기분이 들 수도 있다. 나아가 젊은층일수록 레저에 시간을 사용하려는 유인(誘因)이 강하기 때문에 현행의 일요일 투표시스템은 근로세대보다도 은퇴세대에 유리하게 작용한다. 그렇다면 투표율과 그 결과는 어떻게 되겠는가?

셋째, 미래세대는 의사결정에 참가할 수 없다. 이는 어떤 의미에서는 결정적인 현행 민주주의의 결함이라고도 할 수 있다. 우리는 미래세대가 우리의 노후를 지지해 줄 연금제도를 실행할 수 있으며, 재정적자를 통해 장래세대에 부담을 떠 넘기는 것도 가능하다. 부담을 짊어진 장래세대는 논의에 참가하고 있지 않기 때문에 반대할 수 있는 힘이 부족하다.

이상과 같이 현재 우리들이 유지하고 있는 민주주의에 의한 의사결정시스템은 젊은 세대보다도 고령세대가 유리하다. 또한 근로세대보다도 은퇴세대가 유리하고 장래세대보다도 현행세대가 유리하다는 편견(bias)을 내포하고 있는 것이다. 이러한 의사결정시스템의 결함은 경제가 성장하고 인구가 증가하고 있을 때는 문제가 없다. 장래세대는 보다 높은 소득을 얻게 되고, 부담하는 사람들이 항상 수익을 얻을수 있는 사람 보다도 늘어가기 때문이다. 그러나 최근과 같이 성장률이 둔화하고, 장래인구가 감소하기 시작하면 상기와 같은 민주주의의 결함이 뚜렷이 나타나게 된다. 이것을 방치한다면 세대간 부담의 불균형은 점점 커져 결국 세대간 대립이 격화된다. 인구구조의 변화는 민주주의의 의사결정 시스템에도 구조변환을 요구하고 있다.

2. 민주주의의 실패를 시정하려면

이러한 민주주의의 실패를 시정하기 위해서는 어떻게 하면 좋을까? 이에 대하여 몇 가지 논의를 해 보자.

첫째, 세대 간 표의 불균형에 대해서는 연령별 선거구를 제안하고자 한다. 현재의 선거구 비율은 지역비율인데, 선거구가 지역비율만 있는 것은 아니다. '20대 연령 구' '30대 연령 구' 등 경우에 따라서는 연령별 선거구로 하고, 연령별로 대표자를 선출하여 그 대표자를 연령별로 인수(人數)에 비례시켜 두면 각 연령별 대표자를 편견 없이 선출할 수 있다. 물론 20대 연령 구에서 50대가 입후보할 수도 있다.

홋카이도대학(北海道大學)의 가네코(金子勇) 교수는 '영아도 포함하여 모든 국민에게 일인 1표를 주어 부모가 대신하여 아이들 투표를 행사하도록 해야 한다' 고 하는 탁월한 제도를 제안한 적이 있다[2]. 이것을 탁월하다고 표현한 이유는 다음과 같은 두 가지 이유에서이다. 첫째는 부모가 아이들 표를 행사할 때에는 아이들의 미래를 생각하여 투표하기 때문에 부모가 장래세대의 대리인으로서 행동할 것이라고 기대할 수 있기 때문이다. 둘째는 이러한 제도에서는 자녀수 만큼 부모의 투표권리가 많아지기 때문에 투표권을 충실히 행사할 수 있으며, 따라서 아이를 갖고 있는 부모들의 의견이 반영되기 쉽고, 일종의 저출산 대책도 될 수 있다.

둘째, 세대 간 투표의 기회비용이 다른 점에 대해서 생각해 보자. 예

2) 일본경제신문사 편 (2005) "少子に挑む"

를 들어 투표일을 일주일 간으로 정한다면 투표권자가 언제든지 편리한 시간에 투표할 수 있다. 일요일 근무인 사람도 투표하기 쉽고, 평일의 경우 근무 전후에 투표를 끝마칠 수도 있기 때문에 기회비용이 균등해질 것이다.

셋째, 미래세대가 참가하지 않을 경우 제도를 통해 참가하도록 하는 방법도 있다. 일반적으로 미래세대에 부담을 남기는 제도를 만들면 안 된다고 하는 법률을 만들어 놓아 미래세대의 대표로서의 유식자 위원회 등이 이를 심사하도록 하는 것이다. 프라이머리 밸런스(세입에서 국채수입을 제외하고 세출로부터는 국채비를 제외한 상태에서 밸런스를 본 것)는 현세대가 장래세대에게 어느 정도 부담을 남겨두었는가의 지표가 되기 때문에 매년 프라이머리 밸런스가 마이너스가 되지 않도록 정부차원의 규정을 정해놓는 것도 유효하다.

이상 언급한 것은 본서의 기본철학이기도 한 '세대의 자립' 이 중요하다는 것을 강조한 것이다. 우리는 자기세대의 문제는 자기세대에서 처리하고 후세대에 불편을 주지 않도록 해야 한다. 이를 위해서는 자신들 세대의 문제는 자신들 세대의 의사만으로 정할 수 있도록 세대의 자립이 필요한 것이다.

종장

일본형 경제사회의 나아가야 할 방향

- 어떻게 변하고 있고 앞으로 어떻게 변해야 하나 -

1. 부(負)의 보완성으로부터의 이탈
2. 구조변동에 따른 불안
3. 구조변동의 행방

지금까지 일본의 경제사회와 관련하여 여러 방면에서 구조변동의 모습을 살펴보았다. 본장에서는 지금까지의 논의를 종합하기 위해 앞으로 구조변동이 나아가야 할 방향을 개관해 보기로 한다.

01 부(負)의 보완성으로부터의 이탈

일본의 경제사회는 1990년대 이후 많은 어려움에 직면해 왔으나 2005년을 시점으로 일본 경제의 장기적인 흐름이 하나의 고비를 맞는 해가 되었다.

1. 세 가지 과제와 부(負)의 상호 보완성의 작용

1990년대 이후 일본경제는 세 가지 과제에 동시에 직면하였다. 첫째, 경기침체와 디플레이션의 진행(단기적인 문제), 둘째, 부실채권의 증가와 금융시스템의 기능부전(중기적인 문제), 셋째, 일본의 경제사회 시스템이 새로운 시대에 부합하도록 바꾸어야 할 구조적 과제(장기적인 문제) 등이 그것이다.

문제는 1990년대 전반을 통해 이 세 가지 과제가 상호 마이너스로 작용해 왔다는 것이다.

이 관계를 정리한 것이 다음 〈표 8-1〉이다.

표 8-1 1990년대의 세 가지 과제와 부의 상호 보완성

	경기침체 · 디플레이션 진행	부실채권	구조문제
경기침체 · 디플레이션 진행		디플레이션에 의한 부실채권 증가	제로섬 하에서 자원의 재분배 어려움
부실채권	기업의 설비투자 제약, 금융정책의 효과 저해		새로운 분야에의 리스크머니의 공급 저해
구조문제	고용조정, 재무 구조 조정으로 경기의 파급력 저하	기업회생의 어려움으로 부실채권 증가	
정책대응	금융정책을 중심으로 한 탈 디플레이션 대책	부실채권 처리와 기업회생정책	규제완화 등의 구조개혁

예를 들어 디플레이션의 진행은 부채의 실질가치를 증가시켜 부실채권을 해결하기 어렵게 만들었다. 또한 구조변동은 자원배분의 변화를 발생시키지만 경기가 침체하고 전체적으로 경제가 확대하지 않을 때는 그것이 마찰적인 실업이나 기업의 도산 등으로 이어질 염려가 있기 때문에 구조개혁에 대한 반발이 강하다.

부실채권의 존재는 대출경색(貸し渋り)을 통해 경기에 마이너스로 작용하고 나아가 리스크머니(risk money)의 공급부족으로 구조조정을 방해한다. 기업이 구조조정을 통한 구조개혁을 진행할 때에는 비록 수익이 확대되더라도 그것이 적극적인 설비투자나 고용확대로 이어지지 않게 되어 결국 경기상승을 기대하기 어려워진다. 이러한 상태를 가리

켜 '90년대는 디플레이션, 부실채권, 구조조정 등 세 가지가 부(負)의 상호 보완성을 갖고 영향을 주고 있다' 라고 정의할 수 있다. 즉 이 세 가지 과제는 각각 독립적으로 일본경제를 어렵게 만드는 것이 아니라 상호 악영향을 미치면서 문제 해결을 어렵게 하고 있는 것이다.

이렇게 세 가지 과제가 부(負)의 상호 보완성을 갖고 존재하고 있는 이상, 일본경제가 구조적 문제를 갖고 있는 상황에서 벗어난다는 것이 쉬운 일은 아니다. 그러나 반대로 생각하면 세 가지 과제가 갖고 있는 각각의 문제는 해결의 열쇠가 될 수도 있다. 디플레이션으로부터의 탈각은 부실채권 처리를 용이하게 하고 부실채권 처리는 구조개혁을 가능하게 해 준다. 지금까지 부(負)의 상호 보완성을 유지하고 있던 세 가지 과제가 앞으로 정(正)의 상호 보완성으로 변할 것을 기대한다.

2. 문제로부터의 탈각

이상과 같은 틀을 근거로 하여 2005년이 일본경제의 전환점이었다는 것을 단기 · 장기 두 가지 문제로부터의 탈각이라는 관점에서 생각해 보도록 하자.

먼저 단기적인 경기의 흐름을 살펴보자. 일본의 경기는 2002년 1월을 기점으로 상승국면으로 진행하고 있으나 2004년은 그 확대속도가 둔화되었다. 높은 계단을 오르다 보면 도중에 평탄한 부분에 이른 후 계단을 다시 오르는 경우가 있는데, 문제는 중간에 한번 쉬는 것이 다시 오를 때 도움이 되는지 아니면 더 힘들어 지는지 한번 생각해 보자는 것이다. 2005년 가을 시점은 이러한 의미에서 단기적인 문제점에서 탈각했다고 보는 것이 대세였다.

한편 일본의 경기흐름은 일반적으로 다음과 같은 3단계를 거치면서 변화폭을 크게 해 왔다.

제 1 단계 : 외생적 수요(수출이나 공공투자)에 의해 생산이 증가되는 국면
제 2 단계 : 기업수익이 증가하고 설비투자가 확대되는 국면
제 3 단계 : 고용, 임금이 증가하고 개인소비가 확대되는 국면

이 표준형을 경기 움직임에 적용하면 2002년이 제1단계에 해당한다. 수출이 증가하고 이에 따라 생산수준이 높아졌기 때문이다. 2003년에는 제2단계로 접어들었다. 기업수익이 대폭 호전되고 설비투자가 높은 신장률을 보였기 때문이다. 그러나 경기는 그 후 좀처럼 제3단계로 순조롭게 진행하지 못했다. 단기적인 문제로부터 탈각할 수 있을까에 대한 논의는 경기가 제2단계에서 제3단계로 진행할 수 있을까와 관련이 있다.

이에 대한 해결의 열쇠는 고용의 움직임을 살펴보면 된다. 경기가 제2단계에서 제3단계로 진행하기 위해서는 기업이 고용을 늘리거나 임금을 올릴 필요가 있다. 이를 통해 경기가 기업에서 가계로 파급해 가는 것이다. 2005년 이후의 고용 상황을 보면, ① 노동수급 개선 및 실업률 저하, ② 일본은행의 단기경제규칙 등에서 기업의 고용과잉감이 없어지게 된 것, ③ 임금 상승 등의 움직임이 보인다.

이상과 같은 고용 · 임금의 상황에서 경기회복의 영향은 계속적으로

가계부문에 파급되고 있으며 경기는 단기적 문제에서 벗어나 점점 제3단계로 진입한다고 볼 수 있다. 이리하여 2005년의 일본경제는 단기적인 경기호전이라는 틀에서 벗어났다.

둘째, 장기적인 관점에서의 탈각에 대해서 다음과 같이 설명할 수 있다.

장기적인 안목에서 볼 때 일본경제는, 1990년대 들어와 기본적으로는 장기침체를 계속해 왔다. 그러나 결코 일방적으로 침체가 지속된 것은 아니고 경기가 단기적으로 상승하는 가운데 지금까지 두 번 장기적인 침체로부터 탈각할 수 있을 것이라는 기대가 높아진 시기가 있었다.

첫 번째는 1996년부터 97년에 걸친 시기이다. 93년 10월부터 시작된 경기상승은 97년 초반에도 지속되어 일본경제가 버블 후의 침체로부터 탈각할 수 있을 것이라는 기대가 높아졌다. 97년 7월에 공표된 「경제백서」에서는 다음과 같이 서술하고 있다.

> 일본경제는 1990년대 초 2년 반에 걸친 장기불황과 그 후 2년 이상에 걸친 극히 완만하고 불안정한 회복과정을 간신히 벗어나면서 1996년 후반부터 경기회복이 확실해졌다. 공공투자확대, 감세, 저금리정책 등 미시정책에 의해 가까스로 지탱해 왔던 경기 역시 민간수요 주도의 자율적 회복과정으로의 이행을 끝마치고 있다.

이러한 경기판단에 근거하여 정부는 1997년을 재정구조 개혁의 원년으로 지정하고, GDP에서 차지하는 재정적자 비율을 2003년까지

3% 이하로 줄이는 재정건전화 목표를 각의 결정하였으며, 소비세 인상, 특별감세 폐지, 엄격한 세출억제 등을 실시했다. 그러나 뒤돌아보면 정부가 재정건전화 목표를 각의 결정했던 97년 6월은 이미 불경기를 이겨냈던 시기로, 그 후의 일본경제는 아시아 경제위기, 대형금융기관의 파탄과 금융위기 등을 거쳐 다시 심각한 경기후퇴국면으로 접어들었다.

두 번째는 1999년부터 2000년 전반에 걸친 시기이다. 이때도 경기회복이 계속되고 버블 후의 침체로부터의 탈각 기운이 높아졌다. 2000년 7월에 공표된 「경제백서」는 다음과 같이 말하고 있다.

> 깊고도 험한 불황도 종반으로 접어들면서 이제는 일본 경제에 밝은 모습이 보이고 있다(중략). 2000년 초 여름에는 가계지표에도 경기가 개선되는 모습이 보이기 시작하여 가계 소득도 차분하게 증가하기 시작했다. 소비자 마인드가 개선된 것으로 볼 때, 이후 가계소비도 차분한 증가단계로 전환될 것이 기대된다. 따라서 금년 후반에는 민간수요가 중심이 되는 자율적인 경기회복 궤도에 오를 것이 기대된다.

이런 가운데 일본은행은 2000년 8월에 제로금리정책을 해제하였다(단, 정부는 반대의견을 말하고 있다). 그러나 뉴욕의 9·11테러의 영향으로 미국경제가 침체되면서 곧바로 일본경제도 영향을 받았다.

두 번째 시기는 일본경제가 장기적 침체 단계를 벗어나는 도중에 이제는 다시 상승하기 시작하는(버블 후의 침체로부터 빠져 나온다)건 아닌가 하는 기대감이 팽배하였지만, 결국 그렇게 되지 않았다. 그리고 2002

년 이후의 경기회복이 계속되는 가운데, 2005년 세 번째의 탈각을 맞았으며 이번에야말로 버블 후의 장기침체로부터 벗어날 수 있다고 판단한 것이다.

3. 장기적인 관점에서의 탈각

일본경제는 이러한 장기적인 문제점에서 탈각하고 있는 중이다. 그 이유는 다음의 두 가지로 요약할 수 있다.

첫째, 앞에서 언급한 세 가지 과제의 부(負)의 상호 보완성이 정(正)의 방향으로 전환되고 있기 때문이다. 지금까지는 경기후퇴와 디플레이션, 부실채권, 구조개혁 등 세 가지가 상호 악영향을 미치면서 진행되어 왔지만, 2005년에 이르러 이 세 가지 과제의 상호 관계가 플러스 방향으로 작용하기 시작하였다. 경기상승은 부실채권처리를 가속시켰으며 부실채권이 줄어들고 있다는 것은 경기를 회복시키는 결과를 얻게 되었다. 경기회복은 구조개혁을 실현할 수 있도록 환경을 만들어 주었다.

둘째, 경제를 지탱하는 산업, 기업 면에서 자신감이 회복되고 있다. 1980년대 후반 이후의 버블시대에는 일본경제가 호황을 누리던 시기였다. 높은 성장률과 낮은 실업률, 게다가 건전한 재정 등으로 사치품은 날개돋힌듯 팔렸고, 기업수익은 지속적인 증가를 보였다. 도쿄(東京)가 세계적인 금융센터가 될 것이라고 호언장담을 할 정도였다. 일본형 기업경영이 전 세계로부터 찬사를 받았고 일본 역시 자신들의 기업경영에 대한 자신감과 일본식 기업경영을 타 국가에 전수하겠다는 의지마저 보였다. 이 시대는 전반적으로 자신감의 과잉상태였다고 할 수 있다.

그러나 버블이 붕괴되고 1990년대 이후 경제가 정체되면서 일본형 고용, 일본형 경영, 일본형 금융에 대한 문제점이 속출하였고, 이번에는 일본적인 방법이야말로 악의 근원이라고까지 폄하되었다. IT 혁명에서는 미국에 비해 10년이나 뒤졌고, 다음 시대를 선도할 산업은 보이지 않았다. 생산거점은 계속하여 아시아로 이전하는 한편, 중국으로부터의 값싼 수입품이 국내시장을 석권하였고, 국내경제의 공동화가 심각하게 염려되었다. 이리하여 일본의 산업 · 기업은 단번에 자신감을 잃어버리게 되었으나, 지금 생각해 보면 이 시대는 지나친 자신감 상실의 시대였다.

그러나 이때 일본의 산업 · 기업은 나름대로 자신감을 갖고 있는 듯 보였다. 그 배경으로는 기업의 경쟁력 회복과 새로운 선도산업이 태동하였기 때문이다. 기업은 구조조정과 부실채권을 대부분 처리하였으며 수익성도 회복하였다. 2005년 후반에는 주가도 대폭 상승하였으며 국제적인 평가도 서서히 회복되었다. 산업 면에서는 제3장에서 이미 논하였듯이 PDP TV, 디지털카메라, DVD 플레이어 등 디지털가전의 생산량이 크게 늘고, 세계시장에서는 이러한 일본제품이 압도적인 비율을 차지하였다. 이러한 산업에서는 기술 유출을 방지하기 위해 해외 이전을 자제하고 국내 생산기반을 강화했다. 가까스로 일본의 선도산업이 나타난 것이다.

1980년대의 자신감 과잉, 90년대의 자신감 상실의 시대를 거쳐 2000년대의 일본경제는 그 실력에 어울리는 적당한 자신감을 찾게 된 것이다.

4. 지속적인 구조개혁의 열쇠

이리하여 일본경제는 경기침체로부터 탈출하였다. 이제는 경제정세와 구조개혁의 관계에 대해 살펴보도록 하자. 원래 경제정세와 구조개혁에는 두 가지 상반된 관계가 있다. 하나는 경제정세가 좋지 않아 구조개혁을 진행하기 힘든 관계이다. 구조개혁이란 지금까지 유지해왔던 구조를 바꾸겠다는 것이므로 반드시 자원배분의 변화를 동반하게 되고 그 결과 고용자의 직장이 바뀐다거나 산업성쇠가 분리되거나 하는 변화를 가져온다.

이때 경제성장이 높으면 자원배분의 변화에 의한 부분을 성장분야에서 흡수할 수 있기 때문에 개혁은 진행하기 쉽지만, 1990년대 이후의 일본경제와 같이 낮은 성장률 하에서 개혁을 진행하게 되면 특정부분에 개혁의 아픔이 동반된다.

그러나 또 한 가지 경제정세가 좋지 않을 때에는 개혁하지 않으면 안된다는 위기감이 강하기 때문에 개혁을 진행하는 측면도 있다. 반대로 경제정세가 좋을 때는 제대로 가고 있기 때문에 무리하게 개혁할 필요가 없다고 판단하여 개혁이 진행되기 힘들어진다.

이를 다시 정리해 보면, 경제정세의 악화로 인해 많은 사람이 개혁에 대한 필요성을 인식한 후 경제정세가 호전되면 개혁이 진행되기 쉬울 것이다. 이는 실증적으로도 증명된 것으로 2004년 가을 IMF의 "World Economic Outlook"에서는 주요국의 구조개혁의 발전 정도를 수치화한 후 이것이 경제정세와 어떤 관계를 갖고 있는지 계량적으로 분석한 적이 있는데, 이에 의하면 불황이 계속된 후 경제가 호전되면 개혁은 발전하기 쉽다는 결론을 보여 주었다. 비록 거시경제에 대한 분석이지만, 미크로 산업 · 기업에 대해서도 마찬가지로 성립될 것이다. 원래 기업이란 경영이 위험에 직면하게 되면 경영방침을 더욱 개혁해야 한다는 분위기가 강한 곳이다. 그 성과를 통해 업적이 호전됐을 때야 말로 개혁을 더욱 진행시켜 한단계 도약할 수 있는 기회를 맞게 된다.

최근의 일본경제가 바로 이런 때이다. 오랜 기간 경제적 정체 가운데 개혁에 대한 필요성은 충분히 인식되어 왔다. 지금이야 말로 개혁을 추진할 절호의 기회라고 할 수 있다. 잃어버린 10년으로부터 탈각하는 때를 진정한 의미에서의 경제재생원년으로 하기 위한 열쇠는 여기에 있다.

02 구조변동에 따른 불안

본서에서는 일본경제의 구조변동에 대해 다면적으로 접근해 왔다. 즉 지금까지 진행되어 왔던 일본경제의 구조변동은 반드시 진행해야 할 대상이며 앞으로도 더욱 추진해야 할 대상이라고 주장해 왔다. 단, 이러한 주장에 대해서는 몇 가지 의문이 제기된다. 여기에서는 그 중 몇 가지 대표적인 것을 살펴보도록 하자.

1. 급속한 구조변동에 따른 불안감

일본 국민들 대부분은 급속한 구조변동에 쉽게 적응하기 힘들뿐더러 이로 인해 미래에 대한 불안감이 더 심화되는 것은 아닌가 걱정하고 있다.

그러나 미래가 불투명하다던가 불안하다는 걱정은 예전부터 존재해 왔던 것이다. 종전 직후의 혼란, 무역 · 자본의 자유화, 닉슨 쇼크, 석유 위기, 엔고 현상 등에 대해 당시에도 많은 사람들은 1990년대에 못지 않는 미래에 대한 불안감을 안고 있었다. 지금까지의 제도적 틀이 무너지고 경제적 환경이 변할 때마다 미래에 대한 불안이 없었다고 한다면 오히려 그것이 이상한 것이 아닌가?

중요한 것은 미래에 대한 불안을 없애는 것이 아니라 불안을 개혁이라는 에너지로 바꾸는 것이다. 선진국에 뒤처짐에 따른 불안은 케치업 성장시대와 관련된 동기를 부여했다. 에너지 가격 상승, 엔고의 불안을 계기로 일본의 산업구조는 고부가가치 산업으로 전환되면서 기업경영은 효율적으로 움직였다. 구조변동과 관련하여 미래에 대한 불안이 생기는 것은 특이한 현상이 아니라 자연스러운 현상이다. 오히려 위기감이나 불안감을 한탄하는 것보다 그것을 자기혁신의 원동력으로 삼아야 할 필요가 있다.

불안하다는 것은 지금까지 일본경제가 발휘해 온 풍부한 적응력이 이번에도 발휘될 것인가와 관련이 깊다. 일본경제는 지금까지 석유위기, 엔고 등에 비교적 원활하게 대응해 왔다. 지금은 밖으로부터 강제적으로 주어지는 상대가격의 변화에 대해 기업, 고용 등의 민간부문이 결집하여 대응해 온 결과였다. 예를 들어 석유가격의 상승 등 외적 환경변화에 대해 일본의 산업 · 기업은 경쟁적으로 에너지 절약과 관련한 전략을 취해 왔고, 그 결과 에너지 절약에 대해 효율적인 경제구조 체제로 전환되었다.

일본은 이러한 외압대응형으로 모두가 같은 방향을 향해 대응해 나가는 타입에는 적응력이 강하다. 그러나 같은 적응력이 공적부문의 효율화, 사회보장제도의 개혁, 재정재건 등에 대해서도 발휘될 것인지에 대해서는 외압대응형이 아닌 스스로의 내부에서 이해를 조정해 나아가야 하는 과제가 남아있다.

2. 일본형 시스템의 장점

과거의 일본시스템이 오늘날에는 미국형과 비슷하게 보이지만, 일본형 시스템에도 좋은 점은 많이 있다. 이 점은 이후의 시행착오의 결과에 따라서 달라질 수 있지만, 일본형 시스템이 이미 미국형으로 변했다는 것은 아닐 것이다. 고용, 기업경영, 금융, 행정 등 많은 분야에서 일본형 특징은 장기적인 관계를 갖고 있다. 장기적 고용, 장기적 거래관계, 메인뱅크, 정관민(政官民)의 상호 관계 등이 좋은 예이다. 이러한 장기적인 관계는 목표가 명확히 설정되어 있어 성장에 대한 성과를 서로 나눌 수 있는 시대에는 유효하게 기능하지만, 자원배분을 단기적이고 탄력적으로 변화시키지 않으면 안 되는 때에는 경제에 속박되기 쉽다. 그러나 한편으로 장기적 관계는 신뢰라고 하는 눈에 보이지 않는 자산을 만드는 효과가 있다(즉 소셜 캐피털의 하나). 강한 신뢰관계는 계약 등에 의해 형식적인 모습이 보이지 않더라도 원활한 거래관계를 실현시켜주기 때문에 거래비용을 절약하는 효과가 있다. 앞으로 일본형 관계는 이러한 자원배분의 고정화와 관련있는 비용과 거래비용을 절약할 수 있는 이익을 비교하면서 시행착오적으로 중간형태를 모색해 나아갈 것이다.

어떠한 중간형태가 선택되는가에 대한 예로는 신뢰관계가 형성되기 쉬운 고용, 기업간 관계에 대해서는 종래형의 장기적인 시스템을 유지시킬테고, 계약 등의 형해화(形骸化)에 익숙해지기 쉬운 부분은 단기적 · 탄력적인 시스템의 적용 등을 생각할 수 있다.

3. 시장메커니즘의 변화

시장메커니즘이 강하게 작용할 경우 시장은 약육강식의 세계가 되어 빈부차가 확대되는 것은 아닌가 하는 걱정을 하기도 한다. 이미 양극화가 시작되었다고 지적하는 학자들도 있다.

그러나 구조개혁이 진행되고 있지 않기 때문에 더욱 진전해야 한다는 주장과 구조개혁의 진전으로 양극화가 확대되고 있다는 지적에는 모순이 존재한다. 개혁이 진행되지 않는다면 그것을 이유로 하여 격차가 확대되지는 않기 때문이다. 격차가 확대되는 것이 눈에 띄일 정도로 개혁을 진행한다는 것은 어쩌면 바람직하다고 할 수 있다.

물론 격차가 확대되는 것이 모두가 좋다는 것은 아니다. 본서에서는 수차례에 걸쳐 정책할당에 대한 논의를 해왔으며 여기에서도 그것이 성립한다. 본서에서 논하고 있듯이 구조변동, 구조개혁은 소위 늘려야 할 곳을 늘림으로써 경제 성과를 될 수 있는 한 잘 해 나가자 하는 것을 목표로 하고 있다. 만일 그럴때 예를 들어 격차가 확대된다면 그것은 보다 공평한 소득배분을 실현하고자 하는 정책에 의해 대응해야 한다. 격차가 벌어진다고 해서 구조개혁 그 자체의 속도를 늦추는 일이 있어서는 안 될 것이다.

03 구조변동의 행방

마지막으로 구조변동이 나아가야 할 방향에 대해 논하고 본서를 마치고자 한다.

구조변동이 나아가야 할 방향은 앞으로 일어날 시행착오에 의한 것으로 이를 확실히 표현하기는 어렵지만 적어도 다음과 같은 방향으로 진행한다는 것은 분명하다.

첫째, 일본만이 갖고 있는 특수성은 점차 희미해져 갈 것이다. 이에는 두 가지 힘이 작용한다.

하나는 글로벌화이다. 글로벌화가 진행되면 기업은 국경을 초월하여 사업활동을 경영하게 되고 인적자원 역시 국경을 넘나들면서 이동하게 되며, 투자가는 전 세계를 상대로 투자처를 선택한다. 그렇게 되면 국가 간에 서로 다른 경영수단이나 고용제도를 유지하기에는 막대한 비용이 발생한다. 일본에서는 일본 나름대로 독자적인 방법을 추구하는 한편, 해외에서는 일본과 다른 방법을 취하거나 혹은 동일한 방법을 취하는 등의 번잡한 시스템보다는 양쪽에 국제적으로 통일된 시스템을 적용하는 것이 보다 효율적이다. 그럴 경우 일본이 독자적으로 갖고 있는 시스템이 국제적인 표준시스템과 동일하게 되는 것이 자연스러운 흐름이다. 투자가(投資家) 역시 일본의 회계제도가 타 국가와 다를 경우 투자처로서 일본을 선택하기가 곤란할 수도 있다. 따라서 일본에서만 통용되는 제도를 국제표준화에 맞추어 바꾸어야 한다.

둘째, 국제적인 제도를 통한 재정작용(裁定作用)이다. 경제에는 일물일가의 법칙이라고 하는 대원칙이 있다. 이는 경제학 용어로서 무차별법칙이라고도 하는데, 만약 같은 시장에서 동일한 상품의 가격이 다를 경우, 완전경쟁이 이루어지고 있는 한 사람들은 보다 싼 상품을 구입하려고 할 것이므로 높은 가격의 상품에 대한 수요는 없어지고 가격을 인하할 수밖에 없다. 결국 동일한 시장의 어떤 한 시점에서 동일한 상품은 단 하나의 가격 밖에 성립하지 않는다. 반대로 말하면 이 법칙이 작용하는 범위를 하나의 시장이라고 할 수 있으며, 만일 같은 상품에 싼 가격이 붙어 있으면 누구라도 높은 가격에서는 사지 않는 재정거래(arbitrage)가 행해지기 때문에 결과적으로 동일한 물건에는 동일한 가격 밖에 존재하지 않게 되는 것이다.

이는 국제적인 제도에도 작용하고 있다. 금융 빅뱅의 예를 생각하면 알기 쉽다. 빅뱅 이전의 런던시장에서는 단일자격제도, 고정수수료 등 구태의연한 제도가 과거와 동일하게 유지되면서 기관투자가가 이용하기 불편한 시장이었다. 그러다 보니 기관투자가는 미국의 ADR(미국예탁증권)시장 등에서의 거래를 늘리기 시작하였다. ADR 시장은 낮은 수수료, 시세자동전달시스템 등을 정비하면서 이미 효율적으로 유동성 높은 시장이 형성되어 있었기 때문이다.

이러한 런던시장의 공동화에 대처하기 위해 단 번에 진행되었던 개혁이 1986년의 빅뱅(big bang)이었다. 빅뱅이란 증권거래소가 더 이상 회원 간에 합의된 기준을 부과하는 역할을 담당할 수 없게 되자 기존의 투자자 보호 시스템을 개선할 필요가 생기면서 1986년 10월 27일 제정, 실시된 금융서비스법을 가리키는 말이다. 이 개혁에 의해 수수료 자유화 및 증권가격의 자동전달시스템도 도입되었는데, 그렇게 되자 이번에는 유럽 대륙에 있던 주요 기업의 주식이 런던에서 거래할 수 있게 되었다. 이 때문에 프랑스나 독일에서도 개혁을 통해 동일한 증권시장이 형성된 것이다.

일본 역시 1990년대 들어와 금융시장이 공동화현상을 보이기 시작하였다. 증권, 외환 등의 거래에 차지하는 비율이 저하되는 등 동경시장(東京市場)은 국제적인 낙후가 본격화 되었다. 이러한 움직임에 대응하기 위해 1996년 11월 하시모토류타로(橋本龍太郎)총리의 지시하에 일본판 빅뱅이 시작되었다. 이는 세계적으로 보다 사용하기 편한 시장정비를 목표로 하여 활발한 경쟁이 이루어진 결과로 일종의 재정(arbitrage)을 통해 뛰어난 제도로 정착된 것이다.

일본에서 최근 뜨겁게 논의되고 있는 NPM(New Public Management)도 이와 같은 제도간의 재정이라고 볼 수 있다. 즉, 일본에서는 공적부문의 개혁이 논의될 때마다 다른 국가의 선례를 참고로 하여 민영화, PFI, 아웃소싱, 정책평가, 시장화 테스트 등 많은 정책수단을 도입하였다. 그 결과 하나씩 성공해 나가면서 각국의 공적부문의 운영은 국제적인 표준형 모델로 수렴해 가게 되는 것이다.

물론 각국마다 역사적, 문화적 차이가 크기 때문에 모든 국가의 제도가 동일할 수는 없다. 그러나 글로벌화가 진행되고 제도적인 재정작용이 일어나기 용이해지면서 각국의 제도가 보다 동질화해 가려는 흐름은 강해질 것으로 예측할 수 있다.

둘째, 투명성이 높아지는 방향으로 진행될 것이다. 이는 필자 자신의 경험에서도 알 수 있다. 종종 해외에 있는 친구들이 일본에 귀국하여 만날때마다 일본경제의 구조에 대해 대화를 나눌 기회가 있었는데, 예를 들어 일본 기업은 왜 회계장부에 계상되어 있지 않는 이익이 있는지, 왜 은행이 망하지 않는지, 일본에서는 왜 관청이 법률을 만드는지 등에 대한 질문을 받지만, 이에 대해 대답하는 것은 쉬운 일이 아니다. 그러나 한마디로 표현하자면 투명성이 낮기 때문에 일어나는 일이라고 할 수 있다. 그런데 그 후의 추이를 보면 이러한 대외적으로 설명이 어려운 구조는 모두 재검토에 직면하여 변질되는 경우가 많다.

이는 전술한 글로벌화와 직접적인 관계가 있다고 할 수 있다. 국내에서는 대부분의 일본인들이 의문을 갖지 않고 받아들이고 있는 제도 및 관행이라 할지라도 해외에서 납득할 수 없는 것들은 변화를 강요받고 있다. 일본의 경제사회 전체가 성숙화, 시장화에 좀더 적극적일 필요가 있다. 예를 들어 일본이 선진국을 캐치업하는 과정에서는 공적서비스 수준이 높지 않았지만 어쨌든 공적부문에 맡겨두고 필요한 서비스, 사회자본을 정비하는 것이 용인되었다. 그러나 어느 정도 서비스가 널리 보급되어 사회자본 정비도 일정한 수준에 달하게 되자 주민들의 다양한 요구에 응하여 어떠한 분야에 자원을 투입할지, 또는 투입하지 않을지에 대한 선택을 요구받게 된다. 국민 전체의 참가의식, 감시의식도 강하다. 그렇게 되면 의사결정에 있어서도 투명성과 설명책임이 요구될 것이다.

또한 예를 들어 기업이 직접금융방법을 통해 외부자금을 조달하거나 중도채용 등에 의한 외부 노동시장을 활용하기 시작하면 지금까지 활용해 왔던 내부평가의 가치는 무의미해진다. 아무래도 외부시장에서 통용되는 투명성 높은 평가를 요구하게 되는 것이다.

셋째, 재수정이 가능한 사회가 될 것이다. 예전부터 일본 경제사회는 재수정이 어려운 사회로서 많은 장애물이 있다는 생각을 갖고 있었다. 예를 들어 입사한 기업에 자신의 인생을 맡긴다. 집을 장만했을 경우에 같은 주택에 계속하여 산다. 기업간 관계는 무너지지 않는다. 자신의 학력이 평생을 따라 다니기 때문에 중간에 수정하기 힘든 사회이다.

이러한 일본형 경제사회 시스템에서 자주 등장하는 장기적인 관계는 어떤 의미에서는 이미 지위를 얻은 사람이나 기업은 안심하고 안정을 가져다 주지만, 입구에서 실패했을 경우에는 어떤 방법을 동원해도 이를 바꾸기가 힘들다. 또한 일단 얻은 것이 큰 만큼 강렬한 기득권 이익이 발생하게 되어 신규참입의 장벽이 높고, 지속적인 편견이 생기기 쉽다. 따라서 자원이동의 효율성이 저하되고, 자원배분의 쓸모 없는 부분이 발생하기 쉽다.

노동자가 기업을 선택할 수 있게 된다면 노동자원의 배분은 탄력을 받고 노동자 자신의 불만도 적어지게 된다. 종래의 거래처에 구애받지 않고 거래처를 선택할 수 있다면 경영자원의 배분이 탄력을 받아 벤처기업도 생기기 쉽게 될 것이다. 해외기업도 참가하기 쉬워져 대내 직접투자가 늘게 되고 일본경제를 활성화시킬 것이다. 개개인 삶의 스타일에 어울리는 주택을 찾아 자연스럽게 이사가 가능하다면 주택 자원배분에 따른 낭비도 적어지게 될 것이다. 출생지나 그때까지의 주거에 한정되지 않고 거주지의 선택이 자유롭다면 인구문제나 농업 후계자

부족문제에도 긍정적으로 작용할 것이다. 수정 가능한 사회는 그에 따른 장점이 크다.

다행히 본서에서 논해 왔던 일본경제의 구조전환의 방향은 모두 재수정이 가능한 사회로의 방향을 제시하였다. 구조전환이 한층 더 진행되고, 이에 따라 앞으로 일본사회가 재수정이 가능한 사회로 전환될 것을 기대하며 글을 마친다.

ㅁ참고문헌ㅁ

- 青木昌彦(2002), 『制度の大轉換推進を』, 日本經濟新聞
- 青木昌彦・奧野正寬編著(1996), 『經濟システムの比較制度分析』, 東京大學出版會
- 岡部光明(1999), 『現代金融の基礎理論』, 日本評論社
- 岡部光明(1999), 『環境變化と日本の金融』, 日本評論社
- 葛西敬之(2003), 『製造業立國でも米國との提携關係は不可欠』, 日本經濟新聞
- 觀光立國關係僚會議(2003), 『觀光立國行動計劃住んでよし, 訪れてよしの國づくり戰略』, 官邸ホームページより
- 觀光立國推進戰略會議(2004), 『觀光立國推進戰略會議報告一國際競爭力のある觀光立國の推進』, 官邸ホームページより
- 金融廳(2002), 『金融システムと行政の將來ビジョン』, 金融廳懇談會の報告書
- 經濟企劃廳, 『1992年度版經濟白書』 第3章「日本の市場經濟の構造と課題」, 大藏省印刷局
- 經濟企劃廳 『1994年度版經濟白書』 第3章「景氣後退下での日本經濟の長期的課題」大藏省印刷局
- 經濟企劃廳調查局(2000), 『ITが生産性に與える效果について』, 內閣部ホームページより
- 經濟企劃廳調查局(1998), 『平成9年度企業行動に關するアンケート調査一日本的經營システムの再考』, 內閣部ホームページより
- 經濟産業省(2004), 『新産業創造戰略』, 經濟産業省ホームページより
- 經濟審議會長期展望委員會(1982), 『2000年の日本』
- 經濟團體連合會(1998),『産業競爭力彊化に向けた提言』
- 國土審議會基本政策部會(2001), 『國土の將來展望と新たな國土計劃制度の在り方』
- 國土交通省總合政策旅行振興課(2004), 『旅行・觀光産業の經濟效果に關する調査研究Ⅳ』, 國土交通省ホームページより
- 小林陽太郎・小峠隆夫編(2004), 『人口減少と總合國力』, 日本經濟評論社

- 小峠隆夫(2004),『異文化經營』, 岩波書店
- 小峠隆夫・原田泰・宮崎男編(2001),『日本經濟再生の視点』, 岩波書店
- 財務總合政策研究所(2002),『日本型經濟システム再訪』
- 鶴光太郎(1994),『日本的市場經濟システム』講談社現代親書
- 鶴田俊正・伊藤元重(2001),『日本産業構造論』NTT出版
- 內閣府,『二〇〇三年度版 經濟財政白書』, 內閣府ホームページより
- 內閣府,『二〇〇五年度版 經濟財政白書』, 內閣府ホームページより
- 內閣府,『日本經濟二〇〇四年』, 內閣府ホームページより
- 內閣府,『二〇〇三年度版 經濟財政白書』, 內閣府ホームページより
- 內閣府,『平成一二年度 企業行動に關するアンケート調査 ITがもたらす企業經營革命』, 內閣府ホームページより
- 內閣府,『平成一三年度 企業行動に關するアンケート調査 財務體質の改善と競争力向上に取り組む日本企業』, 內閣府ホームページより
- 內閣府,『平成一四年度 企業行動に關するアンケート調査 デフレ下の日本企業』, 內閣府ホームページより
- 中村隆英・西川俊作・香西泰編(1985),『戰後日本の經濟システム』, 東京大學出版會
- 西村吉正(2003),『日本の金融制度改革』, 東洋經濟新報社
- ニッセイ基礎研究所(2003),『株式持ち合い狀況調査』, ニッセイ基礎研究所ホームページより
- 日本銀行(2005),『資金循環の日米比較』, 日本銀行ホームページより
- 日本經營者團體連盟(1995),『新時代の日本的經營』
- 日本經濟新聞社編(2005),『少子に挑む』, 日本經濟新聞社
- 宮崎男(1994),『宮崎男集 現代エコノミスト選集一日本經濟の五〇年』, NTT出版
- 宮崎男(2005),『証言 戰後日本經濟』, 岩波書店
- 村松岐夫(2005),『平成バブル先送りの研究』, 東洋經濟新報社
- 八代尚宏(1999),『日本的雇用慣行の經濟學』, 日本經濟新報社
- 八代尚宏(1999),『少子・高齡化の經濟學』, 日本經濟新報社

• 八代尚宏(2000),『社會的規制改革』, 日本經濟新報社

• 八代尚宏編(2000),『社會的規制の經濟分析』, 日本經濟新報社

• 吉川眞裕(2005),『歐州における取引所間競争』, 証券アナリストジャーナル

• IMF, World Economic Outlook(2004 Fall)

• Martin Feldstein, "The Council of Economic Advisers: From Stabilization to Resource Allocation", (American Economic Review, May(1997)

찾아보기

기타